わたしの服の見つけかた

クレア・マッカーデルのファッション哲学

クレア・マッカーデル

矢田明美子 訳

Claire McCardell

What Shall I Wear?

The What, Where, When and How Much of Fashion

自作の「フューチャリスティックドレス」を着たクレア・マッカーデル（1945）。2枚の三角形の布地をバイアスに切って縫い合わせ、首の部分で結び合わせるシンプルな構造。白いステッチを使いデザイン性を高めている。ベルトなしで、体のラインを見せずに、すとんとした形で着用することもできる。写真：アーウィン・ブルーメンフェルド。 © The Estate of Erwin Blumenfeld

右上:ウールジャージーのモナスティックドレス(1949)。1938年に発売されたモナスティックドレスの進化形。スパゲッティストリングスを腰に巻きつけることで、着る人の体のラインに沿わせることができる。ロサンゼルス・カウンティ美術館蔵。
© 2018 Museum Associates / LACMA. Licensed by Art Resource, NY
左上:発売当初のモナスティックドレスの新聞広告(1938)。百貨店ベスト& Co.が独占販売し、広告掲載から1日で売り切れる大ヒット商品となった。
左:ポップオーバーの広告。1942年のオリジナルはデニムで、その後16年にわたってさまざまな素材で作られた。これ一枚でも、服の上からでも着用できるラップドレス。大きなポケットと、紐で腰と繋げたミトン付き。ともに*Claire McCardell: Redefining Modernism* (Kohle Yohannan and Nancy Nolf, Harry N. Abrams, 1998)より。

上：チェック柄のシルクのブルーマープレイスーツ（1942）。アメリカ流の活動的なレジャーにふさわしい、動きやすさと美しさを兼ね備えた一着。『ハーパーズ・バザー』の編集者ダイアナ・ヴリーランドのスタイリングにより、アリゾナ州のフランク・ロイド・ライトの建築の前で撮影された。撮影はマッカーデルのよき友人でもあった女性写真家のルイーズ・ダール=ウォルフ（アリゾナ大学センター・フォー・クリエイティブ・フォトグラフィー蔵）。
© 1989 Center for Creative Photography, Arizona Board of Regents
下：トップとスカートが別になったチェック柄のサマードレス。ピースワードローブの一例。写真：ジュヌヴィエーヴ・ネイラー。　Corbis Historical / Getty Images

グレーのウールジャージーのバックレスホルター型水着（1945）。マッカーデルによるパッドのないシンプルな水着は、1937年の発売当初は生地が薄く露出が多すぎると受け入れられなかったが、40年代に入り、動きやすく乾きやすい作りが人気を得るようになった。写真：ルイーズ・ダール＝ウォルフ（アリゾナ大学センター・フォー・クリエイティブ・フォトグラフィー蔵）。

黒いウールジャージーのベビードレス（1946）。胸のすぐ下に切り替えがあるエンパイアスタイルは、体を締め付けなくてもエレガントなため、マッカーデルが好んだデザイン。写真：ルイーズ・ダール=ウォルフ（アリゾナ大学センター・フォー・クリエイティブ・フォトグラフィー蔵）。

左：リバーシブルのデニムコート、右：デニムスーツ（ともに1943）。第二次世界大戦を契機に、マッカーデルは労働着用とされてきたデニム地を女性服に採用し、ハイファッションへと昇華させた。左のモデルの足元は、第二次世界大戦中に外履きとしても使われるようになったバレエシューズ型。写真：ホルスト・P・ホルスト。　Condé Nast Collection / Getty Images

ピンクのロングドレス（1952）。ビーズやスパンコールなどの装飾を服に縫い付けることを嫌ったマッカーデルの、シンプルな構造でありながら華やかな一着。この写真は *What Shall I Wear?* 復刻版（2012）の表紙に使われた。モデルは最初のスーパーモデルと呼ばれるリサ・フォンサグリーヴス。写真：リチャード・ラトリッジ。　Condé Nast Collection / Getty Images

ディナーシャツとスカートのアンサンブル（1955)。同素材のシャツをロングスカートの中にタックインし、ウエストにサッシュベルトを着用することにより、一枚のロングドレスのように見える。ピースワードローブの一例。写真：フランシス・マクローリン=ギル。
Condé Nast Collection / Getty Images

わたしの服の見つけかた

クレア・マッカーデルのファッション哲学

目次

イラストレーション　Annabrita

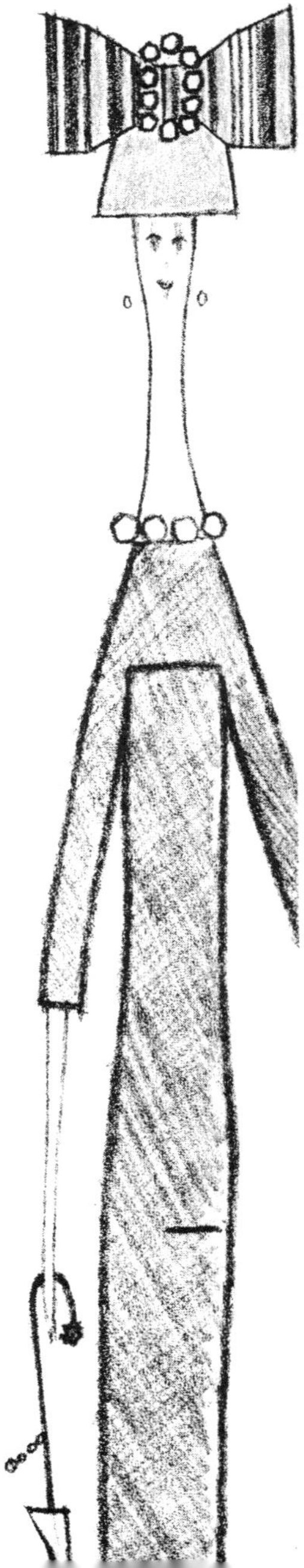

第1章　ファッションとは？

ファッションとは一体どういうものなのでしょうか？　わたしはファッションというものをどれほど理解していて、誰にそれを伝えようとしているのでしょう？

わたしは最新ルックよりも、二〇年前から持っているドレスのほうが好きなタイプ。それでも新しい服がほしくなる。そして、その服はなんでもできる万能服であってほしいのです。新しいライン、完璧な色合わせを生み出す喜び。材料や質感、場所、着る人のことを考え、そのすべての要素を一枚の服に入れこむ作業は、わたしにとって永遠に、そして心から楽しいことです。

ファッションは楽しくなくては、とわたしは思っています。あまりにも生真面目にファッションに挑んでしまうとき、自分自身に問いかけます。ニューヨーク近代美術館に展示されているような服をデザインしていたら、「それはどこで着る服なんですか？」というバイヤーの声が聞こえてきて、現実に引き戻されるのです。ありがたい言葉です。服は日々を生きる女性たちのものであって、展示品ではないのですから。着て、生活するためのものであって、完璧な体型のモデルがランウェイを歩くだけのものではないわけです。

ファッションとは？　その答えを探すために一緒に考えてみましょう。

ファッションはとらえどころがない

知らずして持っている人もいれば、持たずして知っている人もいます。ハンカチーフの結び方を知っている田舎娘もいれば、ファッションデザイン専攻だというのに知らないアートスクールの学生もいるというわけです。

あなたがファッションで「する」こと、それがファッションを作るのです。赤がこれだけ、白がこれだけ、青がこれだけ、ちょうどいい配分が個性を作り、おしゃれな女性を生み出すのです。正しい組み合わせが大切です。でもそれは辞書には載っていません。正しい靴、正しい帽子、正しいバッグ、追加する色、ネックレス、スカーフ、またはあなたが思いついたなにか……そこに永遠のルールはありません。今日、ファッションだと言われたものが、明日にはもう古くなる――そして明後日には、またファッションになるかもしれない。でも約束します。あなたが自分の目を使い、その目を鍛えれば、ファッションセンスのある女性をすぐに見抜けるようになるはずです。

ファッションは矛盾だらけ

わたしはぴかぴかの新品が好きではありません。けれど、新しい色の組み合わせ方や、新しいサッシュの結び方、新しい帽子、新しいアングル、さらには新しい身のこなし方も試さずにはいられません。ウエストラインにしても、回してみたり、上げたり下げたり、ウエストライン自体がない寸胴型もいいかも、といろいろやってみるのです。

ファッションはルールを作る

スカートの丈は、昼か夜かでも違いますし、長いか短いかを見れば何年の服かがわかるほど、流行に左右されます。床から二〇センチと三〇センチの丈は、どんな体型の人が着ても一緒でしょうか？　合わせる靴がどんなヒールの高さでも一緒でしょうか？　答えはもちろん「大違い」です。だから……

ファッションはルールを破る

柔軟に。と言いつつも、自分に厳しい目を光らせていてください。ファッション誌で見たジャケットの丈、それをあなたが実際に着るなら、ウエスト丈、ヒップ丈、チュニック丈のどれが一番似合うのでしょうか。あなた自身の服選びに必要なのは、ファッション誌の情報だけではないのです。雑誌は載せていなかったとしても、たとえばボレロという選択だってあります。ウエストから目を逸らせる小さな奇跡の力を持つのがボレロ。完璧ではない体型を上手に隠してくれる一枚です。

ファッションはカレンダー、時計、スケジュール帳、そしてクイズ番組

手袋といっても、短いもの、ボタンが八個や一二個の長手袋などいろいろありますが、舞踏会には白の長手袋と決まっています。ファッションはあなたに、なにを、どこで着るために、いつ買うべきかを教えてくれます。なににはなにを合わせるべきかもです。でも、なぜ？　誰が決めたの？　それは重要な質問です。楽しみやちょっとした茶目っ気を理解しない人は、ファッションも誤解しがちです。義理の叔母さんがあなたのスーツのラペルについているてんとう虫のピンを怪訝な顔で見たとき、叔母さんが悪いというのはお門違い。悪いのはあなたです。てんとう虫のピンを理解できない人の前で、それをつけてしまったのですから。自分自身を厳しく判断できる目を持つことが重要なのです。スーパーに行くのにティーパーティに行くような格好、秘書なのに妖婦のような格好というのはいただけません。あなたのミンクはネズミに見えていたり、そのハンティングピンクは実はショッキングピンクだったりしませんか。年齢をそんなにごまかしたいのですか。ご主人の存在を無視してファッション雑誌の仲間入り

をしようと着飾っているのは誰でしょう。「えーっと、今夜は誰を魅了しようとしているのかな」と彼が言ったら要注意です。魅力的でいるのはいいことですが、魅力的でいることと人々を動揺させることは、意味が違います。自分の夫だけでなく、周りの人全員を魅了しようというのは、もってのほかです。

ファッションは変化

ファッションは、今年は肩パッドを入れて、次の年は取り去る、というふうに変化します。肩パッドなしの年だと、わたしは大喜びで全部取ってしまいます。でも頭に合った大きめの帽子が流行している年だけは、話は別。そんな帽子が店頭に並ぶのをいつも心待ちにしています。帽子店の並ぶ通りに行き、アンブロックフェルト（成型していないフェルト帽）を高くしたり低くしたりして新しい形を探してみる。ひとたび新しい形を発見したら、そこにあるすべての帽

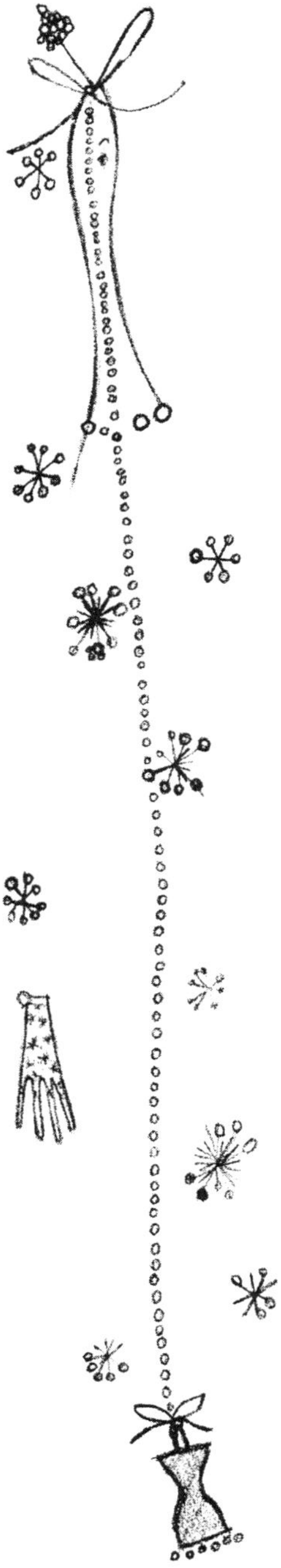

子が新鮮に見えてきたという、面白い経験があります。クローゼットに眠っている服を調べてみれば、無駄なものはなにひとつ持たないという厳格な清教徒のような人でない限り、何年も前の帽子が一個はあるはずです。一番古いものが、急に一番旬のものに見えるときがあります。ひとつの新しいアイデアを見つけたら、ワードローブのすべてがそのアイデアに沿って新鮮に見えてくるものです。

ファッションは影響を与える

トレンドセッター、ファッションの実験用マウスのような人、仕事から素敵な服に投資する人、ご主人のせいで素敵な服はあきらめている人、実にいろいろな人がいるわけですが、なんにしても、ひとつだけ絶対に言えることは、あなたの着るものはあなたの人生に影響を与えるということです。周りがあなたをどう捉えるかはあなたの格好で決まります。新しいアイデアを取り入れ、自分らしく着こなせるというセンスのいい人もいます。挑戦には迷いと恐れを感じてしまう、流行から二年たっても時代の変化に気づかない、なんて人もいます。いっそのこと実験用マウスのように、ただ周りに馴染むようにすればいいのかもしれません。そうすれば、

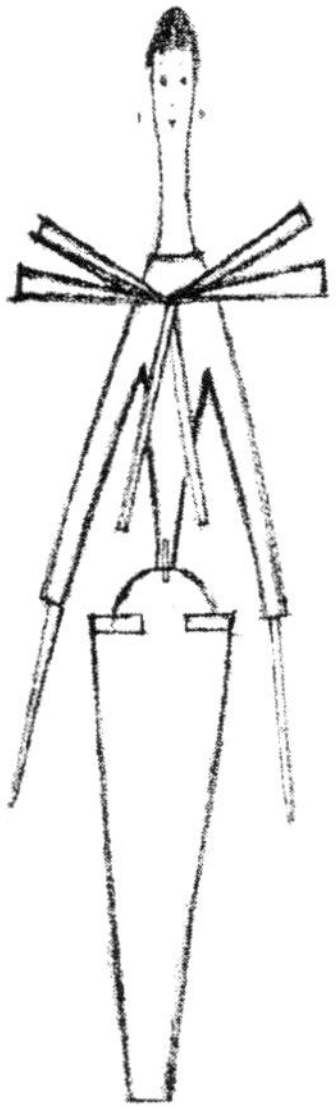

誰しも自分自身の境遇が一番だと思っているので、たんに目立つためだけに装っている女性に対して嫉妬もおきません。着るべき服をわかっている人と呼ばれるのは、女性にとって素晴らしいことです。仕事、気質、夫によっては、最新ファッションが好まれる場合もあります。わたし自身は新しいアイデアを試し続ける実験台のようなものです。だからパリの農業用品店で買った、農家の人が着る黒いケープがわたしのクローゼットにはあるのです。畑で着るわけではありません。これをスキーウェアの上に羽織ったり、サッカー観戦に着たり、ときには観劇に向かう雨の夜に愛用しています。

そろそろ、みなさんはファッションを語るこの人は誰なんだろうと思うでしょうね。第一に、わたしは女性です。そして第二に、デザイナーです。ときにホスト役、ときにゲスト役。わたしには行くべき仕事場があり、スーパーに行くための買い物リストも書き出さなければなりません。服を愛しています。ファッション雑誌を切り取って着せ替え人形にして遊んでいた小さな頃から、服が大好き。あんなふうに線に沿ってハサミを動かしていた日々が、わたしにファッション教育をしてくれたようです。

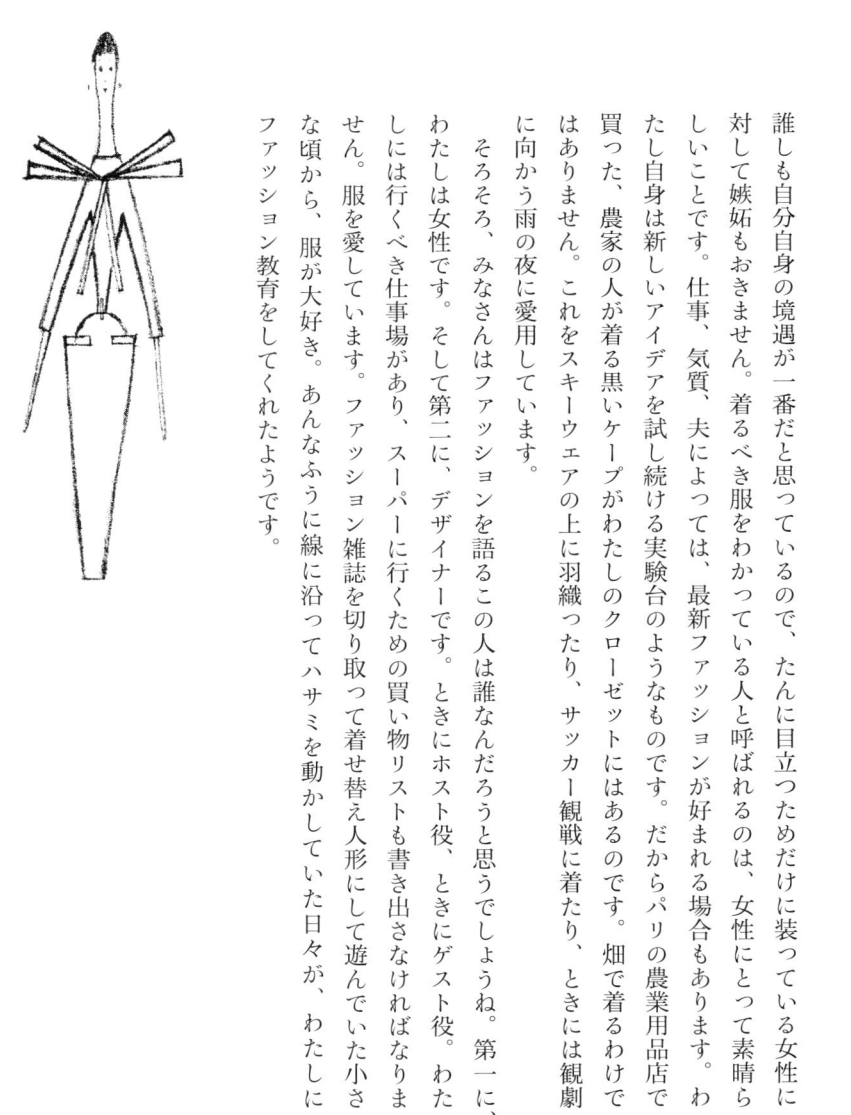

仕事がら、ビジネスの観点からファッションを見てきました。サイズ、色、バイヤー、モデル、セールスマン、セールスウーマン、布見本、反物、お店、ファッション雑誌などを。わたしは服が動いたときにどう見えるかを研究してきました。歩いたら、旅したら、飛行機に乗ったら、ゴルフボールを打ったら、スキーやセーリングをしたらどうなるか。またファッションを場所、気候、状況といった背景とともに考えてきました。そして、ファッションに関する幾千もの問いかけを自分にしてきたのです。

わたしはなにを着たらいい？　どこでそれを着るの？　わたしのサイズってなに？　体に合う？　今日のウエストの位置は？　色の組み合わせは？　わたしらしいかしら？　どなたか意見はありますか？と。

ファッションはあなたに選択肢を与えてくれる

ファッションの言いなりになって生きようなんて思わないでください。なによりも、まず自分らしくいることが大事です。ファッションがなにかあなたに向かないことを提案しても、それは一切無視して結構。ジャケットでもアクセサリーでも、自分だけの着こなしを。「タイプ」

とはよく聞く言葉ですが、自分を当てはめようとしないように。かわいいタイプ、スマートタイプ、カジュアルタイプ、アートタイプ。どれも強調されすぎています。わたしは~タイプ、なんて決めこんでしまうと、自分を苦しめるだけです。

かわいすぎたら、あなたのレースやひらひらした姿に誰もが虜になり、あなたのたぶん巻きすぎの髪にまで追っかけがくっついてきます。スマートすぎたら、マッチ箱の置き場でさえ決まっているデザインショールームのように人間らしさを欠いて冷たすぎるし、やりすぎると目も当てられないことになります。ファッションはそんなものではないし、本当にファッショナブルな人は、そういった事態とは無縁です。ファッションは何事も適量が大事。色合い、ジュエリー、毛皮、クリノリン、帽子のつば、すべて多すぎても少なすぎてもいけません。

ファッションでは「いつ」「どこで」がとても大切です。大事なことですから、この本の各章で繰り返すことになるでしょう。ある日わたしは「クリノリンなんて大嫌い」と叫びました。しかしよく考えてみると、「クリノリンが嫌いなのではなく、忙しい日中に、混んだエレベーターにクリノリンを着て乗るのがいや。そして均整が取れていなくてだらしなくなるのが嫌い。

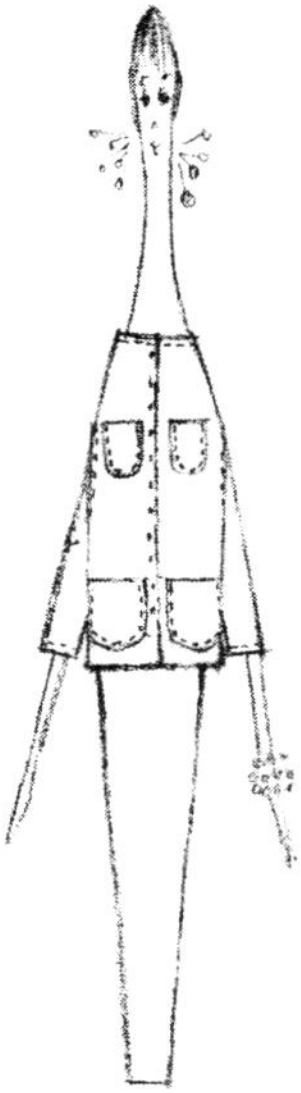

質の悪い布を支えるためにあんなに硬くする意味がわからない」ということなのでした。最新のトレンド服で場所を選ばすどこにでも出かけたら、楽しいどころか、心配と恥に襲われるでしょう。

ファッション雑誌に載っていたからというだけで、そのドレスに恋してしまう人がいますが、ファッション雑誌は基本的に夢の本。載っているモデルをよく見てください。彼女と同じように着こなせて、彼女のようにおそろしく完璧に化粧できますか。旦那さんが開きすぎのネックラインを心配してしまうのではないでしょうか。彼女がどこでそのドレスを着ているかって？それはファッション雑誌の中。あなたはどこで着るつもりなのですか。

ファッションは冒険あるのみ

ここまで注意ばかりしてきましたが、みなさん、勇気をもっておしゃれしてください。新しいファッションを見たら、着て、感じて、自分のものにできるか試してみましょう。どう着こなすべき服なのか、あなたならどう着るのか。限りない選択肢があることがわかるはずです。ギンガムとキャラコ地VSサテン地とミンク、通常はこれしかないという組み合わせもあります。でも、ジャージーやフランネルはサテンのような感触ですし、シルクならたいていはウールジャージーのサッシュが似合うというように、気分や雰囲気によって左右されるものなのです。わたしはキャビアに合わせるなら、黒いジャージーを選びます。でも、あなたは黒いサテンがお好みかも。自分が一番好きな素材を着る、それが第一のルールです（ただし一言付け加えておくと、キャビアはランチとカクテルタイムのごちそうですが、黒サテンはランチにはドレスアップしすぎです）。

ファッションの冒険に繰り出していき、自分がトレンドセッターになる気がなければ、そのときはノーと言えばいい。大きな帽子が恥ずかしければ、大きな帽子の波がやってくるまで待てばいいのです。でも、今日はワイルドな帽子をかぶると決めたなら、いろいろ言われても自信をもって堂々としていましょう。あとで「あのときあなたが一番に着たあれ、いまじゃみんなが持ってるのよ」、そう友達が言ってくるはずです。

新しいアイデアはできるだけ早く実行に移しましょう。素敵な帽子も躊躇している間に「古くさい帽子」になって、はたいたお金が無駄になってしまいます。ファッションの楽しみは、

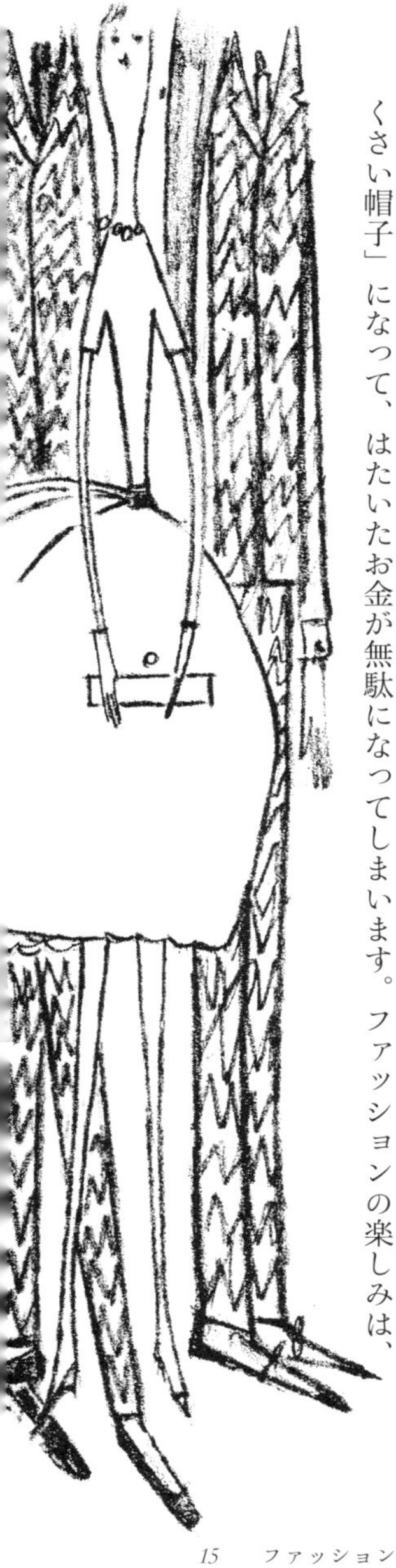

変わることへの興奮。シリアスに捉えすぎないこと。ファッションはときにわざと気まぐれで、浮ついていて、馬鹿げているものなのです。蝶が乗っかっている帽子を、馬鹿げているかなと心配するようなら、その帽子はあなたには合いません。有名なブランド名が見える服を着てファッションがいかに一大ビジネスかを証明する、それもあなたのためではありません。いくらファッション雑誌（ファッションに頼ることがファッション雑誌の存在理由）が喜ぶとしても。いつも雑誌は突飛だったり、面白おかしくしたりするものです。雑誌の中のモデルは、すごい傘や大胆なほくろなどであなたを驚かせます。彼女はファッションで遊んでいるのです。ファッションはそういった遊びの中で育っていくのです。

ファッションは待ったなし

とても大事な言葉は「do」、とにかくやってみること。劇的な変化に投資する前に、もちろ

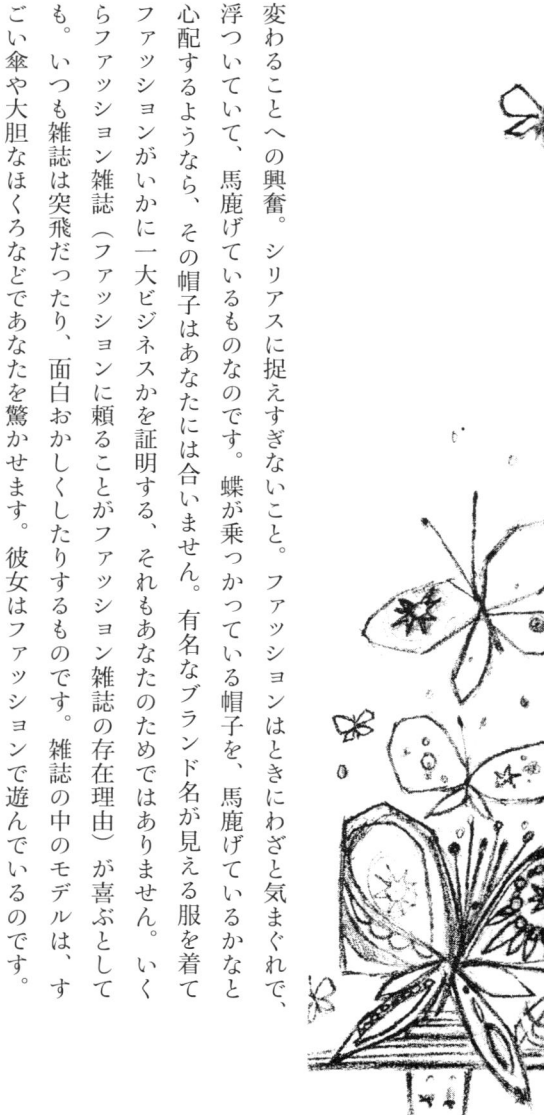

ん自己分析が必要ですが。一度着たドレスをすぐ人にあげられるほどお金持ちの方は、好きにしてもらってかまいません。ただし、劇的な変化はたいてい疑問符とともに始まるということを知っておきましょう。素晴らしいアイデアでも、実際に形になったらおかしかったり、初めは変に見えたりするものです。でも、おかしなところも時間が経つとファッションとして成立するようになります。最新ファッションをすぐさま取り入れた人は、少し待てばよかったなと後悔することが多いものです。

ローヒールのついたバレエシューズはいい例。戦時中の統制下でも靴購入券なしで買えたバレエシューズは第二次世界大戦の産物です。リビングルーム、カントリークラブ、テラスでのカクテルパーティには適していますが、地下鉄に乗るのは避けるべき。ニューヨークの町を歩くには滑りやすいし、だらしないと思われていました。当時、しっかりした靴を履くべきであった多くの素敵な足を傷つけたことでしょう。でも、それはそのときのファッションとして、正しいものでした。長年、ハイヒールしか履いてはいけないと思っていた女性たちに、ぺたんこ靴かローヒールの靴も素敵で、バレエシューズの形自体も魅力的だと理解させたからです。現在では、靴職人たちの手によってきちんと作られ、シンプルで、つま先が覆われたバレエシューズのかわいらしさを持った街用の一足として愛されています。

ただし、いつでもぺたんこ靴かローヒールというのもいけません。時と場所によるというファッションの大原則を忘れないでください。ハイヒールしか合わない服もある。この場合、ヒールが高ければ高いほどよい。逆に、ヒールが合わない服というのもある。ウールのロングソックスにウェッジサンダルをミスマッチさせるとか、竹馬みたいに高いウェッジソールというのも見たことがありますが、論外です。

先が空いていて足の爪がひとつだけ見える靴を、わたしは靴業界のホラーと呼んでいますが、楽だから好きな方も多いですね。けれど、柔らかな素材を選べば、足先を包んでも楽なはずなのです。サンダルは指が全部見えるものをおすすめします。人間の体は魅力的にできているのですから、見せるときはちゃんと見せる。裸足がもっとも似合う服もあります。そういう場合は、一番裸足に近いトング型を。わたしのふわりとしたロングのサマードレスには、小さなヒールのついたトングサンダル、これがベストマッチです。

おしゃべり好きなら、ローヒールかミディアムヒール。森の中を歩くのなら、植物の種などをくっつけてしまわないように軽めのブーツがいい。足先の感覚が麻痺して凍傷のような嫌な気分になりたくないなら、ブーツには足先に少し余裕のあるものを選んでください。

気候、場所、各国の慣習も着こなしに大きく影響します。パリで一目惚れして手に入れた羽根つきのシルクハットを、バッキンガム宮殿の護衛の横でかぶっていたわたし。地元の人に大笑いされた失態は忘れられません。ロンドンでは王様しかかぶってはいけない帽子だったのです。

その服でなにをするのかにも気を配らなくてはなりません。ぴたぴたのドレスで飛行機には乗らないですよね。タラップでは最高に美しく見えても、雲の上で呼吸するにはかなり深刻な問題になるはずです。高度三〇〇〇キロの上空では、ドレスのジッパーを開けなくてはならないでしょうから。

ファッションは自由自在

ファッションの変化は、見た目ほどラディカルではありません。パリのコレクション・レポートを見て、自分のワードローブをすべて捨てて買い換えないと、と思うこともあるでしょう。でも、ただベルトの位置を高くするか低くするだけで最新シルエットを手に入れることができる、そんなものなのです。いまこの本を書いている最中、わたしのショールームでは

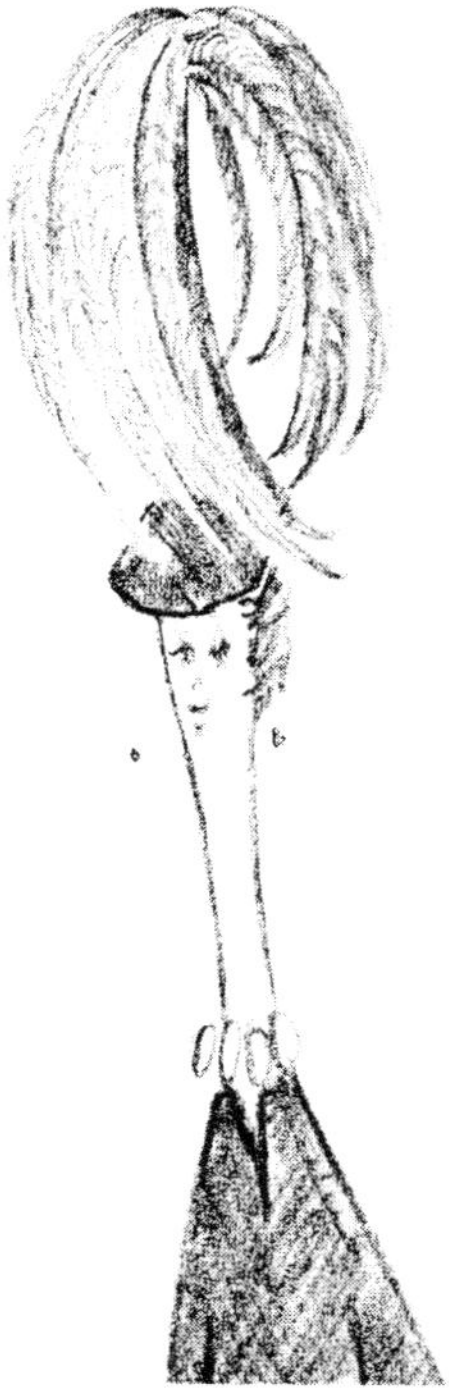

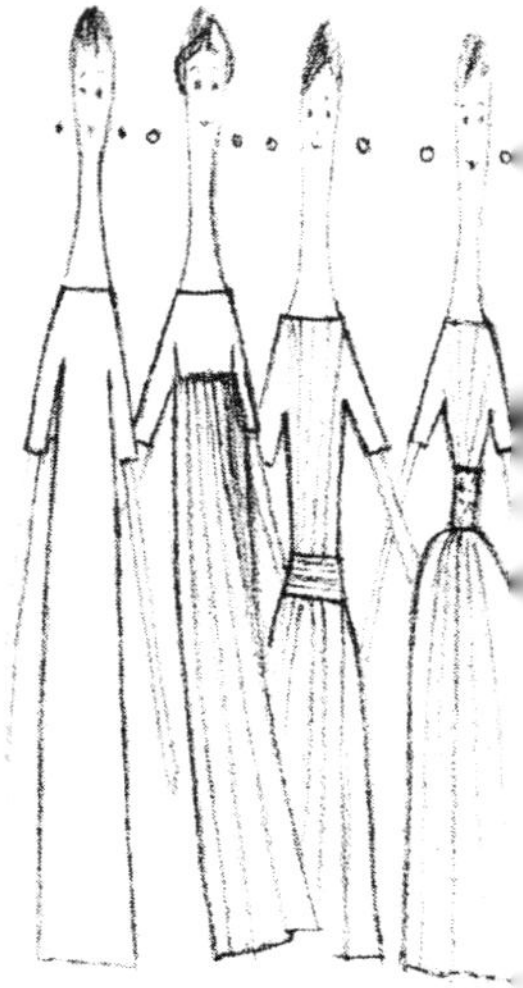

モデルたちはベルトなしだったり、胸のすぐ下に細いサッシュをしています。誰もがベルトなしのスタイルを好きだとは限りません。体型的にはよくても、感覚的には受け入れられない人もいるでしょう。でも今年のトレンドがベルトなしならば、ベルトなしでいる女性のほうが絶対的におしゃれに見えます。

ウエストライン同様に、スカート丈も永遠の問題です。古いドレスでも今年の丈に変えたら、もう何年前のものか誰もわかりはしません。各シーズンのトレンドラインは、必ずいくつかあります。自分の体型に合わない形や着ていて落ち着かない形は、自然と取り入れないはずです。ただ、今年の丈を知っておくことは必須です。一九四〇年代の「ニュールック」の流行のときは、ロング丈でないスカートを履いていたら完全に時代遅れと思われ、ショート丈のドレスなんかで現れたらよほど変わり者か、オザーク高原からやって来た田舎のいとこだと思われたものです。手持ちの短いスカートを長くすることはできないのですから、あれはどうにもならない例外的な年でした。毎年、丈は三センチ程度長くなったり短くなったりします。たかだか三センチですが、長すぎても短かすぎても時代遅れに見えてしまいます。でもなによりも、自分の体に合った丈を見抜く審美眼を鍛えましょう。短かすぎとは、自分にとってはどの長さか。ドレスを着ているモデルにではなく、あなたにとってどうなのか。自分の足がどれだけ長いのか。筋肉隆々の足なのかなど、自分で確認してください。流行をちぐはぐに取り入れるより、普通でいることのほうがはるかに素敵です。スカートの丈を見ればあなたのトレンド度は見てとれますが、自分に似合わないトレンドの丈のスカートを履くよりも「ファッショナブルでないこと」を楽しんだほうがいいと思います。

ヘムラインはまっすぐ保ちましょう。手間と時間はかかりますが、とても大事なことです。クローゼットに吊るしておくうちにドレスが変形してしまうこともあります。バイアス使いのドレスは着やすい半面、メイドさんやクリーニング屋さんが間違ってアイロンをかけて、変な形にしてしまうこともよくあるので気をつけましょう。

ときには、ワンシーズン、トレンドを追うことを完全に見送るのもありです。自分にどうしても似合わないシーズンなら、次を待ちましょう。必ずといっていいほど、あなたに似合う新鮮なトレンドの波がやってくるはずです。

おでこの真ん中にジュエリーがぶら下がっている姿は、ファッション雑誌の中では素敵に見えても、カントリークラブには似合わないですよね。あなたが入ったとたんに誰もが一斉に振り返る、なんて嫌でしょう。遊ぶなら、色かシルエットで。でも、自分が恥をかくほど斬新な冒険はやめましょう。わたしの帽子ボックスの中にある黒い羽根飾り、年に二〇回は試し付けしていますが、それで部屋から外に出たことは一度もありません。やりすぎって、どこをラインに「すぎる」のかを見極めるのは難しいものです。そして、そのやりすぎのラインも人それぞれです。

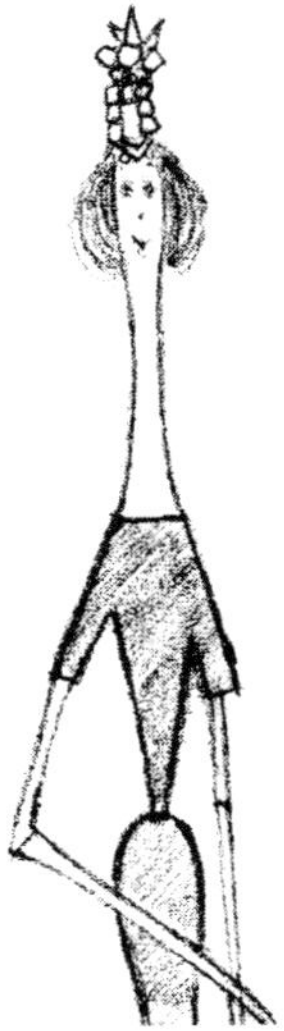

ファッションは敏感で賢い

ファッションは気まぐれ心だけでなく、必要性にも反応します。そのときの生き方に呼応するのです。いつも「なんでもっと早くこれを思いつかなかったのかしら」と思うのですが、新しいアイデアというのは、湧き上がったときにはごく当たり前のような顔をしているのです。何年も前のある日、「もしドレスが上下に分かれていたら……」というアイデアが湧いてきました。「旅行鞄の準備を楽にするには」と考えているうちに、上はビーチに、スカートは夜のお出かけに使えるのではと気がついたのです。これがわたしのコレクションのおもな部分を占める「ピースワードローブ」のスタートでした。わたし自身のクローゼットの大半はこれで、多忙で多才なアメリカ女性の多くがすぐに賛同してくれたシリーズです。以前のわたしは巨大なワードローブケースと五つものスーツケースを携えてヨーロッパ旅行をしていました。それがいまでは、スーツケースとダッフルバッグが各一個と、まるで魔法のよう。組み合わせを自在に変えることによって、本当に持っている服の量よりはるかに服持ちだと思わせることができるのです。

わたしのデザインアイデアは、ほとんど自分自身の問題解決のために浮かんできたものです。わたしの問題は、あなたの問題と同じ。わたしは自分でジッパーを上げ下げしたいし、自分でフックも留めたい。夕食を料理しながら、お客様も迎えられるドレスがほしい。みなさんも同じだと思います。そしてメイドさんを雇わずに、自分で維持できる服。暑くなったら脱いで温度調節のできるようレイヤーになっているスキースーツ。わたしのウールのセーターのようなディナードレスは、カナダのスキーリゾートで真っ青なサテンドレスを着て震えている女性を見たことから生まれました。耳が冷たくなるのは嫌だから、フードつきの服が好き。雨の日にはブーツ。ちゃんと泳げて、水から上がってもよれよれにならずに、きちんと水着に見える水着、などなど。

時代は移り変わります。ファッションもその時々で変化します。第二次世界大戦中のショルダーバッグがいい例です。ショルダーバッグは一九四〇年代初頭、配給は突然やってくるし、タクシーは見つけにくいという、女性たちがさまざまな問題に直面しなくてはならない状況下でごく自然に街に登場しました。両手がふさがらないで買い物ができる、荷物が持てる、バスや電車に乗って手すりに摑まることができる、そんなショルダーバッグは重宝しました。そして当時、ちょうどいい具合に肩パッドがたくさん入った服が主流でした。

ショルダーバッグは戦時中の流行でした。ポーチ型とかナップザック型、さまざまな形が出現しました。すごいのは、そんなバッグで昼でも午後五時でも観劇後でさえも、プラザホテルに行くことができたということ。いまもショルダーバッグは荷物をたくさん運ぶ必要のあるカントリーサイドやスーパーマーケットでの買い物、小さな子供を学校に連れていくときなどに活躍中ですが、都会的な場所では見かけなくなりました。一時は洗練された街で着る服に似合うものだったのに、いまはミリタリー風、またはカジュアルなものとその意味が断定的になりました。登場したときは、本当に時代に敏感で重要なバッグだったのですが。いまでも飛行機

旅行に便利なダッフルバックにショルダーバッグからの影響が見られます。大きなバッグはいまでもありますが、ストラップではなく短い普通の持ち手のものが増えました。みなさんも大きなバッグをひとつはお持ちでしょうが、ストラップを肩からかけて使う人は少ないはずです。

ファッションは生き続ける――必要とされれば

ファッションは生き続ける権利があります。トレンドが何度も何度も戻ってくることは、ファッションの永遠性を証明しています。ファッションは素敵で心地よい場所に居続けます。同じデザインがその時々に合うちょっとした変化をつけながら、何年も生き延びることもあります。一九五三年五月、カリフォルニア州ビバリーヒルズのフランク・パールズ・ギャラリーで、わたしがデザインした二〇着あまりの服が展示されました。二〇年間にわたって時代遅れになることのなかった服が選ばれました。わたし自身の生活やニーズの変化によって、ちょっとした変化をつけつつ毎シーズン登場する定番デザインがあります。ローブのような形にウエストラインをサッシュかベルトで結ぶ「モナスティック（修道士風）ドレス」も、そのひとつです。わたしのデザインとしては一九三八年に初めて登場したドレスなのですが、数百年前か

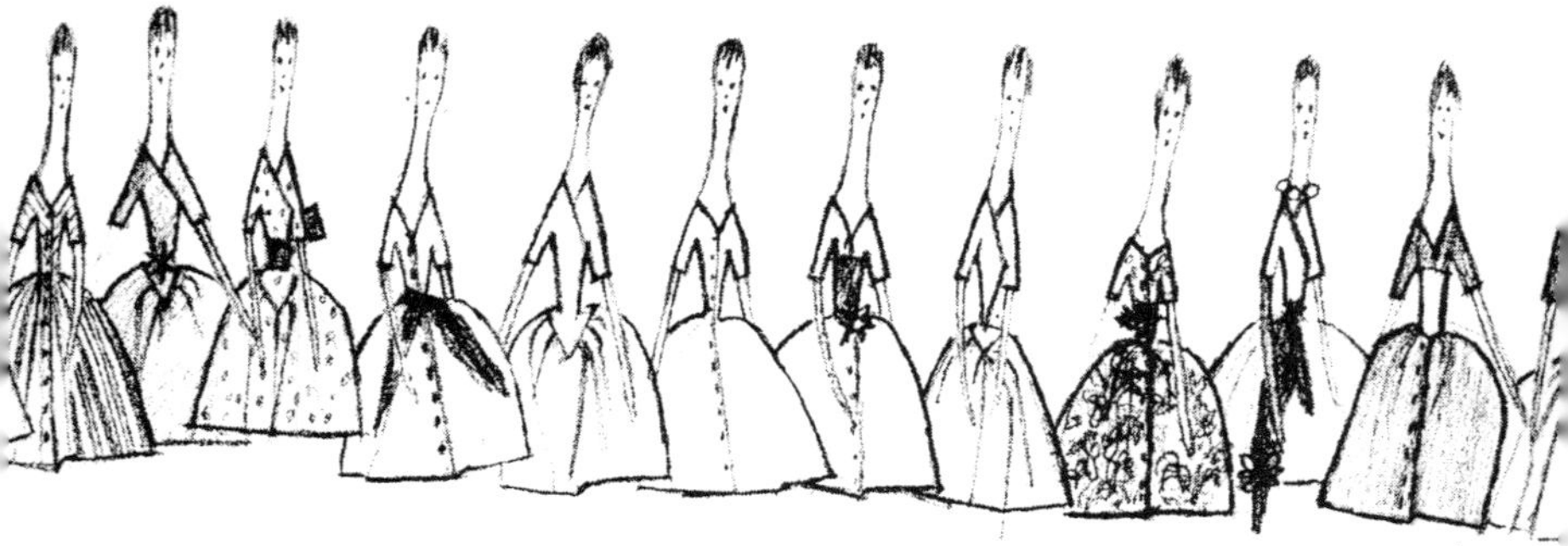

らあるクラシックなものです。一九三八年は肩パッドがついていて、ボリュームがかなりあるものでした。一九四一年には、袖は肩とひと続きの生地を使ったデザインで、その数年後には胸元が大きく開いたネックラインのもの、さらに数年後にはボリュームが抑えめになり、一九五〇年にはベルトが付いた細身のストリングビーン（サヤインゲン）ドレスに。そしていまはベルトなしで、サイドポケットの位置が腰骨のところに下がったもの。腕のいい洋裁店であれば、一九三八年のモナスティックドレスをいま（一九五六年）のストリングビーンドレスにアップデートできるでしょう。

モナスティックドレスはずっと、わたしのショールームの中をいきいきと歩いてきました。なぜなら、いきいきとしたドレスだから。着るのが簡単で、着心地がよく、アメリカ女性が大好きなデザインだからです。そして、何千ものモナスティックドレスがあることを誰も気にしません。いいアイデアなら大衆が利用する、これはアメリカの伝統的なやり方です。着る女性自身のセンスがドレスを彼女独特のものにするのです。ある女性が着てまったく目に留まらないドレスでも、別の女性が着たら忘れられない一枚になることもあるのです。ともかく、双子に見えることは絶対にあり

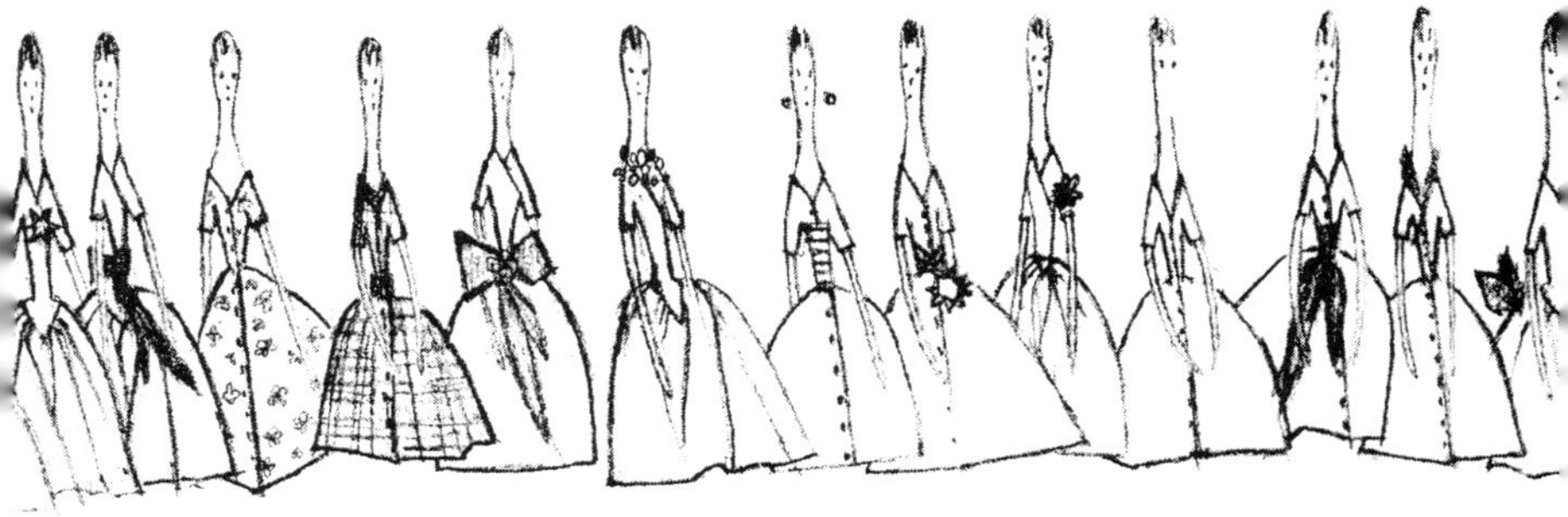

ません。

「ポップオーバー」は、戦時中の家庭菜園で着る上着として登場し、お手伝いさんなしの生活が主流になってきたときに家庭で使われるようになりました。一九四八年には紐でくるラップ型のラクダの毛のコートになり、一九五一年夏までには、ドレス、コート、ビーチウェア、ホステスドレスになりました。ダンガリーシャツからイブニングドレスまで、すべての服の上に着用され、バスローブ的に、またはドアベルが鳴ったときにさっと羽織るためにも使われました。このベーシックなドレスが成功したのは、その使用範囲の広さにあります。あなた自身のファッションを作るために、どんなふうにも使えるものなのです。グリニッジヴィレッジに住む友人が教えてくれたのですが、彼女の知る女性作家の誰もが、ポップオーバーを着て執筆活動をするそうです。彼女たちがそれぞれの書き方のスタイルを持っているように、ポップオーバーの着方もそれぞれでしょう。サッシュを後ろに垂らして結ぶ人、横にきちっと結ぶ人、胴の部分にぐるぐる巻いてジュエリー付きのピンで留める人。暑い夏の日に、ナイトガウンのように開けて着る人もいるでしょう。

ときにはファッションはたったひと晩で死んでしまうこともあります。なにが殺すのか？間違った使い方が殺すのです。やりすぎだったり、時と場所を間違えた場合。金色のキッド（子ヤギのなめし革で高級品とされる）にその例があります。金色のキッドは、基本的にフォーマルな夜会か、インフォーマルであってもドレスアップしたホームディナーのものです。日中の光の中で使うものではありません。しかし突然、テラスやビーチでも使うファッションが登場したのです。大勢の人がとまどいました。「金色のキッドが太陽の光のもとにやってきた」というファッション誌のタイトルを見たからですが、どこでどういうふうに着用すべきかは読んでいないのです。金色のベルトやサンダルをバスターミナルやオフィスで見かけるようになりました。街の歩道で都会的な服と一緒に見ると、けばけばしく、安っぽくて下品に見えてしまいます。これは、ファッションが提案したことをちゃんと理解していなかった結果です。ファッションが悪いのではありません。金色のキッドについて、半分までしか読まなかった人が悪いのです。

ファッションの求めるもの

ファッションは服従的な精神を嫌い、独立心のある人を求めます。毎年選出される「世界で一番おしゃれな女性一〇人」を見れば、ファッションは決して人真似ではないとわかるはずです。何年も連続してランキングに入る女性も多いのですが、この一〇人は年齢も肌や髪の色も体型も、それぞれ違います。すごい美貌の持ち主もいれば、そうでない人もいます。ひとつ共通点をあげるならば、たぶんそれは、彼女たちは誰もが控えめでありながら完璧なワードローブの持ち主であり、細部まで配慮を巡らせる人であること。ファッションは服従的な精神を嫌うと書きましたが、おしゃれでいるためには果たさねばならない義務があるということなのです。楽でいることはその義務に入りません。あなたの格好が、できる限りあなた自身を表現していることが大切です。あなたの想像力、考え方、時間、あなたの持っている力。あなたがどう自分の頭脳を使い、どう自分の衝動をコントロールしているのか。

まず、おしゃれを作る材料とはなにかを理解するべきです。白いコットンの手袋を買いに行って、初めに見つけたもので満足してはいけません。それは奇跡が起きたときだけ。買いに行く前に、この世にどれだけの種類の白いコットン手袋があるかを知っておきましょう。新聞広告やファッション誌がそれを教えてくれます。自分がほしい白いコットン手袋のイメージがあれば、探すポイントがより明確になります。短いもの、長いもの、ボタン付き、プルオン（引っ張って着用する手袋）、ステッチのあるもの、プレーンなもの、ゴーントレット（防具のよ

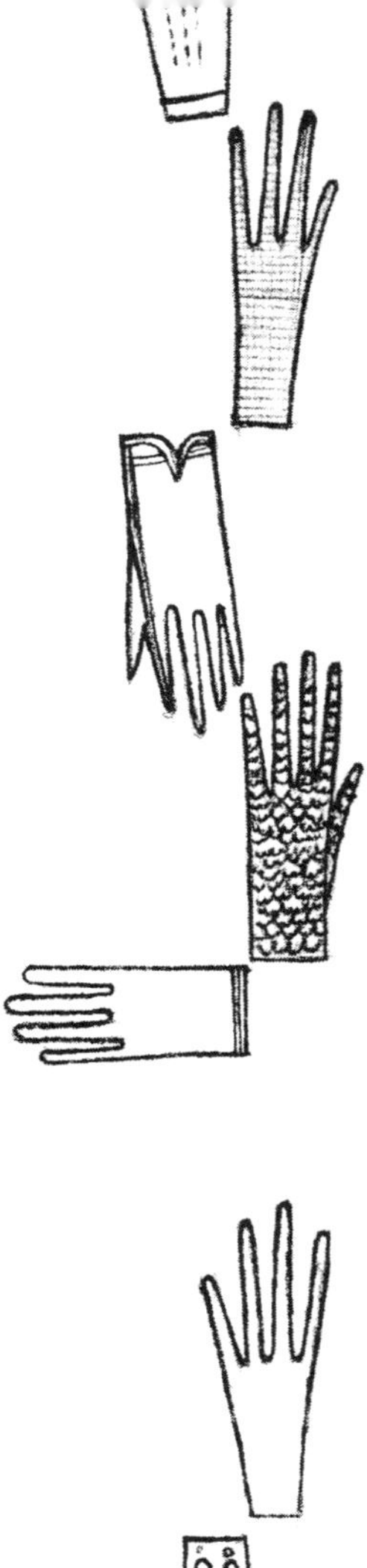

うな形の手袋)、カフ付き、織りのもの、ニットのもの。そして、自分の持っている服や小物と合うかどうかを考えましょう。

「世界で一番おしゃれな女性一〇人」がいるように、いろいろなコミュニティの中で「一番おしゃれな一〇人」がいるはずです。「彼女は服を知っている」「彼女はファッションセンスがある」「彼女はいつもスマートに見える」などと言われるわけですが、彼女たちを注意深く見ると、共通の一言で表せると思います。それは「自分の服に時間を割いている」です。彼女がおしゃれなのは、お金をたくさん使うとか、買う店が特別だとか、ブランドしか買わないとか、そういうことではないのです。彼女は彼女の時間をしっかりと自分の服に費やしているのです(さらに、彼女は労力と忍耐と想像力を費やしてもいますが)。

第1章では、あなた自身がいかにファッションにとって大切かということを、ひたすら語ってきました。ここで書いたことは、ファッションを楽しみたいすべての女性に当てはまると思います。自分の性格に合った、自分の人生のためのファッションでなくてはならないのです。体に楽であることは大切です。それ以上に、気分的に楽であることが大切です。ファッション

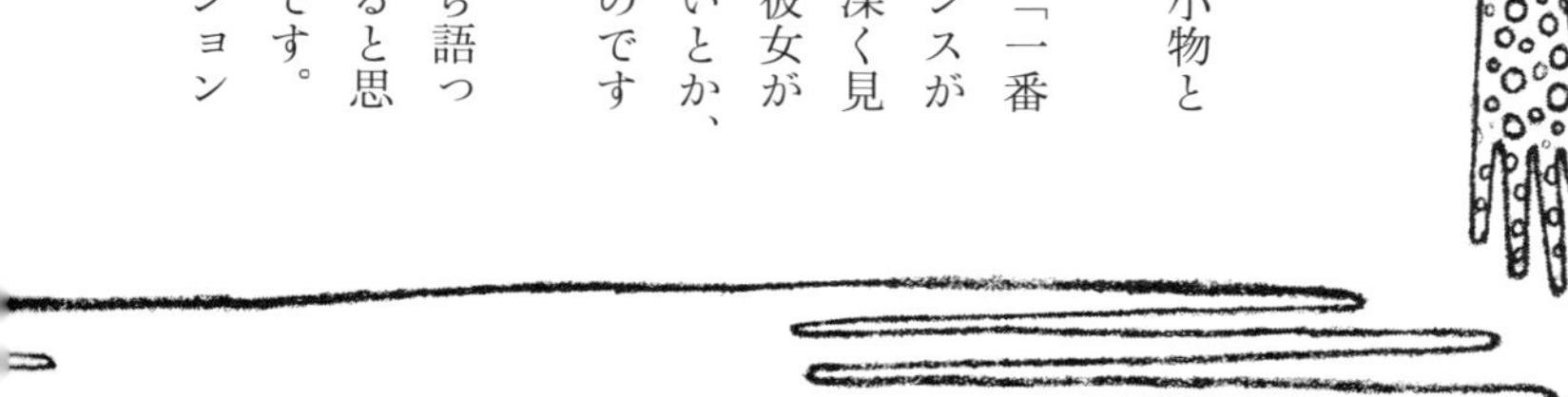

はいつも現在形です。遅れをとってはいけません。ただし、まだ誰も試したことのない大胆すぎるスタイルは、ファッションリーダーたちにまかせておきましょう。そして、常にディテールに注意すること。スカート丈の変動や、肩の大小、ウエストの位置などのすべてが、あなたのセンスを表現するのです。多すぎるか少なすぎるか、無限に広がる色の世界、ジュエリーのコレクションや既製服売り場などが、あなたがまだ理解しきれていないファッションの世界を見せ続けてくれるはずです。

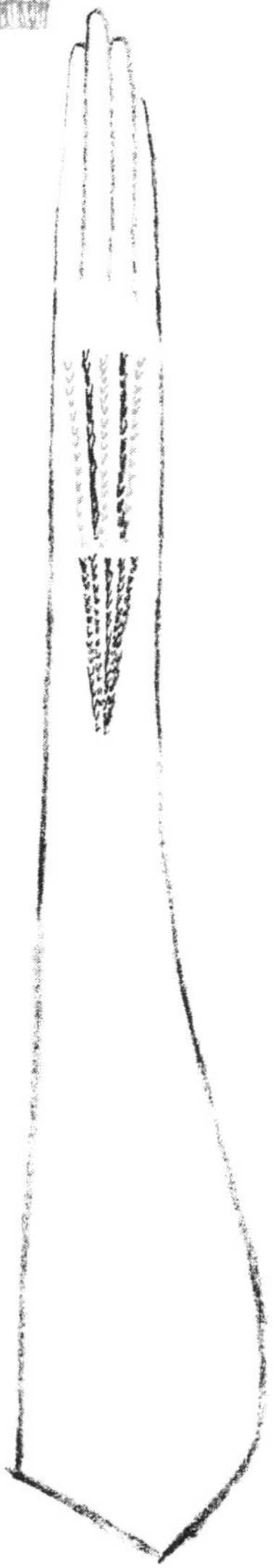

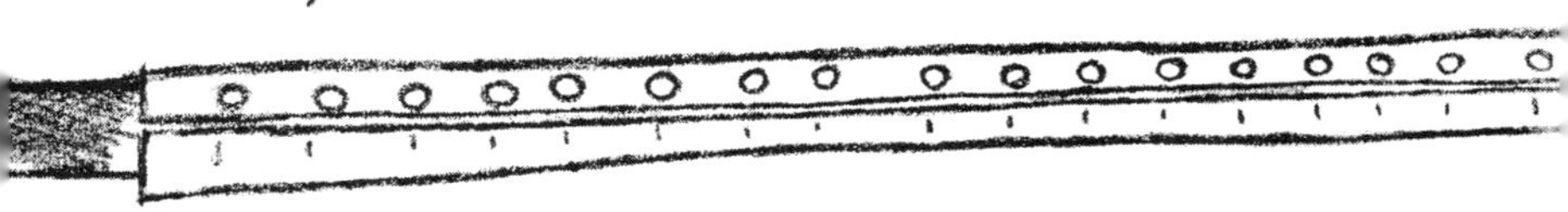

第2章　自分のファッションを作り上げましょう

みなさんに会ったこともないわたしが、みなさん各々の問題を解決できるとは思いませんよね。でもわたしは一人の女性として、デザイナーとして、わたし自身の経験をアメリカ女性が理解する共通言語にして伝えたいのです。みなさんのものと同じようなわたしのクローゼットを覗いたら、また、わたしの事務所の引き出し、帽子ケース、靴棚を見たら、何を選び、捨て、追加する必要があるのかという基準が見えてくると思います。

常に「なにを着たらいいのかしら？」とか「なにも着るものがない」と悩んでいませんか？クローゼットには服がたくさん入っているのに、謎の穴が空いている感じですよね。洗練された義理のお母さんとランチに行くのにぴったりのドレスがない。夫の会社主催のピクニックに着ていく服もない。

これは、あなたがかつて選んだ服が、いまのあなたのライフスタイルに合わなくなっただけのことです。デザイナーが机に向かってデザインの考えをくゆらすとき、まずは服を着せたい

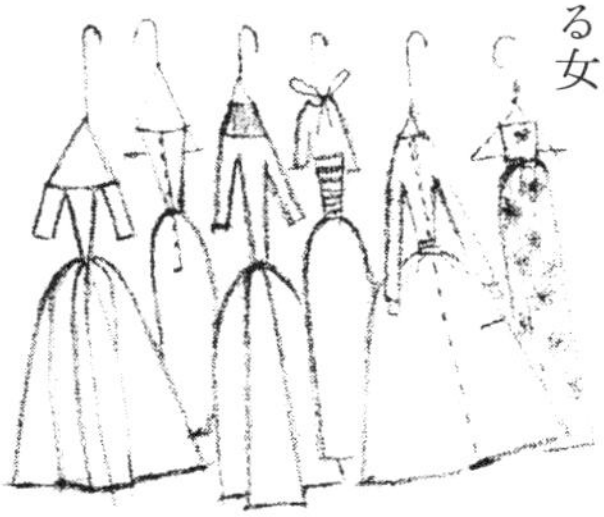

女性を思い描きます。本当にカントリーサイドに行くのか、女の子が鱒釣りをできるのか、このスカートでちゃんと歩けるのかなど、具体的に考えるわけです。

多くのデザイナーが服を着せたい女性をリサーチしているのですから、きっとどこかにあなたのために作られたような服が存在するはずです。ファッションは大きな流通産業なので、なにもニューヨークにまでわざわざ行く必要はなく、有名なデザイナーのものであれば各地のデパートに入っています。

あなたがやるべきなのは、服を理解することよりも、自分を理解すること。あなたにとっての大事なイベントが、都会のアパート、郊外の住宅、カントリークラブでの夕食会なのか、それともチャリティー舞踏会、メトロポリタン美術館のオープニング、結婚式、社交界デビューといった、より大きな社交の場なのかでは大違いです。まずは自分の一番大事な場面での一着をピンポイントで把握してみましょう。いろいろなものと合わせられる素敵なスーツかもしれません。ゴルフ場で着る素晴らしいカットのスカートかもしれません。ご主人を車で駅まで送っていくとき、駅には街中の人が集まっているのでしょうか？　自分が展示品だと思っている女性は、展示品としての自分と服だけ気にしていてください。

「でもその大事なときのためだけの一着に、予算を割くのはちょっと……」とあなたは言うでしょう。けれど、結果として、それがお財布のためです。その素敵な一着は、高品質な点で長持ちしますし、それ以上に、あなたが自分の大事なイベントのために具体的に選んだ一着なので、あなたの生活に合っていて、長く愛用できるはずです。靴にも、いいブラウスにも予算をケチらないこと。たまに高品質のブラウスが誕生日に天から降ってきたり、予想外のセール品として出くわすこともありますが。三年単位で予算を組みましょう。一年目でお値打ちものに多く出会え、二年目の予算に余裕を残してくれるかもしれません。小さなノートを準備して、買ったものをそこに記すことです。あなたはどこで一番お金を使い、なにを買いがちなのかを把握できるだけでなく、あなたのスタイルを見出す助けにもなるでしょう。あなたは靴好きで、帽子ひとつより、必要ではない靴を三足買いがちなのか。カシミアのセーターを何枚持っているか数えてみてください。カシミアは高価なものです。どれだけ頻繁にセーターとスカートを着用するのでしょう。セーターを着ている自分が好きかどうか。カシミアセーターをたくさん

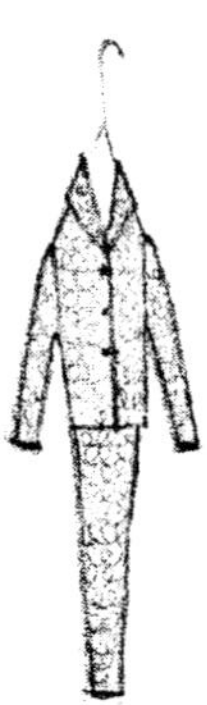

持っているというのは一般的に素敵だとしても、自分が心から好きでなかったら無意味です。ジャケットとシャツのスタイルに変えてもいいわけです。三年予算計画で、途中で余剰があるからといってお金を余計なものに費やしてしまう誘惑に負けないように。三年目に完璧な一枚に出会うときのために取っておきましょう。最高の一枚を買えるその瞬間、素晴らしい気持ちになりますよ。

まずは、自分が何種類の顔を持ちたいのかを把握しましょう。仕事場で、家庭で、ランチで、週末での顔。そこに自分のワードローブも合わせましょう。自分の人生をどうドレスアップするかを決めるのは、あなた自身なのですから。

「マザー・グース」に、一緒に鳥の巣を見に行ったエリザベスとリジーとベッツィーとベスの歌というのがあります。四人の女の子ではなく、実は同じ女の子の歌なんです。さまざまなニックネームでそれぞれの役割のスタイルを着こなす一人の女性を思い浮かべてください。

洗礼服を着て「誓います」というのはエリザベス。スキーも水泳も、仕事に行くのも、街でデートをするのも大丈夫なスーパースーツを着ているのはリジー。

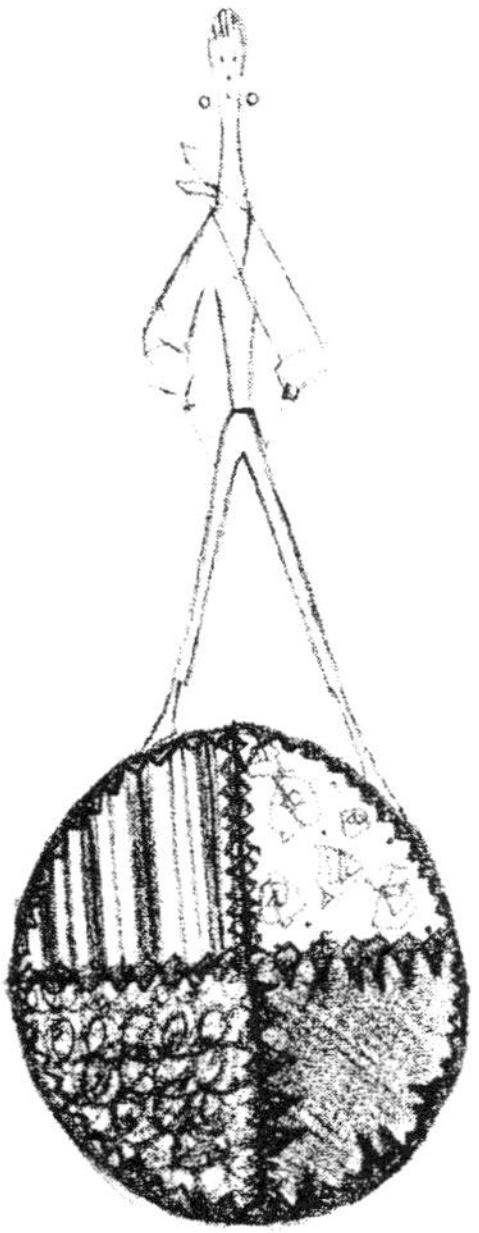

愛する家族といるときはベッツィー。家の中でも魅力的でかわいい着こなしをしている、旦那さんにとって最高の女性。スタイルがよければパンツ。長いハウスコートや、カントリーサイドならばギンガムかキャリコ、都会にいるときはストライプ。あらゆる家事をこなすためのかわいいドレスエプロン。

ベスおばさまに会うときはベス。同じ名前を受け継いでいるお気に入りの姪っ子役です。おばさまとお茶をする女性らしいスタイルで、帽子と手袋とハイヒールを。昔は誰でも持っていたシルクのアフタヌーンドレスか、万能選手で心配無用なリトルブラックドレスを着て……そこまでする必要はもうありませんが。アメリカではもはや、素敵なスポーツウェアは基本的にどこでも許容されます。ベスおばさまも、姪っ子がツイードやジャージー素材の服で現れたとしても、眉をひそめることはないでしょう。

アメリカンファッションの自由度の高さは、スポーツウェアで語られると言っていいでしょう。スポーツウェアの登場は、わたしたちの生活を大きく変えました。なによりも、わたしたちを自立した女性にしました。いま五〇歳の女性は、昔の五〇歳よりも若々しく見えます。若々しく見えるスポーツウェアを着ているからです。スポーツウェアはスリムな体型でなくては着こなせないので、彼女はスタイルもいい。今日では、スキースーツよりボールガウンのほうが「一体それはいつ着るの？」と言われるようになりました。動きやすい服という新たな自由を見つけた現在のわたしたちは、カジュアルでいきいきと、より楽に心地よく暮らしています。ギブソンガール（一九世紀末から二〇世紀初頭に挿絵画家のチャールス・ダナ・ギブソンが描いた、コルセットでウエストを絞った女性たち。当時の理想の女性像だった）の頃は、海水浴をしても、水をひとかきすることすらできなかったでしょう。あの儀礼的な乗馬服を着て、サドルの上で固まっていたなんて、本当に理解できません。

着やすさを考慮したカットのいいテーラリングのスーツ、セパレーツ、シャツドレス、これらがワードローブを占めるメインアイテムであるようにしましょう。どんな場所でも時間でも問題なく、かつしゃれた雰囲気を与えてくれます。良質のツイード、デニム、コーデュロイ、目の細かいウールなど、しっかりとした素材を選ぶと長く使えます。それほど高いわけでもないですし。多忙すぎる生活を和らげてくれる暖かみのある素材は、仕事場、高級レストラン、観劇などの場面にも好相性です。

服をきつく締め上げすぎて倒れそうになり、道を一人で横切ることもできないという、女性の自立が不可能だった時代には、男性とのデートの際にセーターとスカートに明るいジャケッ

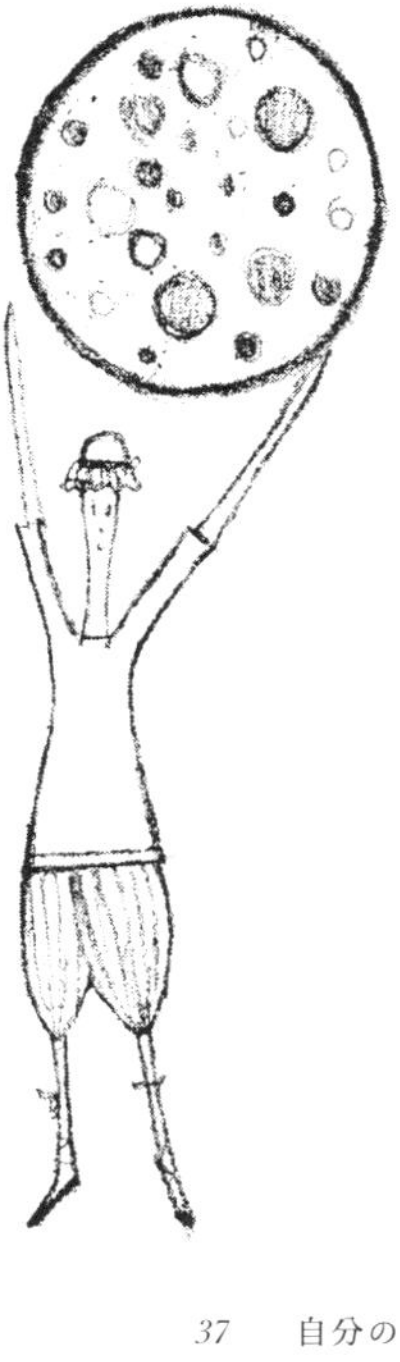

トなどはありえないスタイルでした。エリザベス・バレット（一八〇六―一八六一。イギリスの詩人）は、阿片を吸いながら寝椅子に寝そべっている生活を投げ捨ててロバート・ブラウニング（一八一二―一八八九。イギリスの詩人）のもとへ走りました。それは時代に先駆けた行動だったでしょうが、そんな彼女でもシフォンのドレスの裾の中に生きていたはずです。

本当に大きな変化が起きたのは一九二〇年代。当時の小説家たちが作品に残しています。アーネスト・ヘミングウェイは『日はまた昇る』で、ヒロインのブレットについてこう書いています。

> プルオーヴァーのジャージーのセーターに、ツイードのスカート。髪は少年のようにうしろに撫でつけている。こういうスタイルは、彼女が創始したのだ。
>
> （高見浩訳、新潮文庫）

ここで興味深いのは、どこで彼女がこういう服を着ているかです。風のそよぐヨットクラブ

か、ゴルフコースか、カントリーサイドなのか。答えはすべてノー。彼女と小説の語り手はパリのバーに座っています。このスタイルを「彼女が創始した」のは、一九二六年のことです。

ほかにも二〇年代に、カジュアル服が「新トレンド」として都会に入ってきた例として、『緑の帽子』（未訳、原題 *The Green Hat*）という小説があります。著者のマイケル・アーレンは、アイリス・マーチがドレスアップよりもドレスダウンすることに目が利いたと記しています。イギリスで出版されたこの小説は、アイリスのこんな描写で始まります。

この本が『緑の帽子』と題されたのは、著者が彼女を初めて見たときに視界に飛び込んできたのも、そして最後に視界に飛び込んできたのも「緑の帽子」だったからだ。それは明るい緑色のフェルトのような素材で、たくさん帽子を持っている女性であれば「スポーツ用」とするはずの帽子。それを彼女は勇敢にもかぶっていた。

このカジュアルなフェルト帽はどこで目撃されたのでしょう。真夜中のロンドンです。当時最高におしゃれとされた高級車イスパノ・スイザを運転している女性の頭の上に。たくさん帽子を持っているタイプの女性たちは、こんなスポーツ用の帽子を街でかぶるなんてことはしないと、著者はほのめかしているのです。たいていの流行は驚きや反対の声とともに始まるという、興味深いファッションの傾向を示しています。レディ・ブレットがウールジャージーを着たのは、シルクのブラウスがなかったからではないのです。彼女は着やすくて好きだから、自分の楽しみのためにウールジャージーを選んだ。時代の気分としても、世界は女性の自由と独立に向かっています。二つの大戦はカジュアル服を多く生み出しましたが、それは必然でもあったのです。ブレットとアイリスのように二〇年代当時は金持ちで自由な人間でなければできなかったスポーツウエアのスタイルを、いまのわたしたちは「どこでも」着られるのです。

自分のワードローブを分析するときには「時代」を考えましょう。二七キロを荷物の最大制限とする飛行機旅行の登場は、ワードローブを確実にコンパクトにしてくれました。飛行機旅行をしなくとも、ばらばらにコーディネートできるピースワードローブの恩恵にはあやかるべきです。東部に引っ越して農園生活に入り、野外でステーキを焼いてばかりの方は、ティーガウンを処分してもいいでしょう。週休二日制は多くの人にレジャーの時間を与えてくれました。そしてデザイナーたちは、レジャーを楽しむための服を懸命に作るようになったのです。

色、それは個人的な事柄

色について自分に問いかけてみてください。それって、あなただけの個人的な事柄ですよね。でも、あなたが思う以上に多くの選択肢があるのです。長いこと、赤毛の女性はピンクの服は避けるべきと言われてきました。でもファッション的に赤毛にピンクも大丈夫となったら、ブロンドとブルネットの女性たちが赤毛の人に羨望の眼差しを注ぐことになります。一〇〇円ショップの口紅でいいので、あなたの肌色にパープルやオレンジが似合うか試してみてください。色には実験が必要。実際にあなたの肌、髪、目の色と合わせて見なくてはなりません。

実はわたしにも色を恐れていた時期がありました。ひとりの女性の中には何人もの女性が住んでいて、人生のステップを踏み進めていく過程で好みが変わることが必ずあります。わたしには黒、ベージュ、茶色だけという時期があったのです。髪を後ろにひっつめにしていた頃、「髪を少しだけでも耳にかかるようにしたらどう?」と母から意味ありげな提案がありました。そして、赤いドレスを自分のワードローブに入れてもいいかな、と思い始めました。当時、本当に真っ赤なドレス(まったく面白みはないんですが)がほしかったのです。楽しいカラフルな時期が人生にやってきた瞬間でした。いまひとつなドレスが別色のサッシュで見違えるほど素敵になることを知り、オレンジとピンクの楽しさに開眼し、おばあちゃん色だと思っていた紫にも手を出すようになりました。

色を決めるときは、「どこで着るか」が大きなポイントです。オレンジとピンクは、冬のリビングルームにはちょっとどぎつい。でもリゾートで着たら、地中海の太陽と美しく調和するはずです。

シャルトリューズ（明るい緑色のフランス産リキュール）、翡翠、エメラルド、オリーブなどを繊維産業が真似て作った色を怖がる必要はありません。どんなに派手に見えても、本物の自然の植物や宝石の色ほどではないからです。黄緑のチューリップの茎、黒みがかった緑のアイビーの壁、深緑の松の葉、グレーグリーンの柳、誰でも自然の色はなんなく受け入れるものです。あなたのワードローブの色が気難しくなる必要はなし。色は、あなたとあなたの周りの人々に素敵な楽しみを与えてくれるものです。

「服を着る場所」を色選びに使う技術を取り入れましょう。ヴェニスに行くなら、海の色が景色の基本色なので、青と緑の服を持って行く。ターコイズと相性のいい深紅もいいですね。スキーに行くなら、真っ白な背景の中であなたのシルエットが浮き立つことを覚えておいてください。黒がもっともドラマティックな色ですが、強いヴィヴィッドカラーも刺激的でしょう。

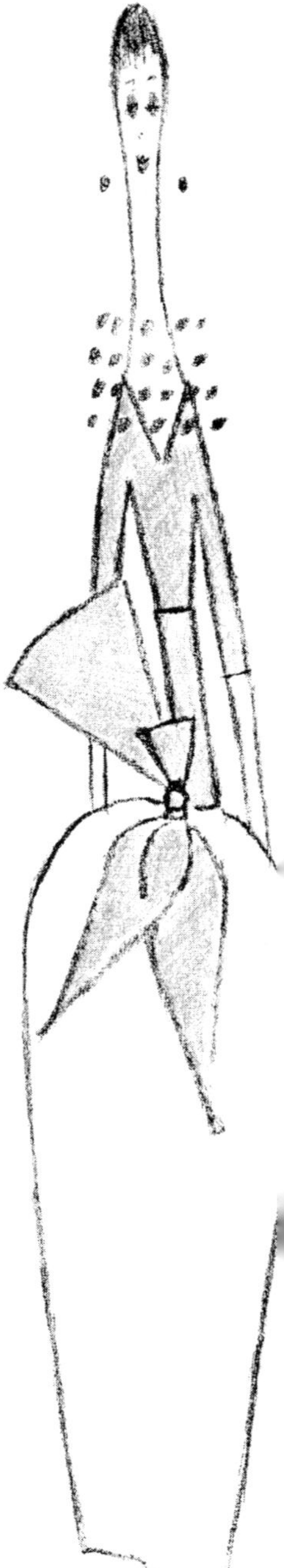

色にお金はかからない

色は、たぶん一番簡単に手に入れられるものです。完璧なラインの服作りは高くつきます。デザイナーネームと高級な布地も。けれど、色なら大丈夫。しかも瞬時にわかりやすく変化を与えてくれるのが色。あなたがいつも紺色を着ているのなら、ターコイズブルーの服を着れば、みんなの注目を集めること間違いなしです。

色は素材によって違って見える

素材のテクスチャーは色に影響を与えます。同じターコイズブルーでもサテンとジャージー素材とでは、まったく違う表情を見せます。光沢のある布地では、色はいっそう強く、明るく出ます。光沢のない布地では、ソフトに見え、同じ染色桶に浸けたのにまったく違う色合いを

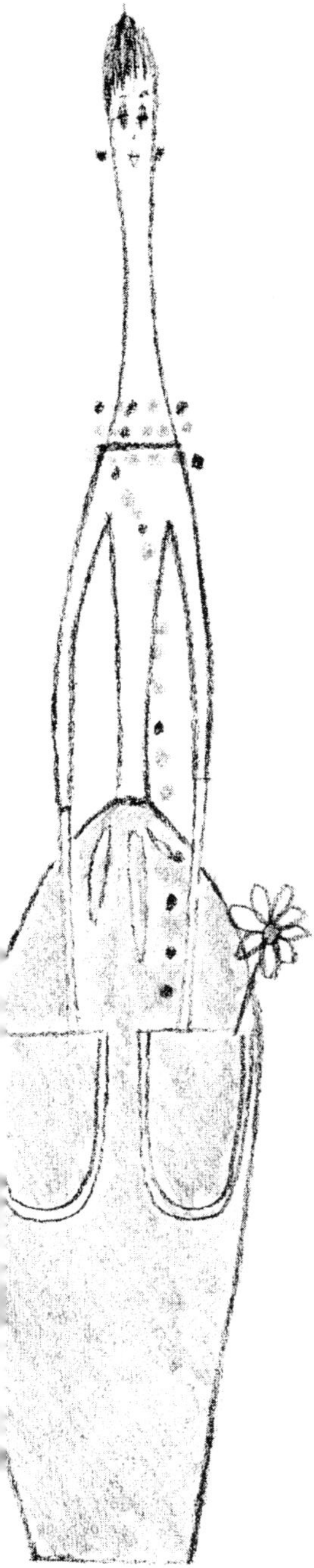

見せることもあるほどです。ドレス全体に使うとけばけばしく見えるサテン地も、細いベルトやポケットや、ネックラインのパイピングに使うと効果的です。色に挑戦するときには、どういう生地をどれだけの量使うかを考えることが大切。単純にピンクのドレスを探しに行ってはいけません。ピンクに合う生地があり、ピンクがピンクになりすぎる生地もあることを覚えていてください。

なによりもフィット感が大事

ほっそりとした体型の女性で、なぜかいつも服の中で溺れているように見える知り合いがいました。それがある日、急に服がぴったりフィットするようになったのです。すべてが美しく体に合っている。同じサイズを着ているというのに、なにが起きたのでしょうか。前は、ただサイズ12の売り場に行き、そこにある服は全部自分に合うと思っていたそうです。しかしそれは違いました。既製服のサイズ通りの体型を持つ人はあまりいません。ヒップとバストがサイズ12で肩とウエストは違うとか、ウエスト以外はサイズ10がぴったりという人もいます。こういう場合はサイズ12を買って全体を直すよりも、ウエストだけを直すほうが簡単で安上がりなので、サイズ10を買うことをおすすめします。体すべてがちゃんとサイズ12に合ったときだけ、サイズ12を選ぶのです。体のラインに合っているかどうかが、着こなしを成功させる半分を握っています。自分の体がどういう直しを必要とするのかを理解しておく必要があります。

どうやってすべての女性たちのサイズに合うものを作るか、これは服を大量生産する上での悩みどころです。無理な話なので、さまざまなサイズが生み出され、多くのデザイナーのラインのどれかが誰かのラインにフィットするだろうという感じなのですから、なんでも自分に合うと思わないように。

人々が商品を選びやすいように、政府は服のサイズをわかりやすく定型化する努力をしてきました。第二次世界大戦中はアメリカの女性のサイズと体型を調査することが可能でした。WACSとWAVESという協会の会員である女性たちが、各州から代表として年齢に関係なくサイズ採集されたのです。

ところが、すぐに問題点が出てきました。二〇歳でサイズ12だった人が四〇歳でサイズ12のままであることは少ない、ということがわかったからです。けれど恰幅がよくなっただけなので、サイズ14では全体的には大きすぎる。そこで、ハーフサイズという年配の女性向けのサイズ展開が考案されました。また、ジュニアサイズという若年層向けのサイズ展開も作られました。7、9、11、13、15と奇数サイズのみで、高めのウエスト位置、ボリュームのあるスカートが多く、袖のデザインもパフスリーブなど若々しいものが主流。ハーフサイズ、ジュニアサイズ、それぞれが「タイプ」別になっており、さらに最近二つのタイプが追加されました。ひとつは身長一六〇センチ以下の背の低い人用のブリーフ（「五フィート三以下サイズ」とも）と、一七〇センチ以上の背の高い人用のトールサイズ。

ほとんどの人が、8、10、12、14、16、18、20と偶数で表記されるミシーズ（アメリカの婦人服の標準サイズ）のカテゴリーに収まっているはずです。これは国の調査でも証明されています。ハーフサイズもジュニアも、デザインが違います。三〇歳でジュニアのパフスリーブでハイウエスト、またハーフサイズのコンサバティブすぎる服も着たくはないはずです。先ほども書いたとおり、直しが必要な場合が多いので、自分の体のラインを知っておくことがとても大事です。

ここで別のことも考えられます。デザイナーも人間です。彼らはたいてい自分が着たい服を作ります。たとえば身長一七四センチのわたしがデザインする服は、小柄な女性はやはり溺れた感じになりがちです。少しリサーチすれば、自分の体型に合う服を作るデザイナーを見つけることができるはずです。タイトなスカートなど全体的にぴったりとした細身のラインを主流にしているデザイナーの服は、あなたが細身に見えたいとするなら、矯正下着をがんばってつけなければいけないという問題が浮上します。一六歳の娘と服を共有できる、と嬉しそうに話す女性に会ったことがありますが、四〇歳を超えた彼女の一〇代はすっかり過ぎ去った過去であるということをわかっていない。それを世界中に知らしめているだけですね。「わたしがほしいのは、自分の歳にふさわしい服？　それとも自分のなりたい歳にふさわしい服？」、こういつも自問しましょう。

結論として、このフィット感問題に対しては、みなさんさまざまなアプローチを取られることでしょう。わたしのおすすめはこう。なによりも、自分の姿をよく見ること。「太っているな」と思ったら、お医者さんに相談して、どこまで健康に痩せていいか、その方法などを探ってください。あなたの体型はダイエットと運動によって変えられます。サイズについて悩んだり、いらいらして時間を無駄にするより、ポテトを食べなければいいのです。しかし、現実的でいてください。ただ減量したからといってあなたの骨格がもともと完璧なスタイルではない可能性もあります。買った服は、少々直しが必要だということを受け入れましょう。試着時にどこをどう直すべきか、フィッターが教えてくれるはずです。自分で直すか、小さなお直しの店を見つけておくと、あまりお金をかけずにすみますね。矯正下着が必要かもしれないということも想定しておきましょう。ただし、あなたの自然な体のラインから無理矢理別ものに仕向けるようなものではなく。何度も強調してきましたが、服の美しさは自由さにあります。ガードルは、あなたの筋肉のバランスを崩すだけでなく、服の優美さも壊します。しかし、あなたの体にきちんとフィットした服は、あなたを本来のあなたより何倍にも美しく見せてくれます。また、いい服（少しばかり高い服）は縫い目の余分を多くとってあり、ヘムラインを少し長くしたりウエストや胸、ヒップ周りを広げたりといったお直しの幅にも余裕があるため、サイズが少々変化しても着続けることができます。ともかく覚えていてほしいのは、フィット感がスタイルを作り出すこと、体に合っていなければすべて台無し、ということです。

あなたの体をモデルにして作っているかのようなデザイナーを見つけ出すのは、それほど難しいことではありません。ファッション雑誌を見て、自分が好きなラインを多く手がけているデザイナーの名前を覚えておいてください。写真で見るのと、本物は違います。スカートはたっぷりすぎるかもしれないし、ウエストはきつすぎるかもしれないのです。店に行って、その著名なデザイナーの名前を言えば、店員さんがすぐに在庫のある商品を持ってきてくれます。一～二シーズン試着すると、常にあなたに合うラインを作るデザイナーを見つけられるはずです。試着室にある三面鏡の威力を利用しましょう。後ろ姿もしっかりチェック。人の目には、あなたが向かってくる姿も、去っていく姿も映るのですから。

あなた自身のコレクション

物をためこむという危険をわたしは承知しています。「なにをするにもちょっとだけ短すぎる紐」とラベル貼りされた箱を持つフランス人女性の話を思い出します。服が好きな女性は誰しもコレクター魂があり、本能的に自分の服コレクションができあがっていると思います。何年も持ち続けている服もあるでしょう。間違えて買ってしまった服たちは、すぐに追い出しましょう。あなたに似合うスタイルは、とても「あなたらしい」ので、間違いはすぐにわかるはずです。あなたは本当はデイジーが好きなのに、彼が胡蝶蘭を送ってきた⁉とすると、あなたの着ているドレスは、なにかが間違っているのです！

長年かけて築きあげたマイ・コレクションに感謝するときがあるでしょう。それらはクローゼットの大切な柱となるものです。いつでも必要なときに頼れる存在です。真新しいものを着るときは、古いものと混ぜるとバランスが取れます。柱となるマイ・コレクションは、章の頭に書いた「大きな買い物」のアイテムであることが多いですね。そして「掘り出し物」や「コレクターズアイテム」も。わたしの場合は、何年も前にマーケットで見つけたしっかりしたセーター、買ったときと変わらずいまも美しいイタリア製のプリーツのあるナイトガウン、耐

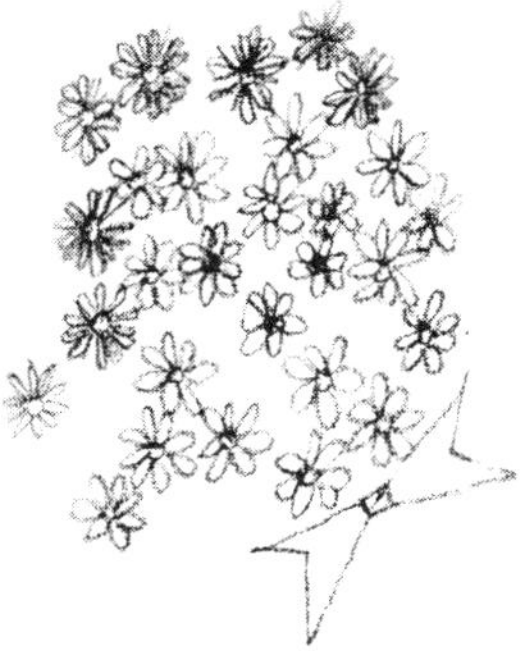

久性がありラフな感じが素敵な農業用のケープがそうです。

次章から、わたし自身のコレクションについてお話ししたいと思います。大きな買い物から小さなものまで。まず小さなアイテムから始めましょう。サッシュやビーズ飾り、ピンなど、一枚のドレスを劇的にあなたらしくしてくれるアイテムから。形、色、素材、フィット感、すべてがあなたにきちんと合っていない限り、そこにファッションというものは存在しません。

第3章 小さなアクセサリーのコレクション

ジュエリー、ベルト、靴、手袋、バッグ、帽子、スカーフ……これらの小さな物たちをどう選ぶか、それは一大プロジェクトです。彼らがあなたの特別なセンス、そしてあなたがどんな女性なのかを表現してくれるのですから。アクセサリーひとつひとつにアイデアがあるので、一度に多くのアイデアを纏えないことはすぐに理解していただけるでしょう。

保険会社の人がわたしのクローゼットを査定したら、本物の宝石がまったくないということにまず気づくはずです。わたしのジュエリーに対する好き嫌いは、値段とは関係ないものなので。パートタイムのメイドさんや、いつもいてくれる料理人、それらを我慢して、一生もののダイヤモンドを買う人もいるでしょう。ダイヤモンドはひとつの好みです。ルビーもスターサ

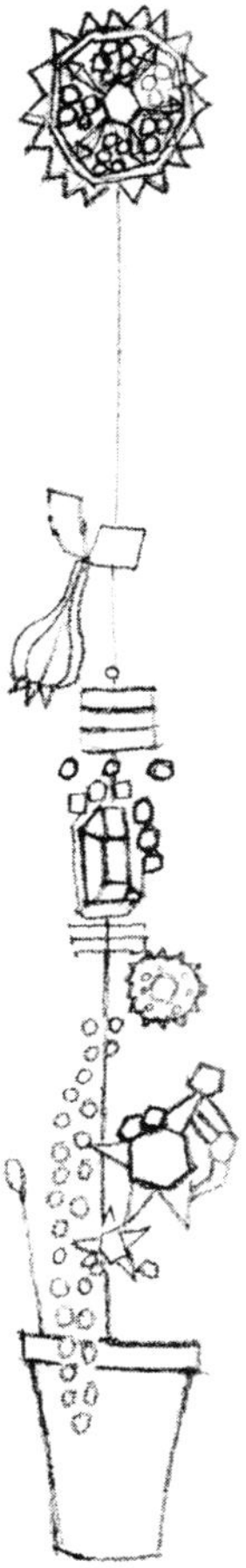

ファイアも本物の真珠も。それらは保険査定人が「貴重」だというもので、そういった価値に興味のある女性にとっては永遠のベストフレンドといえるでしょう。

わたしの場合はファッション的な価値に興味があるので、集めているものの多くはがらくたのようなものばかりですが、中には大切なティファニーのアクセサリーも入っています。わたしのコレクションはウールワース（アメリカの有名な小売チェーン店）で、オーストリアで、アンティークショップでと、自分で使えるお金を手にしたときからひとつひとつ買い集めたり、また、屋根裏部屋で見つけたものだったり、わたしにとってとても特別なものなのです。あなたが好きなジュエリーは、わたしには興味のないものかもしれませんが、そんなことはどうでもいいのです。収集して保管して、ひとつひとつを自分のものにすること、それが大事なのです。なにをコレクションするかは、あなた次第です。

三つか四つの、あなただという目印になるような高価なアイテムに落ち着く人もいるでしょう。わたしの友人のダイヤモンドの付いたクラウンピンが思い浮かびます。彼女はイブニングドレスにも、ジャージー素材の普段着にも、いつもそのピンをあしらうのです。または、わたしのように、値段ではなくファッション心を満たすジュエリー探求に楽しみを見出す人もいるでしょう。

わたし自身のコレクション

〈オーストリアより〉

ワイヤーを繊細に編んだ塊のような平たく大きなピン。正しくはフィリグリー〈金属の透かし細工〉というのでしょう。でもフィリグリーといってしまうと、単なる装飾物、古臭いレースのようにわたしは感じてしまいますが、このピンは古臭くはありません。薄い色のゴールドと白っぽいシルバーの、細い糸を機械で精巧に編んで作られたものだと思います。一目惚れして、それほどの値段を払わずに買いました。このピンのことをみんなが覚えていてくれるのが、楽しいです。シルクシャツの襟や、ディナードレスのベルト、チェーンを通してネックレスとして、ピンで留めて深いVネックラインを作ったり、あちこちに活用しています。

〈屋根裏部屋より〉

エイブラハム・リンカーンのような風貌のわたしの曾祖母の小さな肖像画を、近所の宝石店でピン仕立てにしてもらったもの。フレームはシンプルな金で、凹みがついています。目立たせたいときは、周りをスティックピンとチェーンで飾って使います。たいていはドレスの色にうまく消え入って、暗い色のジュエリーのように見えるのです。

〈ハンガリアンブレスレット〉

金メッキのシルバーで、ゴールドの部分が剝げかかってきてより魅力を増しました。留め金が壊れて修理屋さんに持っていったとき、わたしは「絶対に磨いたり、磨き液に漬けたりしないように」と、しっかり指示を出しました。古く見える金が好きなのです。真鍮でも鈍い色に変化し、古い金のようになったものが好きです。真鍮は真鍮らしく見えないほうがいいのですから。

〈色付きのビーズ〉

わたしのコレクションの中にはいつも色付きビーズがいくつか入っています。最近また買い足しました。ドレスの差し色にしたり、色味に関係性を持たせるためにコレクションしています。特にグリーンのガラスビーズ、サイズは小さめで間に金の金具が入っているのがお気に入りで、別色のビーズが入っているのも含めていくつか持っています。上手に混ぜて重ねづけすると、単体では出せない美しさを見せるのです。

〈シルバーのナイフ〉

ぴかぴか光らないように、わざと汚れた感じにしたもの。ベルトに、サッシュに、ポケットやラペルに挿すとかっこいいのです。

〈ラインストーン売り場〉

本物の宝石の輝きを真似ようとしていないものが、いいですね。ダイヤモンドを真似していたら、わたしは見向きもしません。でも大きくて大胆で、わざと派手派手だったら楽しいものです。

〈美しいバーゲン〉

ローズダイヤモンドを探しに出かけて、二〇〇ドルで完璧なピンを見つけました。でも、もっと探し続けていたら、ローズダイヤモンドのようにくすんだ古いガラスのピンを発見して、たったの三〇ドルでお買い上げ。

〈ハリネズミのようなピンクッション〉

わたしのピンクッションは小さな贅沢でいっぱい。ハットピン、タイピン、安全ピン、さまざまな縫製用のピン。「ピンを見たら拾いなさい。その日一日あなたに幸運が訪れるから」という諺がいつも頭に浮かびます。実際、デザイナーであるわたしの生活はピンなしには進まないので、わたしは本当にピンを拾って暮らしています。取れた肩紐を安全ピンで止めるとか、自分の失敗を隠すためのピン使いはしません。絶対におしゃれ目的で、見えるところに大胆に使います。スカーフをきれいに留めることができるピン、それはあなたにとって、まさに幸運のピンになるはずです。

〈ジュエリーのように役立つヘアピン〉

わたしは髪が長いので、ヘアピンにとって格好のターゲット。どの友達もわたしにヘアピンを贈ってくれます。金色の大きなもの小さなもの、鼈甲のもの、シルバー、革でカバーされたツイードに合うもの、飾りがぶら下がっているイブニング用のもの。ハート型に、星型に、

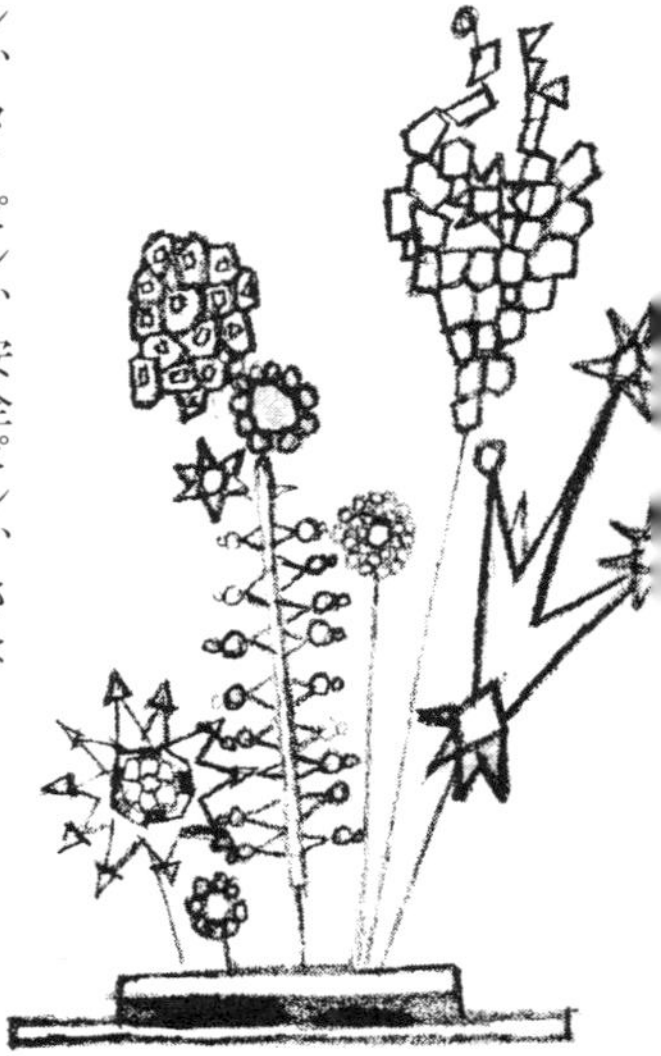

パール。数ヶ月まったく使わずに机やピンクッションに置きっ放しということもあるけれど、金のシンプルな結婚指輪と同じぐらい、わたしのコレクションの基本中の基本です。

〈パールビブが形を変えて大満足の例〉

間違えた買い物をして使い道を見つけられなかったら、処分しましょう。これは鉄則です。でも高い値段を払った……と思うなら、捨てる前にもう一度見直しを。わたしのパールビブ（数連になったネックレス）がいい例です。ウィンドウに飾られているときは素晴らしい見栄えだったし、どの雑誌も取り上げていたし、さらにはセールだったので買いました。大喜びでいそいそと帰宅して手持ちの服と合わせてみること一時間。その結果、大変なことに、もしこのパールネックレスが正しいものなのであれば、わたしのワードローブがすべて間違っているという事実にぶち当たりました。そのネックレスは「セダ・バラ（一八八五―一九五五。ハリウッド初のセックスシンボルとして知られる女優）的ルック」で、わたしの記憶違いでなければ確か一九一五年あたりの流行……。わたしを打ちのめしたのは「On Sale」の文字。つまり返却不可。

このままなぜかわたしがセダ・バラ・ルックに？　負けじともう一度眺めてみたら、「素晴らしく素敵なパールがたくさんある」ことに気づきました。さらにメガネをかけてよく見ると、パールの連なりを取り外すことは簡単にできそう。最終的にはなにも失敗していません。転じて、人生でもっとも素晴らしい買い物のひとつになりました。チョーカー、一連と二連のネックレス、そして、かなり長めのネックレス。残りはブレスレットに。結局、これひとつからパールのワードローブをすべて手に入れることができたのです。

コレクターへのアドバイス

〈一度にどれだけ？〉

パールビブの例は、毎朝服を着るときに、どれだけ多くのものを首まわりにつけるのかしら、とわたしに考えさせました。わたしは背が高いので、味のあるチャームをぶらさげたゴールドチェーンネックレスをいくつかつけても、背が低く見えることはありません。でも、もし背が低めの人で高く見せたいと思っているならば、体の上のほうのアクセサリーの量には気をつけてください。多くの女性と同じように、わたしもゴールドとパールのネックレスを混ぜてつけることが好きです。でももっと雑多なミックスが好き。ゴールドチェーンにピン、カラービーズ、艶のある木製の鎖でできた黒いシンプルなチョーカー、靴紐やリボンを首に巻くこともあります。ジュエリーの第一の目的は装飾ですが、人の目を引くことも、そらすこともできるのです。美しい手を持っている女性は、美しい指輪をつけて引き立たせることも、あえてシンプルな指輪で手そのものの美しさを引き立たせることもできます。耳も同じ。あなたの耳の形によって、どんなイヤリングを買うかも自ずと決まってきます。

〈効果を見極める〉

もしゴールドチェーンのネックレスを五つもしている女性が素敵だと思っても、ゴールドチェーンを一度に五つ買いに行かないように。自分に似合うかどうかを少しずつ見極めるようにしてください。まずひとつ、またはふたつ買ってみる。両方合わせてみる。そこにさらにビーズのネックレスひとつを足してみる。そうやって少しずつ足していき、ネックレスの効果が自分にぴたりと合うところを探していく。自分の身長や、顔の形、首の長さ、肩の広さをき

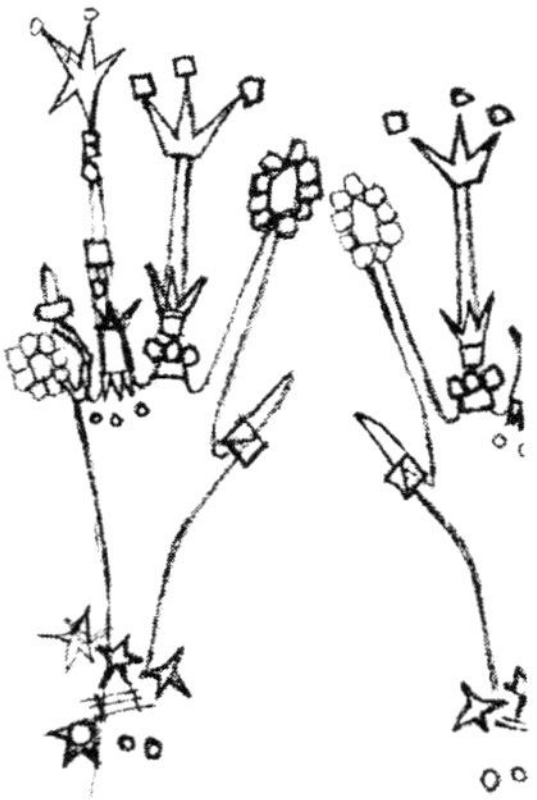

ちんと把握してください。そのすべてがアクセサリーをどれだけ多く、または少なくつけるかの判断材料になります。

〈長く持つことを念頭に買いものをする〉

コレクションの基本概念は、長く持つということです。そう計画していれば、極端に走ることも、短絡的な買い物をすることも少なくなります。もちろん、人はいろいろな段階を踏むものです。初めてのサンタフェ旅行のあとは、誰でもターコイズとシルバーアクセサリーを身につける時期があるわけですから。サンタフェスタイルに惚れ込んで、一生ターコイズとシルバーアクセサリーを愛することになる人もいるでしょう。シルバービーズやブレスレットはもういいやと思っても、捨てずにおきましょう。都会の洗練されたシチュエーションで、腕いっぱいにシルバーブレスをしたくなるときも大いにあります。細いゴールドとシルバーを組み合わせれば、コートオブメール（中世の金属製の鎖鎧）のような感じも楽しめます。西部で買ったターコイズリングはニューヨークではあまりにもインディアン風です。とはいえそれはひとつの例で、シンプルなシルバービーズのネックレスは、黒いカシミアセーターに合わせたら素敵です。もう絶対に絶対に使うことはないと思うまでは、保管しておきましょう。

〈自分のために誂えてもらう〉

近所の靴の修理屋さんに作ってもらったレザーのブレスレット。こういうお願いをすると、修理屋さんはたぶん眉をひそめるか肩をすくめるはず。でも、単なる革の切れ端が、繊細なサドルステッチと小さなバックルによってツイードスーツに完璧に似合うブレスレットになった姿を見せたら、修理屋さんも喜ぶに違いありません。ビーズやスパンコールやフックやボタンやバックルが売られている服飾の問屋街に足を運んでみてください。自分のワードローブにぴったりの色のビーズを合わせて、世界でひとつだけのアイテムを作ってみましょう。わたしも以前は、スケッチブックにデザインを描いてからジュエリーを作っていました。でもいまはスケッチなしで工場に行き、その場でビーズの入ったたくさんのトレイを前に選んでいきます。いまの気分は大きめのビーズ。でもそれはいまだけのことで、みなさんがこの本を読む頃には、きっとわたしは別のものに目がいっていると思います。ジュエリーデザインには終わりがありません。バックル、ボタン、ホックなどの組み合わせでとめどなく変化がつけられるのですから。

かなり個人的なものをコレクションに加えたい女性もいるでしょう。ゴルフメダル、祖父が祖母に贈った金のネックレス、古いトランクの中に見つけた馬毛のブレスレットなど。またファッション誌（よくカラーストーンの新しいデザインを掲載しています）からアクセサリーを選ぶ人も多いでしょう。屋根裏にあるものでもカルティエのものでも、自分のコレクションに入れるかどうかをよくよく考えてください。あなたのワードローブや趣味にきちんと合ったものでしょうか？　ファッションのポイントになるようなアクセサリー使いをマスターしていれば、同じアクセサリーを何度も使えるはずです。追加しようとしているそのアクセサリーは、あなたという人のイメージを代弁させていいものですか？　わたしは自身のスタイルを代弁するアクセサリーをきちんと持った実際の五人の女性を、すぐに思い浮かべることができます。アクセサリーのひとつひとつが、それぞれのスタイルを持っているのです。

〈ジュエリーのついたバードピン〉

保険をかけるに値する家宝。とてもエレガントだったフランスのお祖母さんが、一〇〇年前のパリでタフタとレースとともに使っていたものです。若くスマートな曾孫がグレーのフランネルスーツの襟につけて使っています。

〈偽物の宝石がついたシルバーボール〉

これも同様にパリのリヴォリ通りからやってきたものですが、高価なものではありません。本来はラペルピン。もとの持ち主は、これに小さな輪を付けてバロックパールのブレスレットにぶらさげていました。この小さな宝石付きのボールは、ラペルにつけてもいいですが、わざわざ宝石店に持って行って輪を付けてもらった人は、ぶらさげても使えるのです。

〈大きなガラス片〉

王冠から盗られたような細い金の縁付きガラス。いつも帽子はかぶらず、髪を後ろに束ねていた女の子がつけていたもの。彼女が好きなボタンなしのコクーンシェイプのコートの前を閉じるピンになりました。彼女はあの有名なランバンのコクーンコートのオリジナルを売り場で見つけ、さらには別色で何着もコピーを作りました。そしていつもその大きなガラスの付いたピンで留めています。

〈指輪時計〉

これこそわたしのもの。時間厳守でいたいので、必需品です。腕時計はブレスレットと合わないですし、ドレスにピン留めされている時計も素敵に見えたことがないので。

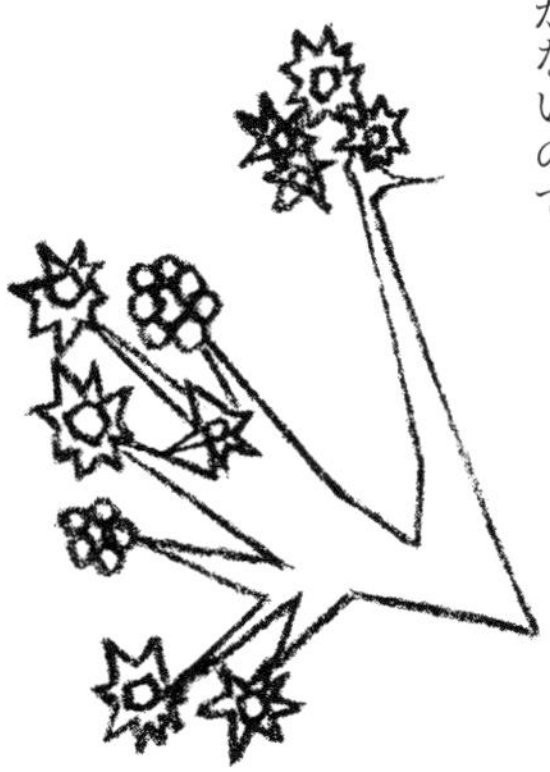

〈ぶらぶらしないメダル〉

ブレスレットからゴールドメダルを三つもぶら下げていると重たく見えてしょうがない（たくさんつけたら溺れそう！）、賢い彼女はそう判断しました。ですから、時計のチェーンバンドの間にメダルを繋ぎ目として入れる新しいブレスレットをデザインしました。

〈伝統的なジュエリーデザイン〉

星型、十字架、涙型のペンダント、カメオ、ラヴァリエ、メダリオン、王冠、雪の結晶などなど。歴史や統治していた異国の文化、地域、古代シンボルに関係しているものもたくさんあります。昨日のジュエリーデザインが過去のものではなく、急に未来のものになることもあります。何カラットもあるダイヤモンドの持つ炎のような力は受け継がれるものです。ダイヤはカットの先端が要で、目を奪います。わたしはそんなダイヤをひとつだけ知っています。ロープ状にツイストされた指輪の上に乗っていて、とてもモダンなデザイン。わたし好みとは言えないけれど、忘れがたく、今日から明日へと継承される素晴らしい例でした。

もうひとつの例は、黄色いビーズのゴールドチェーン。ビーズは多面的な形で、どの面にもナポレオン調の星柄が彫られています。もとは帝政様式の古めかしいロケットがついていて、曾祖母のものだったようです。二〇世紀の女性ならば、ロケットを取り去って星付きのビーズのみにすれば、とても洗練されたモダンなチェーンになります。

〈スティックピンとカフリンク〉

古くは男性用のアクセサリーで、大切な位に就いたときの贈り物かダンディを気取るためのもの。安くお手軽に集められるものではありませんでした。とはいえ、現代の男性の多くには必要がないので、アンティークショップに行けばふんだんにあって選び放題。わたしの赤いピンクッション（とカフリンクボックス）には、安く手に入れた楽しいアイテムがいっぱい。コレクションにおすすめです。ピンはスカーフを留めたり、ラペルや帽子飾りに。カフリンクはカフに使うか、ピンかイヤリングに変えて楽しみます。

〈イヤリング、それは個人的なチョイス〉

イヤリングをつけていないと裸でいるような気がする人もいれば、痛いし、落ちるし、片方なくなるとどうしようもないから、と嫌がる人もいますね。帽子をかぶらない世の中になってきたので、イヤリングはとても大事な役割を持っています。カクテルシューズや長い手袋などとマッチしたドレッシーな雰囲気を顔のそばにもたらすからです。けれど、一部のファッションの権威者たちの「本当にスマートな女性はイヤリングをしていることが多い」という言葉には同意できません。

イヤリングをつけることは、車を運転することに似ています。若くから始めれば簡単。「一九二二年、わたしのプロムパーティ（アメリカの高校で開かれる学年最後のダンスパーティ。フォーマルな服装が求められる）のときは羽根の扇子を持つことが大事で、誰もイヤリングのことなんて考えてなかったわよ」と、ため息をつくわたしの友達に同情せざるをえません。彼女はイヤリングをつけてみても心地悪く、結局パーティの途中でいつもバッグにしまう始末です。ファッションのために自分を犠牲にする悪い例ですね。自分が居心地悪いファッションはやめてください。スカーフを自分で結べないので、いつもハットピンやスティックピンで留めてはピンが自分に刺さって痛い思いをしたり、セーターの袖に引っかかって手錠状態になったりする女性も見たことがあります。結べないなら、無理にスカーフを使わなければいいんです。彼女たちにとっては、スカーフ売り場は存在しない、ということで。とはいえ、自分のワード

ローブにスカーフがないというのは、ファッションの楽しみを半減させますが。

〈どれだけのジュエリーをつければいい？〉

これはあなただけが答えられる質問です。わたしに言えるのは、アクセサリーの使い方は話題にのぼりやすいということ。「彼女、クリスマスツリーみたい」とか「全部が全部ダイヤモンドって下品よね」、「鳥かごを手首から吊るしてるのって、ファッションなの？」とか。何を言われているか気になりますよね。キラキラのピンやお金持ちそうな指輪をどこにはめていくか、それが問題です。あなたが足を運ぶコミュニティに誰が待ち構えているのかを考えましょう。ご主人とお子さんが、あなたに何を求めているのか。あなたのヘアスタイルが家族の誤解を生むようなら、ファッション好きでいることはやめるべきです。家族から恐ろしいと思われるより、安心させる存在でありたいですよね。

ファッションはあなた自身の選択を助けてくれるものです。敏腕なファッションエディターは、ネックラインや手首にたくさんのジュエリーをつけた写真にＯＫを出します。彼らが認め

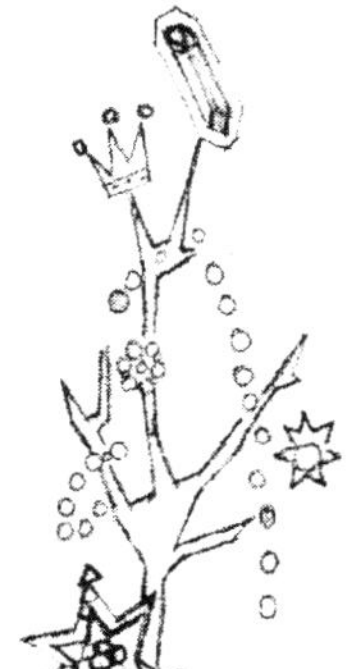

ないのは、おかしなスタイル。薄いストッキングの下に透けて見えるアンクレットなどはだめです。もし素敵な足首をお持ちならば、ビーチで大きなブレスレットを足首にするのも一案です。でもこれは、遊びであって、ファッションとはいえませんが。

〈アクセサリーと真新しい服〉

買ったドレスが真新しすぎて、決まりが悪い感じを解消するには？　とりあえず家の周りで着て歩いてみましょう。でもそれよりもいいアイデアをわたしは見つけました。あなたのジュエリーコレクションからお気に入りのひとつを合わせて、鏡を見てください。真新しいドレスも収まりよく感じるはずです。愛用のゴールド、パール、家族から譲り受けたアクセサリーは、真新しさを薄め、あなたらしい装いにしてくれます。早くそのドレスを着て出かけたくなるはずです。

ベルトとサッシュ

〈ベルトの引き出し〉

大きくて、大事な引き出しです。この引き出しを前にして、「今日のわたしの真ん中に巻くもの」を決めるべく、五分間ずっと考えることもしばしば。わたしはボタンもバックルもサッシュも、きちんと留まっていてほしい性格ですが、ウエストラインに工夫を凝らすことも大好きです。例をあげると、柔らかさと優美さをあわせもつ、少しくたびれたねずみ色のベルベットリボンは、ドレスに昔付いていたベルトを外したもの。たくさんのホックで留めるフランス風のガードルベルトは、合う服がまだ見つかっていませんが、いつか絶対に使うので取ってあるのです。このベルト自体があまりにもパーフェクトなので、近々お似合いのドレスを探しに出かけなくてはならないと思っています。ベルトそのものが素晴らしかったら、それは買いです。あとでそのベルトに合うドレスを探しに行けばいいのです。もちろん、どんな服にも使えるベルトも大事です。でもそれ一本だけでおしゃれなベルトなら、それを中心にしたスタイル作りを。素晴らしいベルトは、ドラマティックなジュエリーのいとこみたいなものです。

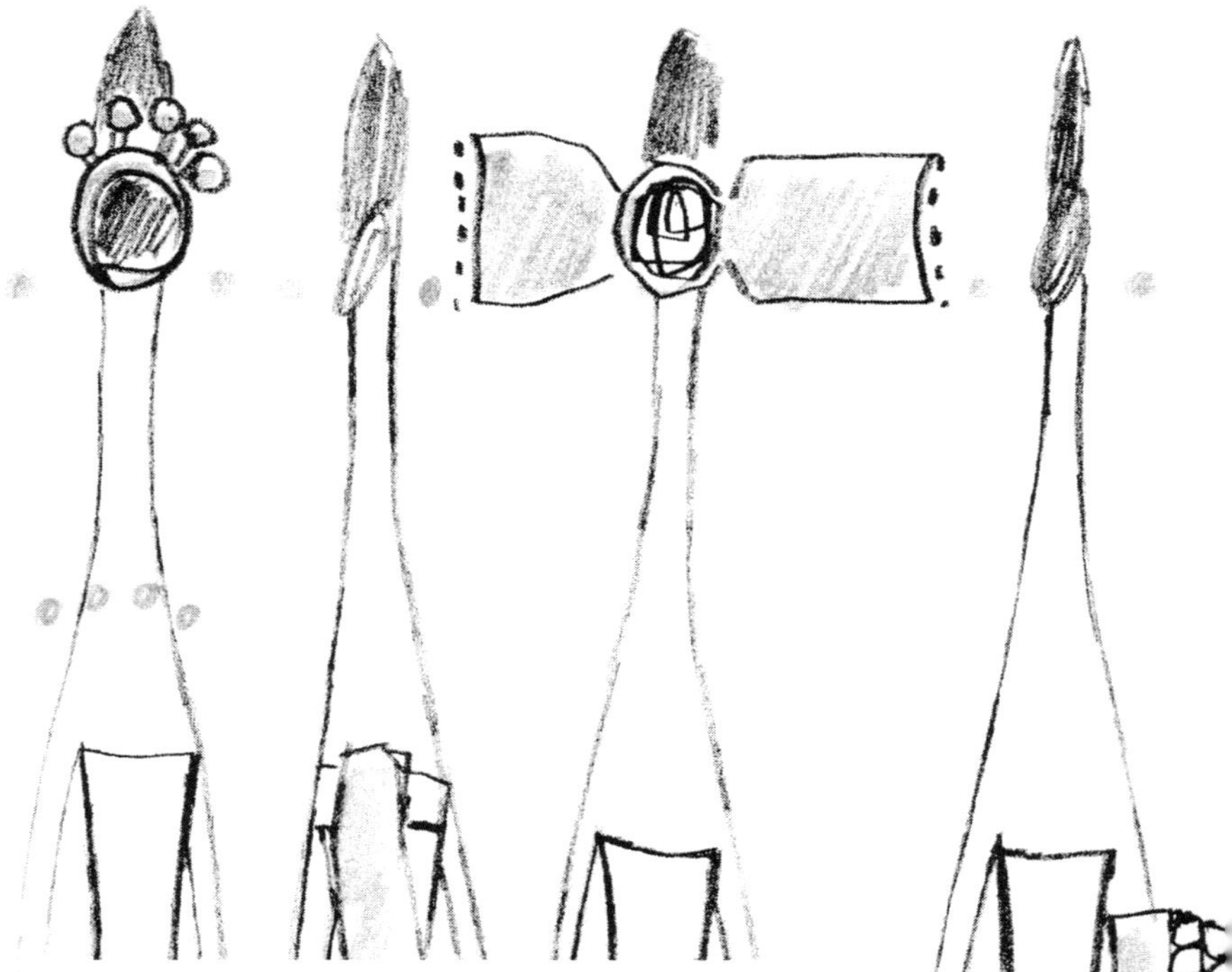

スカーフ、サッシュ、リボンの使いこなし方

これもひたすら練習ですが、習得したら本当に楽しめるものです。このページの挿絵から、スカーフ、サッシュ、リボンなどを全部取ったら、よく子供のときに紙を切って作った着せかえ人形のようですね。この絵を見れば、同じ人形がスカーフやサッシュによってさまざまなスタイルに変化することがよくわかるでしょう。こんなに素晴らしいファッションアイテムを「使いこなせない」と無視しているあなた、誰でもできますよ。

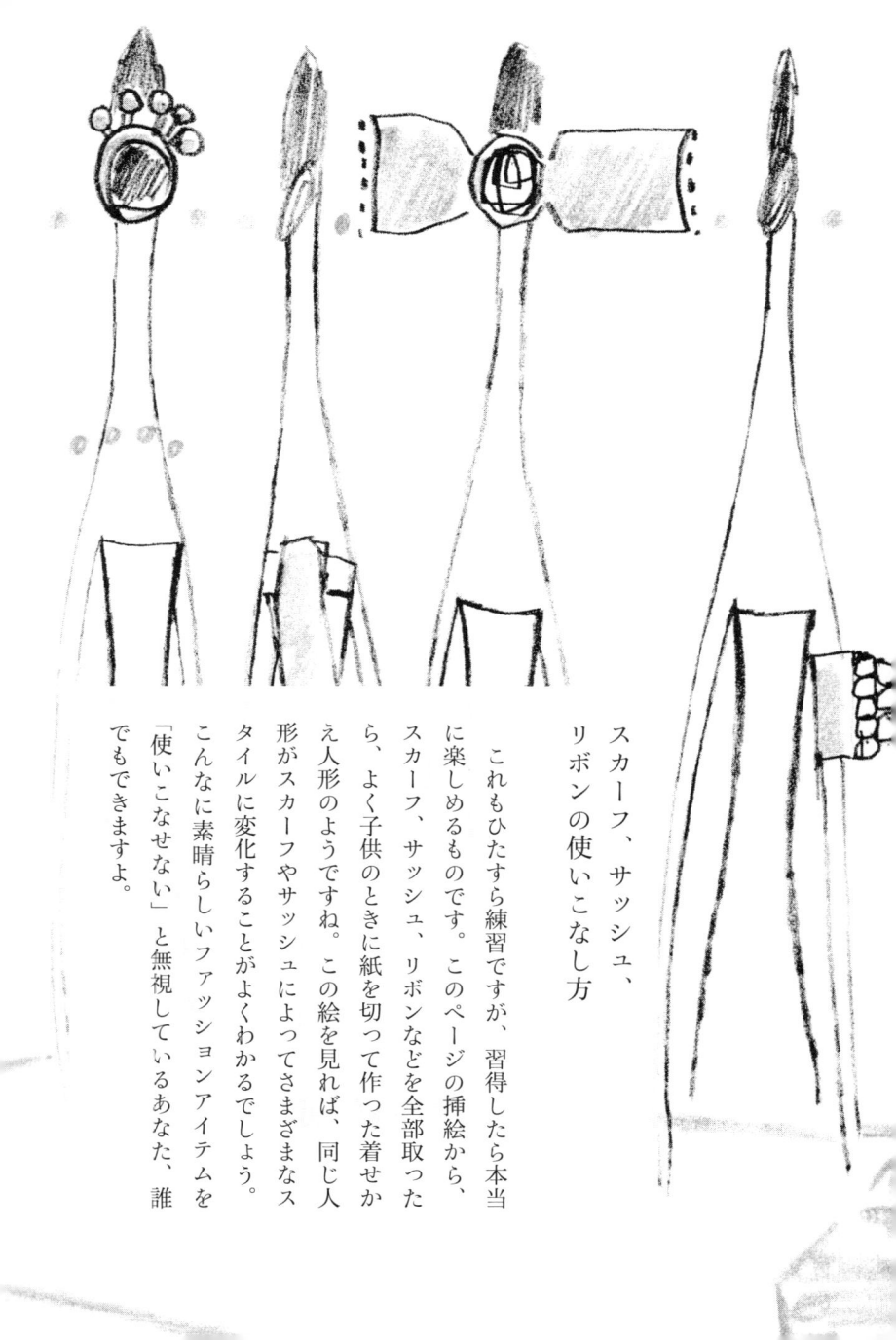

〈サッシュベルトの楽しみ〉

サッシュとは、なにかしら結べるものと定義しておきます。細く黒いベルベットリボン、バイアスカットのジャージー、スパゲッティストリングスなどが使われます。わたしのデザインするドレスの多くには、前か横にサッシュがついています。セパレートのタイプでも、サッシュなしでは未完成なことが多いのです。ウエストラインの形に多様性を持たせ、楽に調整できる点で、サッシュは重宝します。高めの位置ならエンパイアライン、ウエスト位置なら今日のアメリカンスタイル、低めに巻いたら二〇年代ルックに。

色遊びにもサッシュは使えます。色を合わせても、ブレンドさせても、差し色に対象的な色を持ってくることもできますね。同じ色でも、素材が違えば色合いが違ってくることを覚えていてください。素材違いならば、同じ色でもまったくの一色使いにはならない効果があります。

サッシュベルトの可能性は無限大です。自分で作るのもいいでしょう。伸縮性のある素材を使って、レザーベルトではできないぴたりと体に沿うようなサッシュを作ってはどうでしょう。サッシュで体型をごまかして、美しく見せることもできます。サッシュを作るときは、素材が命。人生初のパーティドレスについていた、後ろに硬いタフタのリボン飾りがあるサッシュベルトを思い浮かべる人も多いでしょうが、わたしが言っているのはそういうものではありません。古代ギリシャ人のようなガードルベルトや日本の帯のようなものです。目の肥えた人なら見当がつくはずです。レインコート、ポロコート、革のジャケット、バスローブなどに最適ですが、ドレスやスーツにはあまり使いません。

ウールジャージー、コットン、伸縮素材が、体に合ったサッシュベルトを作るのに適した素材です。サテン地は見た目にソフトで美しいですが、滑りやすく結び目を作りにくい。毛皮も素敵ですが、これも結びにくい。フェルトはしっかりしていて補正ベルトには適していても、サッシュには不向き。ロープも問題ありませんが、サッシュ的ではないですね。

わたしの一番お気に入りのサッシュベルトは、バスク地方のマーケットで見つけた掘り出し物。粗く編んだピンクのコットンの端にフリンジ飾りがついたもので、風通しがよく、うまく体に沿いながら、使いやすく魅力的。さらにはガードルのようにウエストを保持してくれます。二番目は伸縮素材を使った自作のもの。伸縮素材が初めてシンチベルト（ゴムの太いベルト）に使われるようになったときをご存じでしょうか？　革命的な素晴らしいアイデアでした。登場以来、いまでもデパートに売られているシンチベルトは、バックルかフックで留めるもので、結ぶことはできず、大きなガーターベルトのように見えてしまいます。伸縮素材の利点は、伸びるのでいつでも快適、サイズの心配もなく、かつおなかを引っ込めさせてくれます。市販のものはどうも見た目が悪く、硬く、ガーターのようなので、わたしは伸縮素材を買ってサッシュとして結んで使えるものを作りました。たいていは漆黒色で幅はさまざま、結び目を作ることで伸縮素材には見えなくなり、かつ先に述べたベルトの利点はすべて備えています（メモ。細い伸縮素材なら、飾りを付けてブレスレットやネックバンド、タイも作れます）。

〈結ぶことができなければ、なんの楽しみも得られない〉

サッシュ、ベール、紐、スカーフなどが引き出しの中で眠っていませんか？　わたしはショーのモデルを、リボンの結び方が上手かどうかではなく、体型、歩き方、艶のある髪などで選考します。でも、わたしの作る服のほとんどはどこかに結び目があるため、結べないモデルがいる＝わたしのランチの時間が削られることになるので、結ぶ能力は大事なことなのです。ショーの際は、わたしは劇場の衣装係のように素早く動き回らなければなりません。もし、ファッションに興味があるのなら、いますぐそこに座って、結び方を習得してください。アスコット、バンダナ、ネックバンド、ボウノットなど、どう折り、どうループを作り、どうノットをまっすぐにして、端の部分をどうきれいにするかを身に付けていただきたいと思います。

ボー・ブランメル氏（一七七八—一八四〇。男性ファッションの権威として知られたイギリス人）ならわたしに賛同してくれるでしょう。彼がストックス（革製の襟飾）を結ぶときは、一回でパーフェクトに結べなければだめというのが鉄則でした。ちょっとでもうまくいかなかったら、ストックスはすぐに洗濯とアイロン行き。もちろん、これはいつでも実用的とは言えません。でも当時の英国で最高の洒落者として有名だったブランメルのお言葉を聞いてください。「糊がきいていない布は結び直せないし、きちんと見えない」

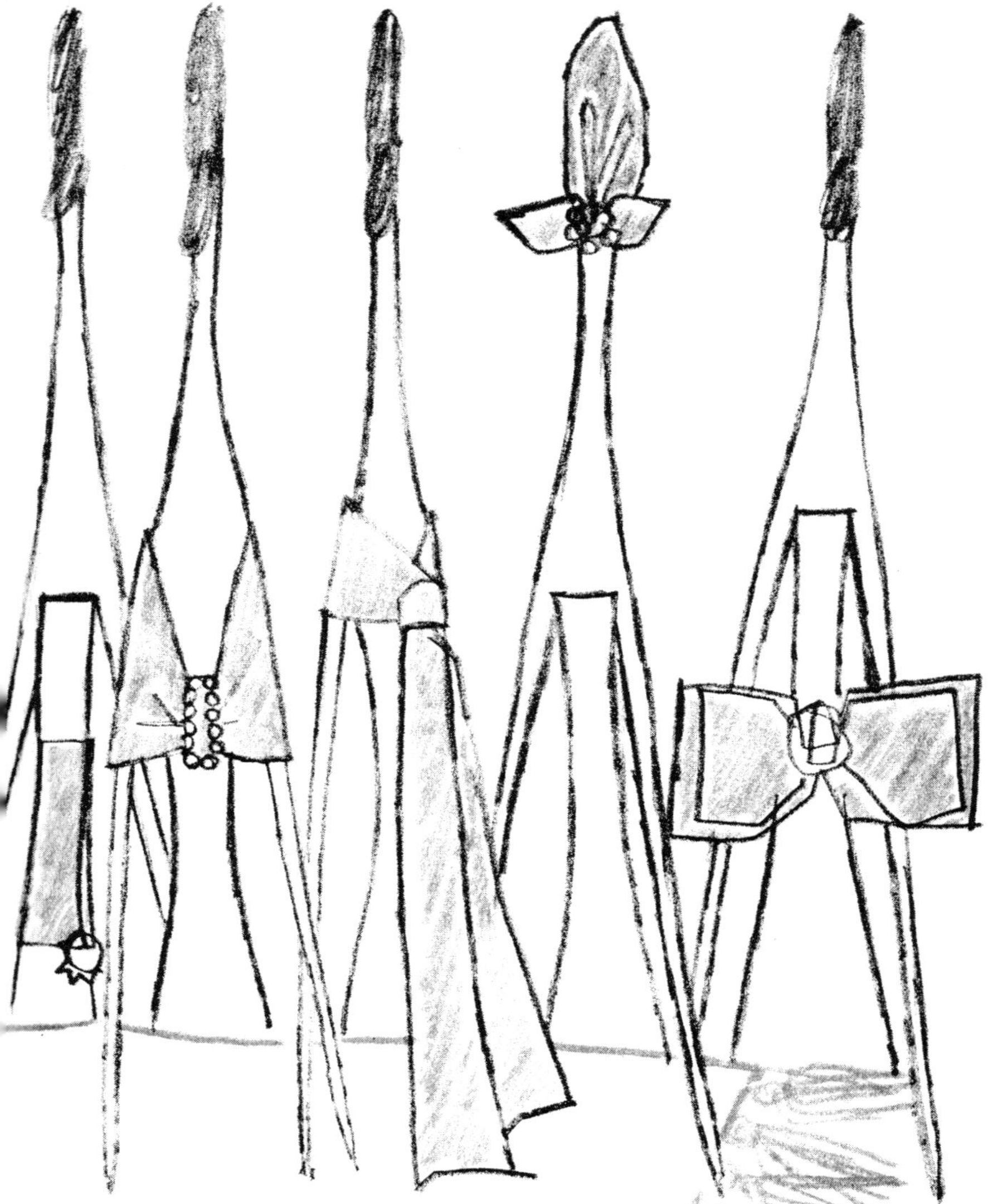

なにを結ぶべきかは、顔の輪郭、体型に関係します。そして自分の趣味趣向に合ったものを選ぶこと。蝶ネクタイは、ぽっちゃり体型の人には合わないし、好みのテーラードルックには沿わないかもしれません。ならば、スパゲッティストリングス、横で結び、風になびくサッシュ、おしゃれな紳士のホワイトタイの結び方をやってみたり、スカーフをフードのように巻いたり、ベルトやポケットにハンカチを大きなジュエリーで留めてみたり。ともかく成功の秘訣は、自分流を見つけることです。

〈ベルトの幅〉

あなたのウエストとあなた流のベルトの使い方を考えなくてはならないので、一般的なことは言えません。サイズ12で体重が五〇キロなら太めのベルトにすべきでしょうか？　でもまったく同じサイズ12で五〇キロなのに、細いベルトしか似合わないという女性もいます。メジャーが教えてくれる彼女の体型は、ウエストが六八センチ、ヒップは小さくバストは普通、つまり四角い体型なのです。太いベルトをしたらもっと四角く見えてしまいます。

〈ストリングベルトの楽しみ〉

わたしの仕事場で働くイタリア女性は、それを「スパゲッティ」と呼びます。わたしはこの細い紐ベルトが大好きです。何重にも巻いたり、重ねづけしたり、高低をつけてみたり、交差させたりといろいろ楽しめます。バイアスカットの細い布をパイピングのように縫ったもので、ウールジャージーとシルクサテンが素材としては最適です。ドレスの動きを妨げず、活動的に見せてくれます。ドレスの胸のすぐ下にストリングベルトを縫い付け、エンパイアまたはプリンセススタイル風に、または交差させて古代ギリシャ風に着るデザインをよくわたしは作ります。それが合わない方は、ステッチをほどいて普通のウエスト位置に付ければいいでしょう。それでも、かなりファッショナブルです。

〈質のいいレザーベルト〉

少なくとも一本。もし経済的に余裕があればたくさん。クラシックな革製の普通幅でバックル付きのものを。豚革か牛革の茶色のものなら、大半の服に合います。真鍮のバックルやサドルステッチ、装飾的な締め口や垂れ飾りなどは、合わせられるものの範囲を狭めます。いかに素敵なものでも、ベルトは目立ちやすいので要注意。いろいろ買う余裕があれば、エナメル、ワニ皮、色のレザー、スエード、ベルベット、ファーを追加しましょう。スエードは特にバックルのあたりがすぐにへたってしまうので気をつけてください。ファーのベルトがわたしには重宝です。白地に黒の斑点がある牛かポニーの毛のベルトを頻繁に使っています。シルキーで光沢のある黒ギャリヤック（子羊、子ヤギの毛皮）は、黒のブロードとコントラストを作って好相性、わたしはレストランスーツとよく合わせます。レオパードの毛皮ベルトは、帽子ベルトにもよさそうだと思って帽子箱の中に入れてあります。

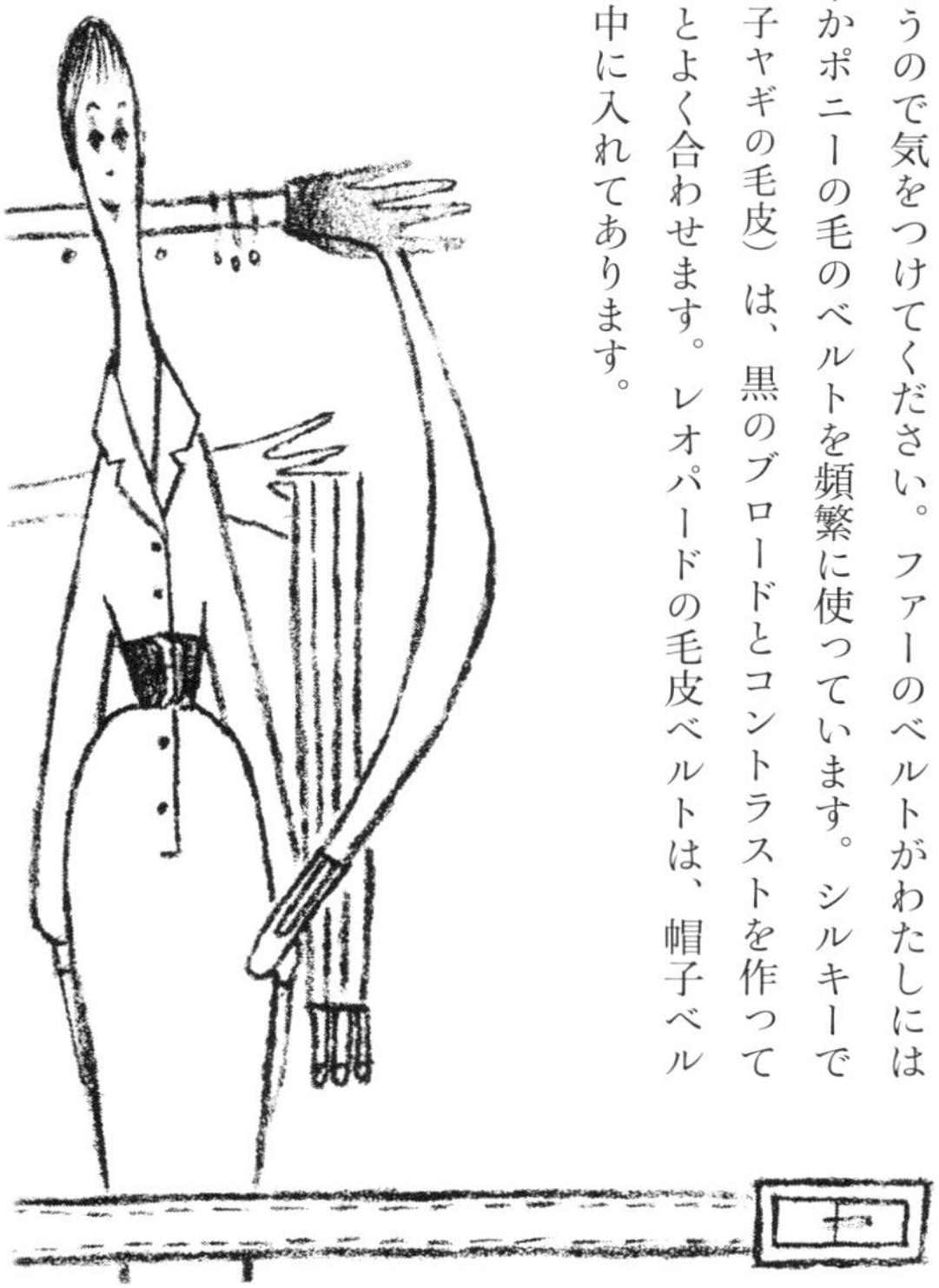

〈ベルトの色〉

はっきりした色のベルトなら、デザインはシンプルに限ります。わたしのお気に入りは、まばゆい黄色の革ベルト。真鍮で縁取りされた穴があり（帆船の帆に付いているロープを通す穴に似ています）、バックルまるごと真鍮のものなどに比べて繊細なメタル使いがいいのです。カラーの細いベルトはプリントのドレスの柄の一部となり、全体を引き立たせてくれます。合わせる服が明確になっているときだけ買うのが、色物ベルト購入の安全ルール。ただ赤が好きだからといって赤いベルトを買ってもだめ。赤いベルトが効果を発揮するコーディネートが計画済みのときだけ、ゴーサインを出しましょう。

〈コントア（矯正）ベルトの効用〉

きちんと自分のサイズに合っていれば、おなか周りのラインを補正してくれる優れもの。背中部分をすこしくぼませて、幅を狭めたり広げたりして、自分にフィットする型を作り、好みの素材で作るのがベストです。靴の修理屋さんやドレスメーカーに作ってもらっても、自分でミシンで縫ってもよし。最終的にはお金の節約になるはずです。まず持っているベルトのうち、本当に使っているものは何本か数えてみることから始めてみては。

靴

〈彼と歩けますか?〉

よく考えてください。靴を買うということは、自分の足のためだけではありません。ご主人の好みと、あなたが歩んでいる人生のために買うのです。大きな一歩を踏み出すものなのか、タクシーに乗る小さな一歩を助けてくれるものなのか。靴の選び方は、あなたがより現実的になって地に足をつけるためのものなのです。あなたの人生にアウトドア志向の男性が存在するのであれば、彼のゴルフ大会について行くのに足に水ぶくれを作って迷惑をかけないように。タクシーが大好きな彼と一緒ならば、タクシーに乗る理由を作ってあげられる細いヒールの靴をたくさん持っておくように、よく考えてください。あなたの靴で彼の心を和ませることができるのですから。

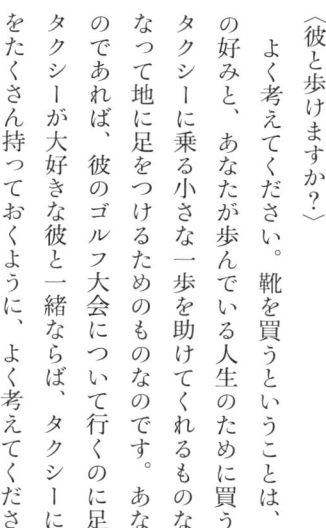

〈靴をみればわかる〉

人はよくそう言ったものです。そしてそれはいまでも真実ですね。アンクルストラップ、バックルなどをふさわしくない時間帯に履いたり、縁取りがぴかぴかすぎるパンプス（場違いに多すぎるジュエリーをつけるようなものです）などは、あなたが誤解される原因になります。

〈靴は十分に〉

靴をもう一足、なかでも絶対に合うことがわかっている靴を余分に持つことは、浪費ではありません。すべての色と革の種類を揃えるとなったら浪費でしょうが。目的は実用的であること。自分の足に合った一足の靴からできるだけ歩行距離を稼いで、足を健康でハッピーな状態に保つことです。足の健康のためには、一日のうちに二回は靴を変え、同じ靴を毎日続けて履かないこと。さまざまなヒールの高さは、土踏まずを鍛えてくれます。八センチのヒールが無理な人も、ぺたんこ靴が苦手な人もいます。でも、とにかく自分の履ける範囲内で、ヒールの高さに日々変化をつけたほうがいいのです。

わたし自身はキューバンヒール（前部がまっすぐで踵側が斜めの低めのヒール。ウエスタンブーツなどによく見られる）より高く見えて実際はそうではない、ロースラング（ヒールの内側にカーブを描いているもの〉のヒールが好きです。カーブのおかげで実際より高く見えるのです。ですから雰囲気はドレッシーで、実のところは機能的。ローヒールは学生、看護師や教師、ソーシャルワーカーの靴とされてきましたが、ありがたいことにそれは過去の考えになっています。初めてわたしがショールームでモデルにローヒールを履かせたときは、バイヤーから「カクテルドレスにそんなヒールとは！」と騒ぎになり、誰一人ドレスに目を向けないので急いでピンヒールに替えさせたものですが、何シーズンか後にはローヒールで問題なしになりました。ローヒールはファッションとしてすでに認められたのです。

〈わたし自身の靴コレクション〉

なによりも大切なことは、どう合わせるか。わたしはまずヒールの高さから決めます。自分の足、好み、昼なのか夜なのか、家なのかオフィスで履くのかを考える。前述したとおり、わたしはぺたんこからせいぜいが五センチヒールまでという低めを選びます。わたしはヒールの形自体に興味があるので、いろいろなヒール靴を持っています。形があるもの、木製のヒール、そしてノーヒール。ヒールがない場合、ヒールと靴底の部分のつながり方やかかと部分の形などに目がいきます。あなたは自分の足の指先を見せるのが好きで、足に自信がありますか？オープントゥとスリングバックの靴は、長いこと認められてきませんでしたが、女性たちの

「こんなに履きやすいのに、なぜいけないの？」という言葉を受けて「ではどうぞ。思う存分足先を見せてください」と、ファッション側が受け入れたわけです。それは一〇本の指がきれいな形をしていて、美しくペディキュアがされていたらの話。重なりあったり、曲がっている足先ならば、やめておきましょう。わたし自身は足先の空いていない靴が好きです。クラシックなパンプス、尖ったつま先のものや、ローカット、そしてわたし好みの小さなヒール。同じ形を黒いキッド、ファー、布仕様で持っていますが、なかでも愛用し続けているのが薄茶のスエード。オープンサンダル、ギリー（アイリッシュダンスに使われる編み上げのフラットシューズ）、モカシン、ブーツ、そしてブーツの真逆でなにも履いていないようなトングシューズも持っています。

　秋になれば黒のスエードパンプス、余裕があればさらに茶色もと、誰もが新調していた時代がありました。いまはみんなと同じものを履かなければいけないという考えは消え去り、靴は個々で楽しんでいい時代です。茶色かネイビーのスーツに、黒い靴を合わせても大丈夫な時代なのです。足の形や合わせる服のシルエットが靴選びの重要事項。いまでもいくつかのルール

はあります。サテンは街歩きには受け入れられません。布、ストロー素材、低級だという人もいればシンデレラの靴のようにかわいいと思う人もいるプラスチック靴にいたるまで、いろいろな素材の靴が登場しています。いまは誰もが柔らかい履き心地の靴を求める傾向にあります。

〈自分だけの靴〉

赤いヒールの靴しか履かない女性を知っています。もちろん特注品です。一九四九年頃のアンドレ・ペルージアのデザインを毎年コピーして作ってもらっている人もいます。七番街のバイヤーたちは、わたしが自分好みの薄茶色のロースラングパンプス、または華奢なサンダルをいつもモデルに履かせていると言っています。ドレス一着を買うよりも、デザインも素材も色もカスタムメイドの靴を一足作るのには価値があると思います。ぜひ考えてみてください。

既製品を自分でカスタマイズすることもやってみました。黒いパンプスなのですが、ヒールに塗られた黒のラッカーが光りすぎでした。そこで削ってみると白木のヒールになって、そのほうがはるかに気に入りました。

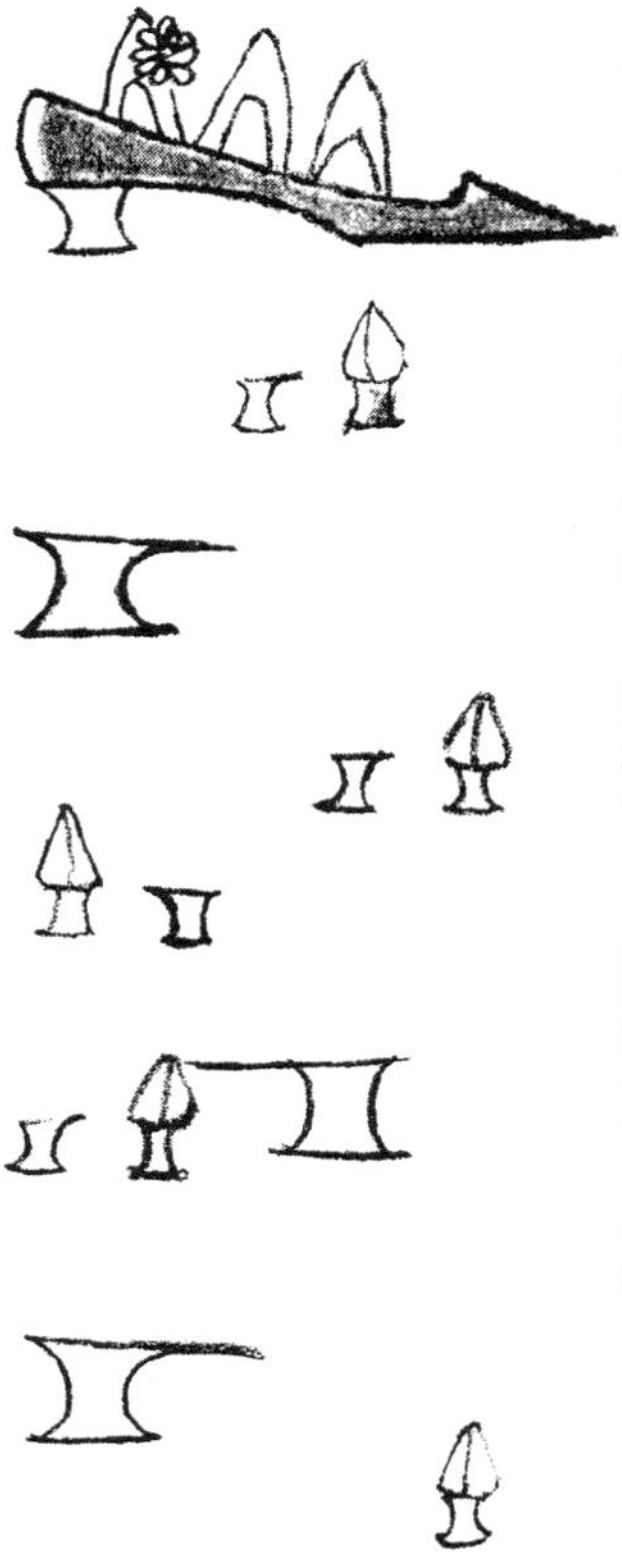

〈靴の間違いをなくす〉

足が痛くなる靴は、もう誰かにあげてしまってください。ファッショナブルな足元に痛みは必要ありません。でもずっと履き心地の悪い状態なのでしょうか？　新しいファッションスタイルに慣れようとしている段階なのかもしれませんよ。先の尖った靴が登場したのは最近のこと。ずっと足先の丸い靴を履いていた人には、つま先が長すぎて不恰好に見えることでしょう。世間がファッショントレンドに追いつくのを待ちましょう。一年後には先の丸い靴はもういらなくて、先が尖っている靴を履いていないと時代遅れな気持ちになるはずです。

〈イブニングシューズ〉

ドレスに色を合わせるのが単純な方程式。しかし、もう一度言いますが、ここにルールはありません。ヒールもハイヒールである必要はなし。わたしはカントリークラブのダンスパーティにトングサンダルを履いて行ったこともあります。数々の素晴らしいサンダルも同じで、素足を美しく見せてくれる靴なら大丈夫。足を包みこむクラシックなパンプスももちろん健在です。ジュエリー飾りの付いたヒールもいいですね。ブロケード生地かプリント柄なら、コスチューム的な着こなしに。

バッグ、スカーフ、帽子、手袋

〈ファッションとしてのバッグと実用的なバッグ〉

大きなバッグはもちろん便利。でも頼りすぎてはいませんか。大きいからいろいろ入るとはいえ、そんなに物が必要ですか？　女性のハンドバッグの中身を笑った風刺漫画がたくさんありますよ！　また、夕方になって夜用の小さなバッグに変えなくてはいけないときがあるのも忘れないように。なんでも入る大きなレザーバッグでは、カクテルパーティやディナーデートには行けませんから。

いつも使うバッグは、合成皮革ではなく良質の本革がいいでしょう。なんでも本物を選ぶようにしてください。ワニ皮が買えるなら本物を。ワニ皮風は絶対にやめましょう。わたしの薄茶のレザーバッグはどんな服にも合いますが、一番無難な色は黒だと思います。秋冬には毛皮のバッグも好きです。きちんと手入れをしていれば、長持ちします。昔の淑女のようにタクシー代を美しく取り出せるようでしたら、バッグの代わりになるマフも素敵。夏にはバスケットも、汚れにくく使いやすいので重宝です。透明のプラスチックのバッグは、引き出しの中身を覗き見しているような気分になります。イブニングバッグはジュエリーのように大切です。すこし大きめのコンパクトのような金色のもの、パリのビーズ、ウィーンのプティポワン刺繡、黒サテン、スパンコール、ベルベット、ダマスクなどが、ジュエリーを纏った優美な上半身によく合います。

〈スカーフはあなた次第〉

ファッションは、スカーフをつけ足し的な取るに足らないものといった位置に置いていて、扱い方を教えくれることはありません。けれどスカーフは確実に、より美しく成長し続けています。スカーフ自体のデザインよりも、どう扱うか、どう結ぶかがはるかに大切です。スカーフはどれもお店の棚や箱の中では素敵に見えます。でも引き出しにごちゃっと入れられた姿や汚い結び方を目にすると、スカーフに出会ったことを後悔するでしょう。わたしはあまり大きくなく、風になびくようなスカーフを、飾りピンで留めて使うのが好きです。ドレスに必要なものを結ぶ、という感じでスカーフをよく使います。ルーズなバンダナスタイル、ショールのようにかけたりピンで留めたり、ネックバンドに巻き付けたり。サッシュ同様に、スカーフは色を追加してくれるアイテム。スーツやドレスに同系色でも異素材を選んだり、またはコントラストの強い色を選んで差し色にする。現代のスカーフデザイナーは、アーティストであり完璧主義者。限りない数の色と柄を、結びやすい素材で作ってくれています。でも、スカーフを買って家に持ち帰ったあと、どうするかが問題。素敵すぎて結ばない、なんてやめてくださいね。スカーフ自身がスカーフを巻くことはできない、ということをお忘れなく。

〈あなたの頭〉

昔は、帽子はかぶらなくてはいけないものでしたが、いまは必ずしもそうではありません。でもあなたの髪は、どんな強い風にも天気にも負けずにいられますか？　帽子は帽子らしくあるべきです。つまり淑女らしく。威厳と美しさがあり、特別感を演出する。帽子のかぶり方を知っている人は、アイメイクもしっかりして、帽子の下にある髪もきちんと整える。それは新たな経験としてみなさんも楽しめるはずです。

〈手袋のコンパートメント〉

手袋をしていない女性は目立ちます。裸足で歩いているようなものです。伝統的にいって、手袋は威厳の象徴。突飛なものは厳禁です。サイズは必ず合っているものを。ジュエリーを手袋の上からつけるのも論外です。服と同じような色、または白か肌の色を選んでください。無理にドレスと同色に染めたり、同じ素材で作ってみても、そういう努力はたいてい後悔に終わるのでやめましょう。普通のキッドかピッグスキンの手袋のほうが、はるかに洗練されて見えるものです。

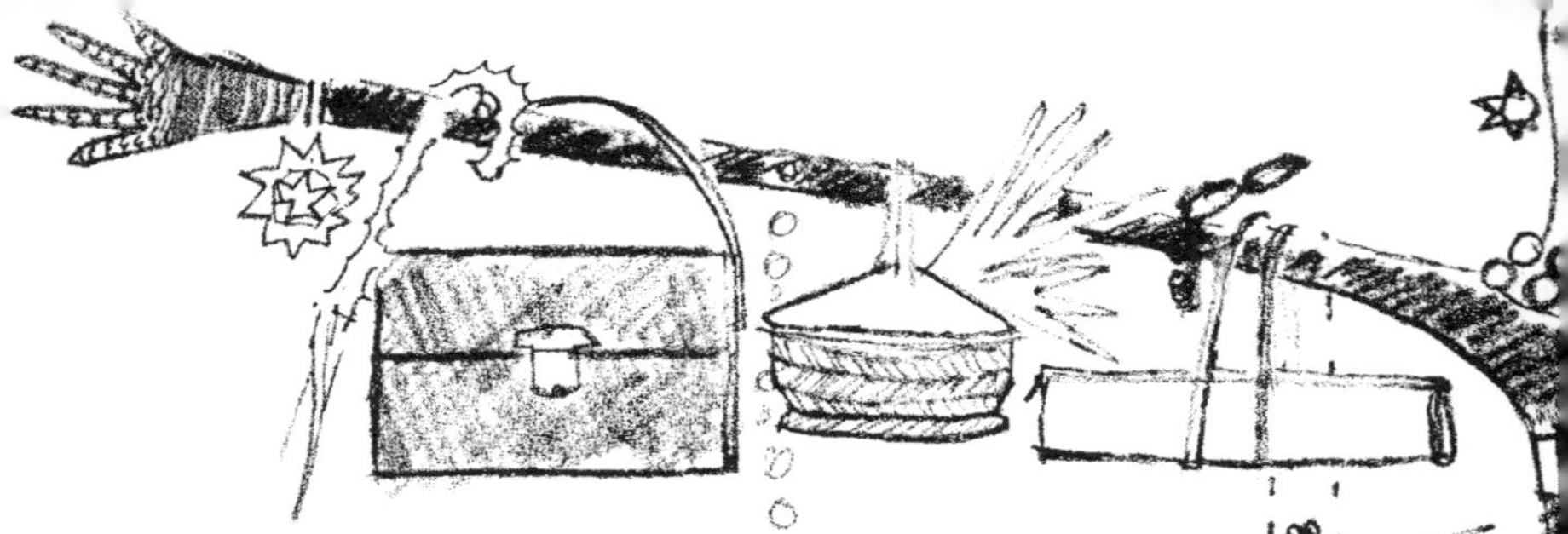

ちゃんとした手袋コレクションを揃えておきましょう。ショート、ロング、グラッセー（光沢のあるもの）、ドースキン、ピッグスキン、コットンなど。短い手袋は、時と場合によっては素敵なときもありますが、基本的には長い手袋を手首の部分で皺をよせて短めにつけたほうが、格調があります。

白のコットン手袋を三つか四つ持っている女性が多いのは、夏の手袋に注意を注ぐ人が多いからでしょう。本当は黒いスエードの手袋のほうが、どんな場面にも合うのですが。夏の都会でむきだしの腕は目立つので、真っ白な手袋をすることで、ドレスアップした感じが出るからなのでしょう。暑さのせいでむきだしになる腕を祝福しましょう。おかげで一層、手袋の必要性を理解し、手袋ファンになるでしょうから。でも、夏以外の季節にも目を向けてくださいね。白かベージュの薄い素材の手袋を持っていますか？ ディナーのあとに観劇に向かうときなどに必要です。イヤリングと一緒で、手袋も片方なくしやすいものです。とはいえ、手袋のお値段は、良質なものでもそれほど高くはありません。つくりもスカーフ同様にパーフェクトなレベル

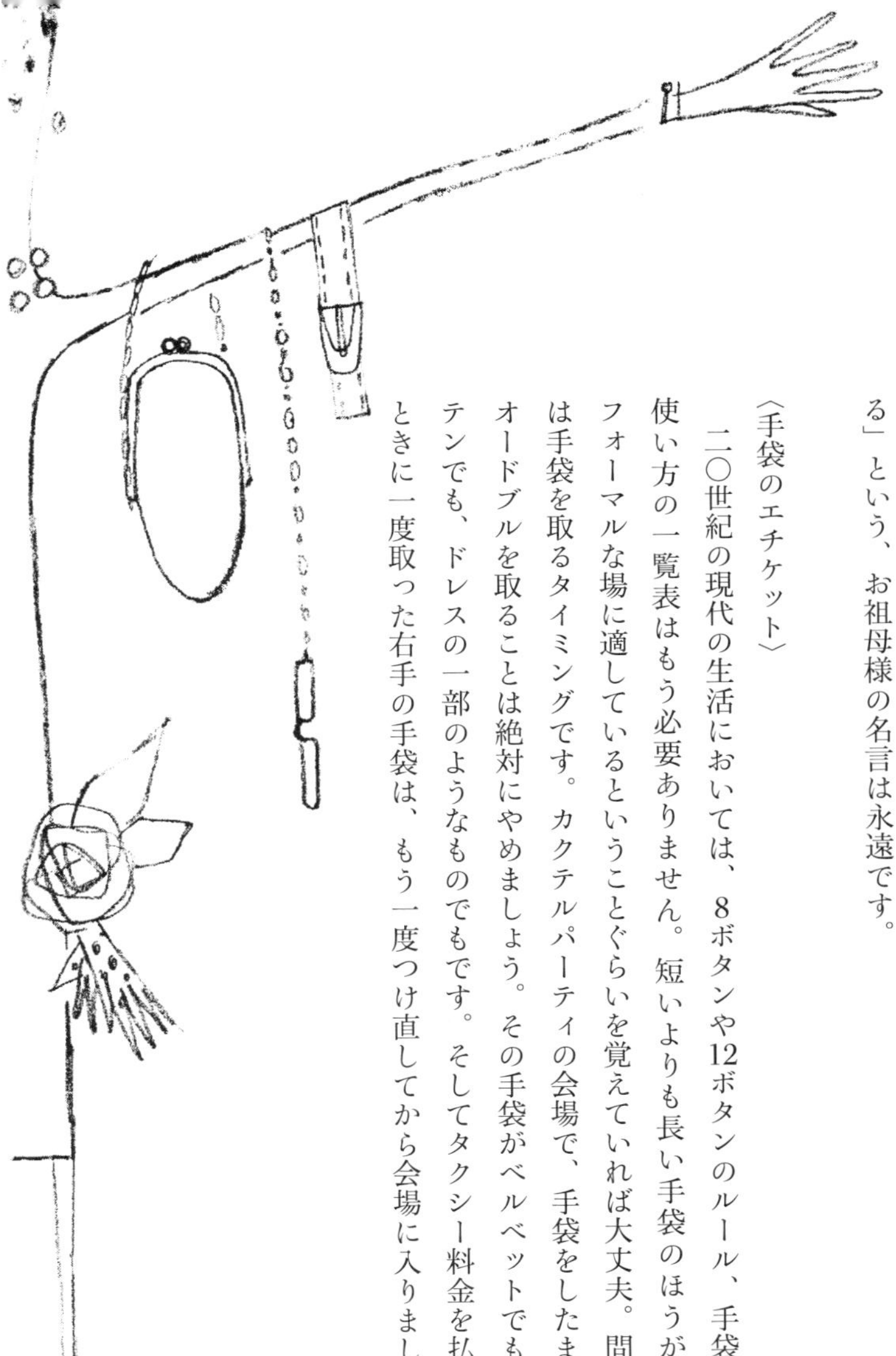

に達しています。洗えるキッドの手袋も登場していますし、クリーニング代はもう言いわけになりません。「靴と手袋を見れば、その女性の質がわかる」という、お祖母様の名言は永遠です。

〈手袋のエチケット〉

二〇世紀の現代の生活においては、8ボタンや12ボタンのルール、手袋の使い方の一覧表はもう必要ありません。短いよりも長い手袋のほうが、フォーマルな場に適しているということぐらいを覚えていれば大丈夫。問題は手袋を取るタイミングです。カクテルパーティの会場で、手袋をしたままオードブルを取ることは絶対にやめましょう。その手袋がベルベットでもサテンでも、ドレスの一部のようなものでもです。そしてタクシー料金を払うときに一度取った右手の手袋は、もう一度つけ直してから会場に入りましょう。これは単に見た目の美しさから言っているだけですが、絶対に両方の手袋をしていたほうが素敵ですから‼（なぜ「‼」マークを付けるかというと、片手袋のまま入る女性を頻繁に見かけるからです）

これまで見てきておわかりのように、小さなアクセサリーたちは、こうしてリストにしてみるとそれぞれがとても大切なものです。いいものを探し出すことは、みなさんに満足感と喜びを与えてくれることでしょう。あなたのそのコレクションは、常にケアが必要です。ネックレスでもバッグでもベルトでも、どの留め金もきちんと留まる状態でなくてはいけません。石鹸と水とクリーナーが、ガーディアンエンジェルのようにこのコレクションの上を見守り続けなくては。手袋は一点の汚れもなく、スカーフにはアイロンが当たって皺のないように。こういったことはファッションの基本です。同様の基本ルールは、人生全体にも当てはまります。人生でなにか失敗すれば、その失敗した世界で生き続けなくてはなりません。ファッションも似たような感じで、どこかひとつでも崩れたら全体が崩れてしまうのです。ちょっとした注意不足が、計画を台無しにして何時間も無駄にすることになります。ベージュと黒のスタイルを計画していたのに、ベージュの手袋が汚れていたら、もうおしまいです。白、ピンク、グレーの手袋では代わりはできません。ベージュの手袋がなかったら、完成しないスタイルだったのですから。

第4章 ベーシックなコートは買わないで

ベーシックすぎるコートは作らない。一般的なアドバイスとは真逆なので、みなさんびっくりするでしょうね。でも、わたしは「最高のコートを一枚だけ」という考え方に賛成しません。だって、元手を取るよりもずっと前に飽きてしまうはず。その一枚の暖かいコート、一年の半分ぐらいは使うわけですよね。黒、茶、ベージュ、グレーなどの地味な色合いのコートは使い勝手はいいとは思いますが、毎日毎日それを着て出かけるなんてつまらない気がします。赤、ラベンダー、オレンジ、ケリーグリーン（鮮やかな緑色）といった大胆な色だったらどうでしょう。どれぐらいで飽きるでしょうか。グリーンのコートで、あなたが「葦」になりたい日が何日ぐらいあるでしょうか。葦みたいなコートだとして、その下に形を壊さずに着られるボ

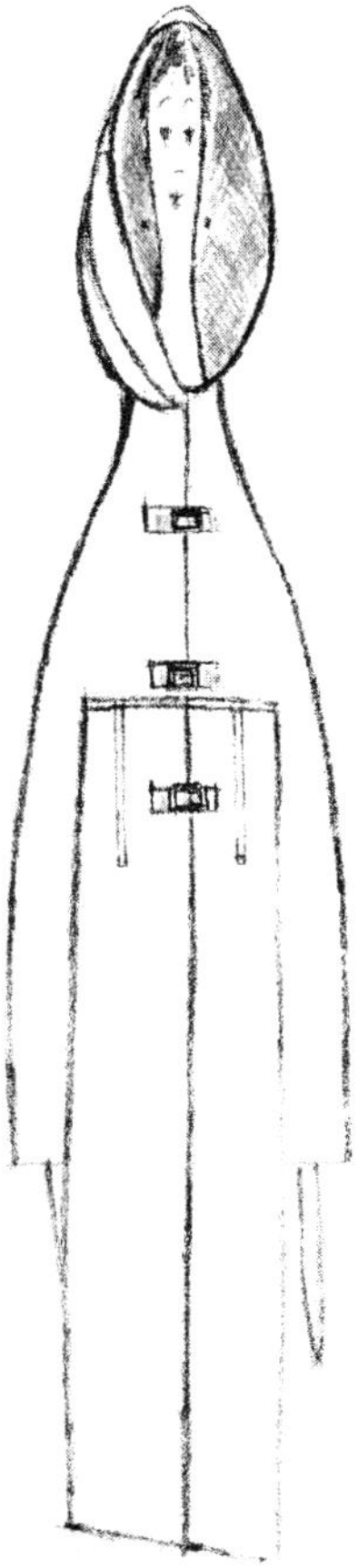

リュームのあるプリーツスカートがあるかどうか。ここまで言えば、わたしがなぜコート・コレクション派かがおわかりいただけると思います。長いの短いの、ケープ型のもの、暖かいもの、あまり暖かくないもの。さまざまな素材のコート。もちろんウール。そしてスエード、シルク。テクスチャーのある素材、メンズ素材、ニット、ベルベット、コーデュロイ、サテンに毛皮。これだけ揃えるには高くつくと感じるかもしれませんが、わたしのプランに従ってもらえればそれほどでもないのです。

　コートは一枚だけということでなければ、そんなに高級なものを買う必要もありません。もちろん、最高のウールと最高の工場で作られた高級なツイード素材は魅力的です。でもより手頃な値段で、良質で気に入るものがあるはずです。インポートでラグジュアリーブランドの一生ものとはいかないでしょうが、とにかくそんなに毎日着るわけではないので、さほど痛みもしません。わたしのプランは何枚ものコートを必要とするものの、それぞれを着るたびに違うスタイルを楽しめ、何年もワードローブを潤してくれます。

　セールをチェックして、年に一枚はコートを買い足すとすれば、どんな天候や場面にも適し

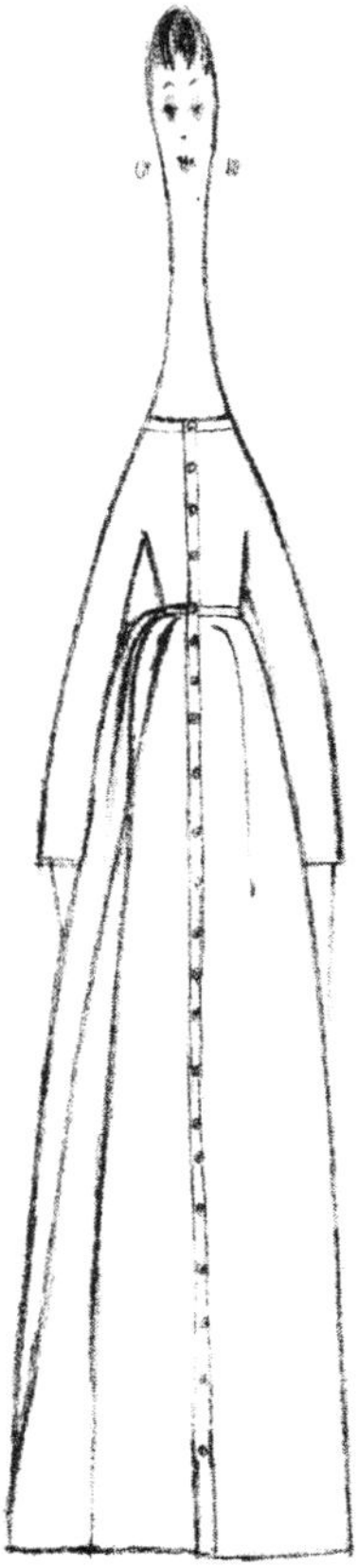

たコートが入っている自分のコレクションができあがるはずです。一枚の最高級コートの代金を、さまざまな季節とシチュエーションにぴったりはまるコートたちを買うために数年かけて使う。ジャケット、ストール、ケープ、セーターなど、いろいろな「羽織もの」を持つことで、あなたのおしゃれ度とファッションへの心意気が高まることは間違いありません。ファッションを料理にたとえるなら、いいファッションの材料は、新鮮でバラエティに富んでいること。楽しいスタイルチェンジができるかどうかは、あなたのお財布の中身よりも、あなたのセンス次第だと思います。

ここで農夫風ケープに話を戻してみましょう。ずいぶん前に買ったもので、たくさんの場面で活躍してきた、わたしの思い出アルバム的な存在です。いつも必要な一着というわけではないけれど、「変化」を楽しむために取ってあるのです。

コートファッションについて考えてみましょう。ポロコート、トレンチコート、背中にベルトが付いているもの、またはベルトを結ぶもの、チェスターフィールドスタイルのメンズ仕立てのコート、ベルベット襟のもの、ダブルブレスト、またはシングルブレスト。テント型や、細身のシース型、コクーンシェイプ。襟もいろいろです。ショールカラー、襟なし、スカーフやジュエリーに合うVネック、ピーターパン（丸襟）、ラペル。美しいステッチが見えるように配置され、ポケットもデザインの一部といった柔らかなラインの高級店のコート。イブニング用、雨用、旅行用、カントリーサイド用といった特別なシーンのためのコートもあります。そして、なんにでも合うコート。わたしの好きなピースワードローブのアイデアと同じです。これでも「最高のコート一枚だけ」と思いますか？　秋冬シーズンをすべてカバーできるコートなんてないですよ。絶対に毎年の投資にしたほうが楽しいですし、少しずつ集めていく満足感が得られると思います。

セールに注目しましょう。一月にセールに掛かるコートは、たいていが買っておくべきアイテムです。ランバンのオリジナルのコートをセールで見つけた女の子の話をしましたね。彼女はそれをコピーして同じものを作り、ずっとこのコートを着ています。ピースワードローブはたいていばらばらに販売されています。あなたのワードローブにぴたりとくる、素晴らしい小さなボレロやカーディガンに出会えることでしょう。

わたしはショートコートが好きです。ジャケットは天候によって、なにかを下に着たり、毛皮のライニングに投資すれば暖かく過ごすことができます。ライニングも大事です。レストランでコートを脱いで置いたり掛けたりしたとき、よく見えるのはライニング。柄物のライニングとブラウスの色を合わせてわたしは楽しみますが、柄物が絶対というわけではありません。難しければ、色のライニングに挑戦してみてください。毛皮のライニングも高級感があって素敵です。その場合は、コートを着たときに、毛皮部分が表にあまり見えないほうがいいでしょう。パリのレストランで、「コートを裏返しに着てますよ」と、ウエイターがドアまで追いかけてきてくれたことがあります。内側がブラックフォックス、外側は控えめなブロード。わたしは「ありがとう」と言うだけにしておきました。ブラックフォックスな気分ではなかったの、と彼にうまく説明はできませんでした。

昼のコートはライフスタイルで決まります。どんな仕事か、外出時間が長いか、ランチデートにどういうレストランに行くか、通勤手段は？　選択肢は無限にあり、色と素材選びであなたの好みを表現できます。ファッションはとどまることを知りません。もはや、ツイード＝カントリーサイドではないですし、サテン地で雨の日に出かけても許されます。

第一印象はたいていコートを着ている状態だということも忘れないでください。仕事の面接は、まずはコートを着たままです。未来の雇用主に与える第一印象は、コートで決まるのです。観劇に行って、劇場の通路を歩いているときも、コートを着ています。上着を脱いだら、まもなく照明は消えてしまいます。コート姿のあなたを人は判断するのです。世界一素敵なドレスをコートの下に着ていても、その第一印象は変わりません。バスでも、地下鉄でも、タク

シーでも、あなたはコート姿です。移動中も、素敵でいたいはずですよね。コートを侮ってはいけません。ホームパーティに招かれた先で、家主のベッドに無造作にコートが置かれるとき、コートのラベルは恥ずかしいものではないですか？　あなたのテイスト、ファッションセンスが、コートによって明らかにされるのです。でも高級ブランドのラベルがついたコートだからといって、勝者だとは思わないように。わたしの黒い農夫風ケープはノーラベルですが、クローゼットで一番ファッショナブルなアイテムですから。

毛皮は他人を感動させるためではなく、自分の楽しみのために着る

毛皮について、わたしはそう思っています。「子供たちの大学卒業まではミンク、セーブルやチンチラは我慢しているんです」という方の楽しみを奪う気はないですし、わたしの考えに賛成しない方もいるでしょう。ダイヤモンド好きなら、盗難防止のためにピストルも肌身離さず持っていることが必要です。ミンク好きなら、頑固にミンクにこだわってください。リンクス（オオヤマネコ）の毛皮ではぜったいに満足できないはずですから。

自分の地位を見せびらかすための毛皮がほしいのならば、ミンクかセーブルが買えるように

なるまで待ってください。それより格下の毛皮より、黒いブロードのほうが上品に装えます。でもただファッションとして毛皮がほしいなら、もっといろいろと楽しめます。

わたし好みの毛皮は、ライニングとしてちらりと覗くもの、虫食い穴が空いていそうな使い込んだ感じのあるもの、かなり大胆なものの三つ。わたしの杉板のクローゼットを開けてみると一目瞭然です。

まず目に入るのは黒いフォックスのショール。熊のようにボリュームがありますが、熊でいさせるだけではもったいない。真面目な感じの黒いブロード素材のコートにこのフォックスをライニング的に付けると素敵なんです。フォックスは柔らかいので首元でしっかり締まり、総毛皮のコートと同じような暖かさでありながら、着ぶくれしません。黒いフォックスの帽子もあります。花瓶のような形で、おでこのところにファーのフリンジが柔らかな前髪みたいについています。黒いフォックスのコートと合わせることは絶対にしません。

次は何よりも目立つジャガーの毛皮。レオパードよりも大胆な斑点がついています。わたしの服の多くは薄茶色と黒なので、この斑点はいいアクセントです。メンズ仕立てのノッチラペルがついた、腰が隠れるくらいの四分の三丈のコートは、ウインドブレーカーとして素晴らしいのですが、硬い雰囲気なので、Vネック部に柔らかな茶色のファーをつけて使っています。

たぶんカワウソの毛皮です。とても柔らかく暖かいことが大事で毛皮の種類はどうでもよく、いつも毛皮屋さんに聞くのを忘れています。少し着古した感じもあるのですが、これをつけると素敵な気持ちになるので、素敵に見えているはずと信じて着ています。

そして、ヴィクーニャ。わたしのヴィクーニャは、毛皮が贅沢なポロクロス（羊毛などを用いた起毛の織物）に織り込まれていて、薄茶色のワイルドなコートになっているもの。ファーとは呼びにくいものの、それもファッション。まだらなウィッグみたいに見えますが、動きのあるデザインで、わたしは好きなのです。シュールで現代的な雰囲気を演出してくれます。

みなさんのお察しの通り、ヌートリアとモールスキン（もぐらの毛皮）も持っています。ネズミ色の控えめな毛皮ですが、侮らないでいただきたい。控えめでいることは、値段も控えめ、それはポジティブなことです。スカーフのように長く端が縫ってあり輪になっていて、頭からかぶって使うのですが、暖かく、スカーフでもストールでもケープでもない首元のアイテムとして斬新で目を引きます。これでウエイターさんにつかまって長話もしばしばです。

ミンクは持っていますが、小さいものだけ。黒いブロードのライニングがついたスカーフです。ミンクを表側にしては使いません。裏地として実に魅力的。もとはケープだったのですが、

わたしにはまったく合わなかったのでスカーフに仕立て直しました。

ベーシックなコートでなければベーシックな色を

わたしのクローゼットを眺めてみると、コートはどれも自分好みのベーシックな色合いのものです。黒、茶色、ベージュ、グレーがかった茶色、グレー。この色選びは、みなさんにも有効だと思います。たとえばレインコート。どんよりした日だからといって、真っ赤なコートで出かける必要はありません。真っ赤だと、あなた自身の肌、中に着た服、たぶんすべての色とぶつかります。わたしのレインコートは黒。防水ウールのトレンチコートスタイルで、留め具の部分が黒のエナメルレザー。これにエナメルのブーツを合わせます。暖かい気候のときは、暗いものよりも明るい色がいいですね。わたしのリゾートコレクションでは、鮮やかな色合いのレインコートがたくさん。太めで鮮やかな色使いのローマンストライプなど。そして、お揃いのスカートと一緒に着れば、レインコートを開けても色柄がぶつかり合いません。

フードが付いたコートも好きです。雨と寒さをしのぎ、可憐な赤ずきんちゃんのように、はたまたグラマラスなグレタ・ガルボのようにフードから顔を覗かせるのです。フードはかぶっ

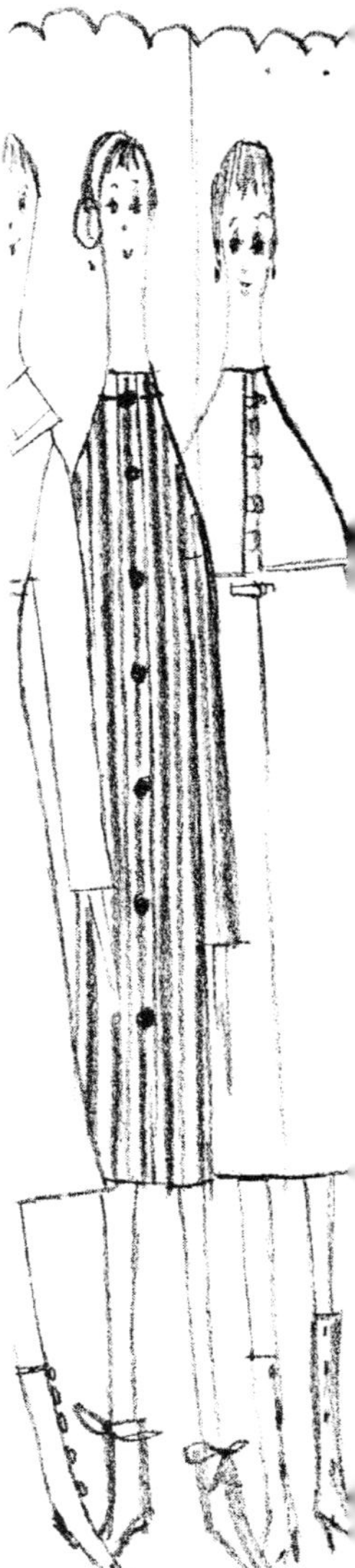

たりかぶらなかったり、自分の顔の輪郭と遊べて、わたしの好きなクローズ・イン・モーション（動きのある服）効果が楽しめます。フードをかぶっていないときも、フードの布が襞を作る襟元は魅力的です。

ウェザープルーフの魔法

なんでも防水加工が可能ですから、サテンツイル、コーデュロイ、サティーン（サテンに似せたコットン）、コットン、それにベルベットでさえ単色でもプリントでもレインコートが作れます。黄色いオイル引きの布製のサウウエスタースタイルか、薄いゴム製のレインコートがお好みの人もいるでしょう。透明のビニール製レインコートは、下の服が透けて雨の中で滑稽なので、わたしは着ません。SF的なプラスチックゴムの靴もブーツに見せかけているのでしょうが、醜いので存在自体を無視していただきたい。ファッションに真摯に取り組む者として、雨に濡れないために自分の足をそこまで醜くしていいとはとても思えないのです。

傘

小さくて弱々しい感じでない男性用サイズのもの。ぴしっと畳めて、ステッキのように見える黒いシルク素材がベスト。持ち手は金色かパール、または自然な色の木製。色は黒、ベージュ、グレー、チェック柄やストライプ柄もいいでしょう。

夏の上着

三〇度を超える真夏日でも、レストランランチにむき出しの肌で行くことはしませんよね。

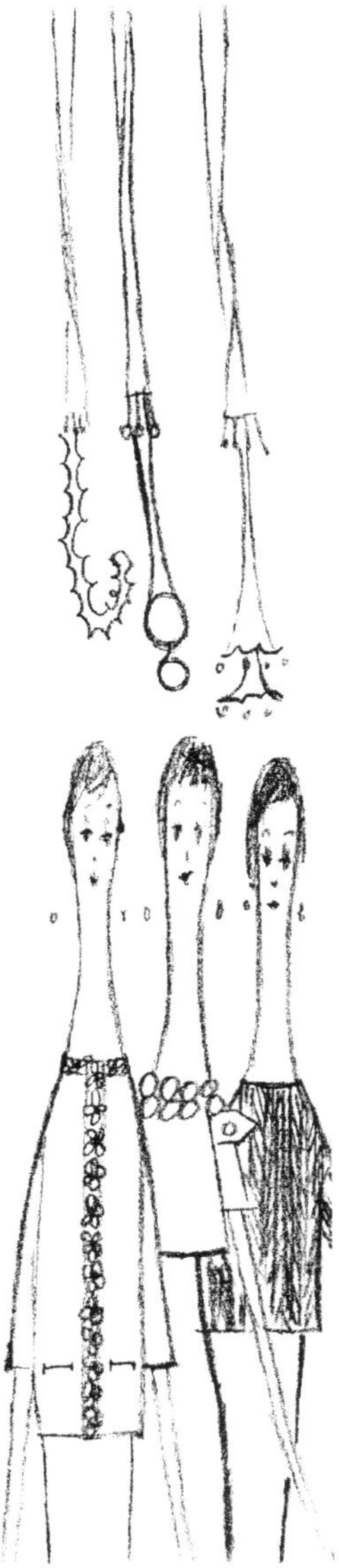

ジュエリーがそのむき出し感を柔らげてくれることもあります。スカーフやストールでも。紗のように薄いストール、または少ししっかりしたシルクのストールもエアコン対策に重宝です。わたしは結局、どの夏もジャケットをよく使っています。明るい色でも地味な色でも、あなた自身の夏のワードローブに合うもので。わたしのお気に入りは、極薄のシルクの思い出せないような色、たしかベージュ、とにかく薄い色の袖口にゴムがついているアイゼンハワージャケット。ミディカラー（セーラーカラーのような襟）の四角い襟で、袖は七分丈でブレスレットがしっかり見えて手元を爽やかに素敵に見せてくれます。グレーとベージュと茶系のリネンをブレンドしたもので、最高にエレガントなレストランに行くのにも大丈夫な一着です。

リネンでも皺のつきやすいものではなく、扱いやすく、洗えて涼しいリネンを買うべきです。短いボレロや小さい袖がついたベスト、ボタンのないたっぷりしたマンダリンスタイル、ボタンを閉じるカーディガンなどは、黒い袖なしのリネンドレスに好相性。

セーターもファッション好みのアイテムです。リボンやジュエリーや刺繡でドレスアップされたもの、または素材だけでエレガントさを醸し出すカシミア。もはや夏のファンシーなイブニングコートは、セーターにとって代わられました。とはいえ、ドレスと色の合う、またはコントラスト色の、ロング丈のサマーコートはやはり素敵です。

自分らしい夏の上着を探してみましょう。ピースワードローブの考え方は、温度計によって足し算や引き算が楽しめる夏にはとくに有効です。スカートに袖のないベストか、袖のあるブラウス。かなり短めのボレロか、逆に長めのジャケットやコート。これらは着る時間が昼か夜かで判断しましょう。揃いで一着持っていると、夏のさまざまなお招きに対応できて便利です。

夏はかしこまらなくていいシーズンなので、羽織ものは自由な発想で楽しんでください。スカーフがお好きであれば、夏は派手な色か素敵なプリントものがいいですね。ストールならレース編み、メキシコやグアテマラ風のレースのようなニットやホームスパンのものなど、さまざまな種類があります。知人は白いキャンドルウィック（柔らかいコットンの糸で刺繍されたもの）のベッドカバーをボレロに仕立て直していました。白い雪の結晶のようで、コットンも涼しげで素敵でした。別の友達は、薄いグレーのシフォンの着物のような形のコートをオフィス用に仕立ててもらい、暑い夏に肌をむやみに露出せず、かつ目に涼しげで美しかったのを覚えています。コットン、リネン、シルク、どれも夏に素晴らしい素材です。かなり軽めのウールジャージー、極薄のシャリー（薄手の柔らかい平織物）も、同様に気持ちよく過ごせるものです。

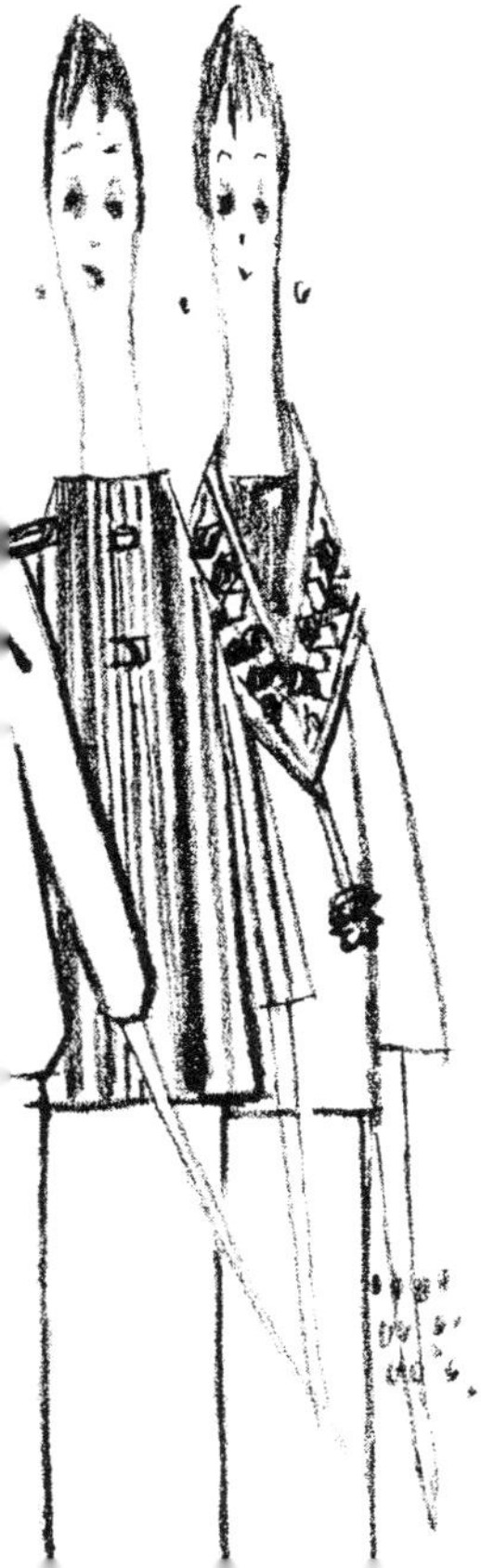

夏の旅行では、国境を越えたらマーケットへ行きましょう。その土地特有のショール、スカーフやベールを探すのです。わたしの生涯の友となった、バスク地方の刺繍が施されたピンクの厚手のコットン製サッシュ。こういう掘り出し物との出会いがあるかもしれません。闘牛士風の黒ベルベットジャケットと白レースのイブニングドレス、金の組紐の渦巻き模様がついたメキシコのボレロやベスト、スコットランドのタータンチェックのスカーフなど、素晴らしいものがあります。マラボーはかつてベッドルームのアイテムでしたが、夏の夜の外出に使う人もいます。

イブニングコート

世界のどこでも基本的に、長いドレスには長いコートが鉄則。ですから、わたしは長いイブニングコートを選びます。とはいえみなさんが、わたしのイブニングコートを好きになる必要

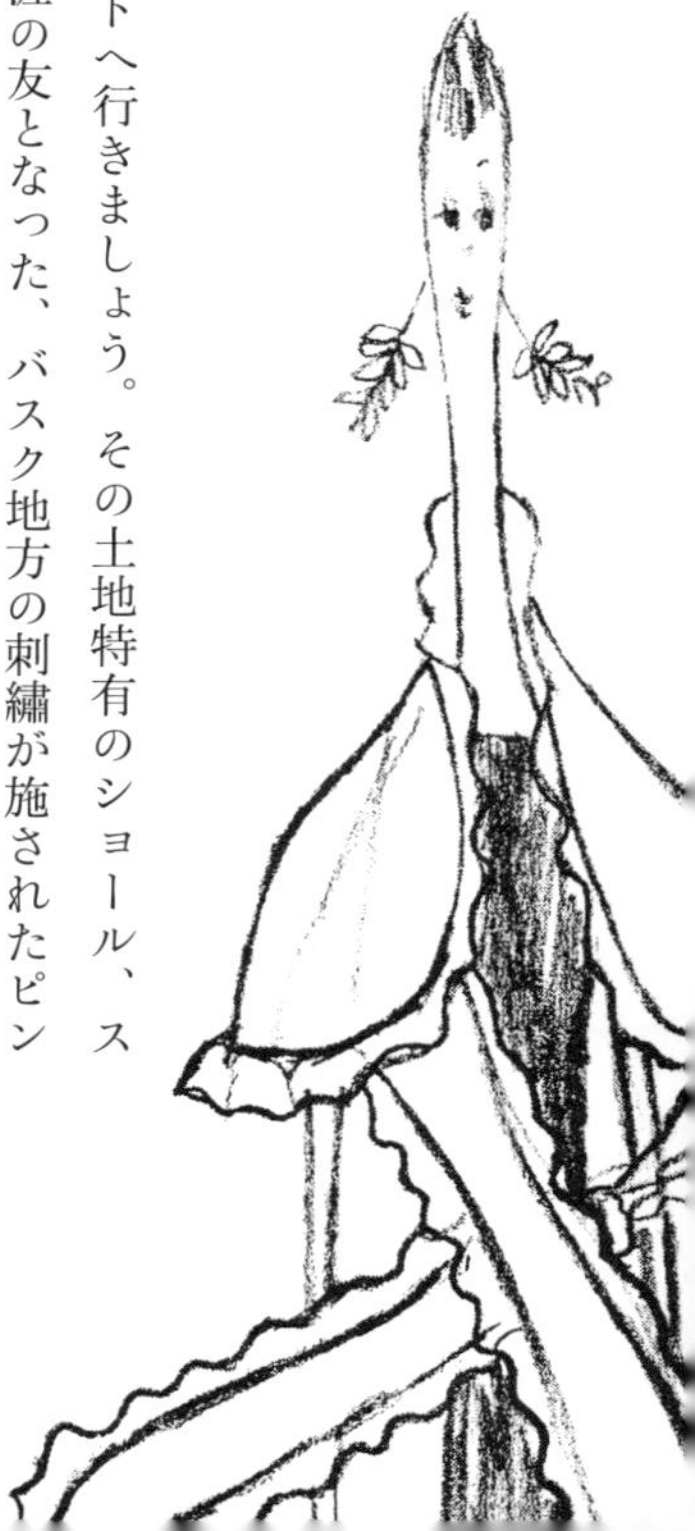

はありません。イブニングコートはジュエリーやファーと同様、あなた自身のテイスト、あなたがどう見られたいかを表現します。あなたがそのコートにいくら払ったのかではなく。イブニングバッグのようにかなり個性的になってもいいわけです。あなたの普段のイメージとは違った意外な顔を演出して、たとえば周知の仲と思っているご主人をパーティで驚かせたら、彼だって喜ぶはずです。

わたしのイブニングコートとクロークたちは、イブニングっぽくないので、ちょっと語るのがためらわれます。クローク（覆う）という言葉の力を借りましょうか。女性は夜の帳が下りたら、どことなくミステリアスなほうがいいと思うのです。だから、足の先から頭まで、きちんとクロークされていたほうがいい。長いものならばかなり長い丈に、というのがわたしのルールです。わたしのクロークの素材に、みなさんは驚くことでしょう。ひとつはポロコートの素材。定番の薄いベージュです。形も普通のポロコートのカットで床までまっすぐ長く、ベルトやサッシュはなし。ただしライニングがラベンダー色と白のプリントの美しいタフタ、これと同じ素材のドレスを着てスタイルが完成します。もうひとつはグレーのフランネル。そして深緑のツイード素材で、古風な大ぶりのケープ襟がついた子供のガウンのようなコート。このコートには生成りのサテンツイルでライニングが施されています。黒い農夫風ケープは、嵐のような夜に最適。モンテ・クリスト伯のようにドラマティックで、内側にあるポケットにイブニングバッグには収まらないメガネなどを入れられてとても便利。キャラコ素材のイブニングクロークは夏のお楽しみ。美術館の収蔵品を懸命にコピーして作ったもので、何重にもレイヤーを重ね、大きくボリューム感のあるものにしました。着ただけでパーティに向かっているような高揚感を覚えます。

コスチューム・ルック

わたしのイブニングコートを見てきましたが、わたしが歴史衣装のようなコスチュームスタイルを好きなのがおわかりになったでしょう。お祝いの席の装いは、歴史的にコスチュームタイプです。ですから、歴史に寄り添いながら、今年のトレンドを少し足してみましょう。チャリティのボールパーティでは、コスチュームのテーマが出されることがよくあります。扇子、ヘッドドレス、歴史的なアイテムなどを着用するのです。マルディグラも、仮面をつけたミステリアスな美女の集いとして有名ですね。大きなガラパーティだと、たいていコスチューム的な服装の人がいるので、わたしは楽しみにしています。

わたしは清教徒のように足までしっかり覆われたスタイルが好きですが、バレリーナのようなドレスやぴったりとしたミニドレスなどを着たい方もいるでしょう。ファッションの女神が「想像力を働かせなさい。あなたが美しい気持ちになれる美しい服ならなんでも召すがよい」と言ってくれるかもしれません。

ただ、いくら女神様のお許しがあったとしても、ひとつ言わせてください。「ロングドレスを着る機会を逃さないで」と。最近では多くの人がロングドレスを敬遠していますが、わたしには理解できません。どんなスタイルの女性でも、ロングドレスを着ると美しく輝いて見える確率は倍増します。ウールジャージーのロングドレスとポロコートをイブニングコートとして着るわたしのスタイルを、変わっていると思う人もいるでしょう。でも夜はあなた自身のもの。そしてファッションはあなたを自由にしてくれます。サヤインゲンのような形にカットされた金色の布地は、ほかの人にはハーレムを想像させるだけかもしれないものですが、わたしのお気に入りです。

コートにプラスして

あなたの基本のコートコレクションが完成に近づいてきたら、次のステップへ進みましょう。このドレスには必ずこのコートというように、コートとドレスを合わせるのです。これはかなり特別な気分になりますよ。厚手素材のスカートにも合うコートも、頑張れば見つかります。コートを買った店で、コートの生地を手に入れられる可能性もあります。スカートにコートと同じ生地を足せば、揃いのスカートの完成です。ツイードコートの一色をブラウスやセーターにも取り入れると、コート姿がスタイリッシュにまとまります。とても派手で美しいコートなら、シンプルなドレスと合わせましょう。派手に派手の重ね着は、アメリカ人のよくやる大きな間違いです。

シンプルなコートを一生に一枚だけでなく、何枚ものコートを楽しむ。コートはそのためにあるのです。数ヶ月も出番がなくても、その一枚が最高に素敵なシーンがやってくるのであればそれでよし。わたしがお話しした、買い足す・保管する方法を使って進めていけば、何着ものコートシステムがうまく機能するようになります。

第5章　「ジョーンズ夫人」を、あなたのフォロワーにしよう

ここまで読んでいただいて、おしゃれはお金で決まるわけではない、というわたしの考えはおわかりいただけたと思います。あなたがファッションのことをきちんと理解していれば、典型的で、ありがちな女性になる必要などないのです。ここではそんな女性を「ジョーンズ夫人」と名づけてみましょう。よく見てみると、実は「ジョーンズ夫人」があなたの真似をしていることがわかってきます。彼女はあなたが首に巻いている赤い靴紐に驚きつつ、長いことパールしかつけていない自分に疑問をいだき始めます。夫人は高いブランド名のラベルつきの、もちろん素晴らしい形の服を持っています。でも賢いあなたは、そんなラベルなしでも素晴らしい形の服を探せますよね。流行に沿った大量生産の服が買える国にいるあなたは恵まれてい

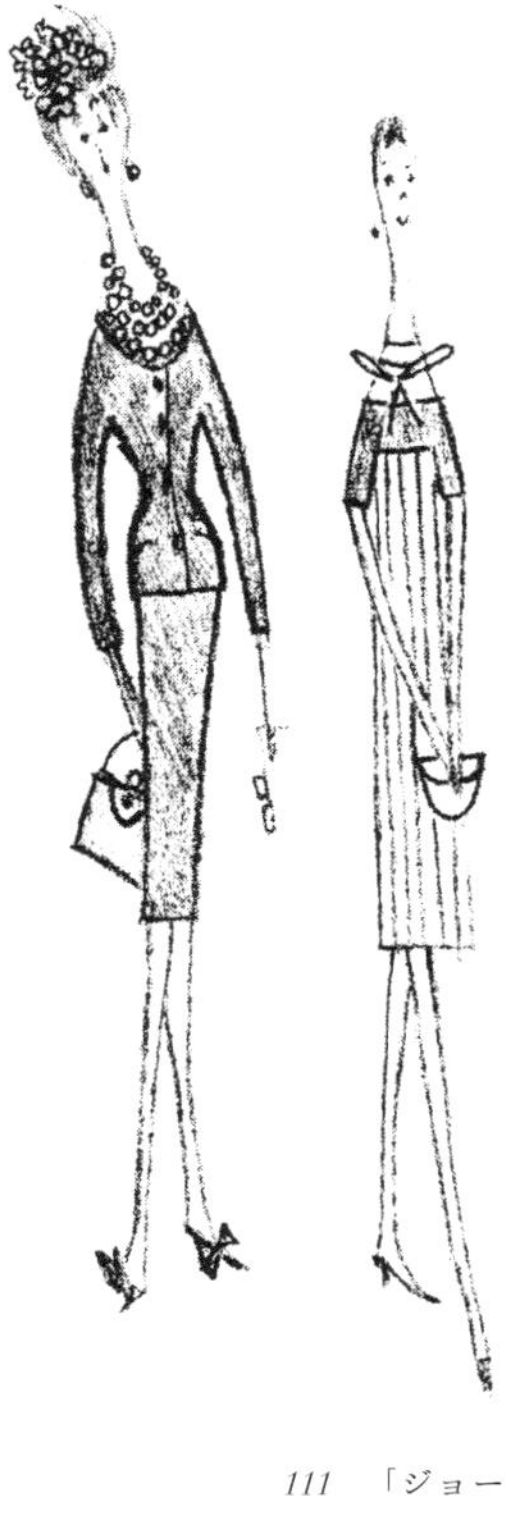

ます。ドレスメーカーが作ったかのように柔らかなショルダーラインとエレガンスを持ったさまざまなネックラインの服が、たったの二九・九五ドルで買える。まるでカスタムメイドコレクションのように自分に合う服が市場に出ているわけです。

「オーダーメイド」のよさは、ドレスメーカーが作るスーツが一番わかりやすいでしょう。ウエストも肩の位置も自分にぴったり。ボタンホールには無駄な隙間はないのに、するりとボタンが留められる。必要なところにドレープがあり、ヘムラインはあなたのプロポーションをもっとも美しく見せる長さと幅に作られている。確かにオーダーメイドはいいですが、ほんの少し手を入れるだけで、まるでオーダーしたかのように自分にぴたりと合うものを既製服から探し出せるのですから、頑張ってみようではありませんか。もちろん「あなたのためだけに」作られたドレス、靴、帽子を手にしたときの感動を忘れてはいけません。オーダーメイドは無理でも、オーダーメイドの最重要事項を既製服にも適用してみればいいのです。その最重要事項とはなんでしょうか？

第一にオーダーメイドであれば、完璧に体に合うはずです。前章でも書きましたが、自分の

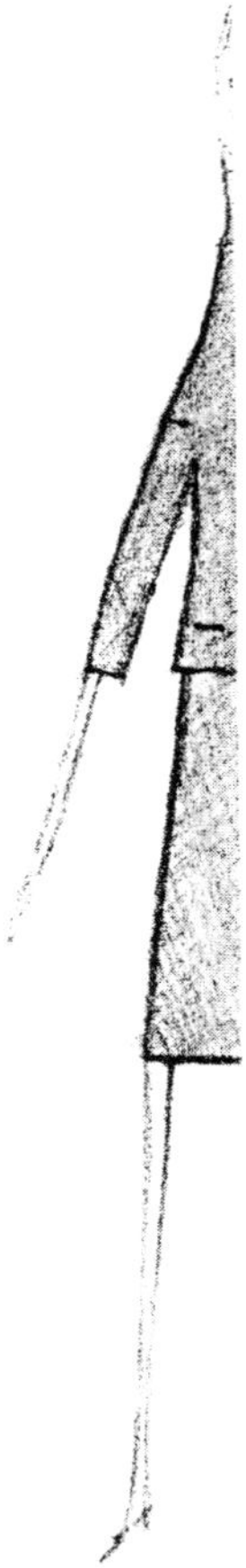

サイズを知るだけでなく、どこをどう直せばいいのかを理解しておきましょう。直す箇所によって値段がまるで違ってくるので、経済的なお直し方法も知っておくこと。一般的に、肩を直すのはウエストラインを大きくするより高くつきます。なので、ウエストだけがきついのであれば、ウエスト部分の縫い代に余裕があることを確認して、サイズ12よりはサイズ10を買う。そしてウエストを大きく直してもらえばいいのです。きついのがヒップ部分の場合、サイズ12にして、肩を上げて肩幅を狭めなければならないでしょう。この場合も購入時は縫い代部分の余裕をチェックしてから。

第二に、オーダーメイドであれば、デザインは服のラインを基本に決まります。ラインの悪さを隠すための余計なリボン結びや、飾りボタンや飾りポケットはありません。ですから、安い服でもシンプルで余計な飾りのないものを選ぶようにしてください。なんにしても「やりすぎ」はよくない、と思っておきましょう。

第三に、オーダーメイドであれば通常、硬い素材は使いません。男性的なテーラードスーツには注意が必要。男性のグレーのフランネルスーツは、女性の服とは違うものです。たとえば襟は茶色のベルベティーンにしたり、ポケットを変えたりして、あなたの体と女性らしさに応じたスーツを作ってもらいましょう。

オーダーメイドには、ソフトなドレープ、美しい形を作ることのできる良質の素材が使われます。一四・九五ドルのコートドレスと、デザイナーの仕事部屋で作られたコートドレスでは、やはりまったく違うものです。安物は形を保つためだけに硬い生地を使っています。硬い生地でできた安物のドレスは買わない、をルールにしましょう。自分の予算に合った、それなりにいい素材のドレスが見つかるまで妥協しない。生地に触れ、柔らかくて心地よいものを選ぶようにしましょう。

誰かさんのアイデアを真似ているだけであれば、それはあなたのスタイルには見えません。一般的な対策として、過剰なスタイルはしないこと。ただし例外もあって、たとえば前章でお話しした大きなパーティでは、冒険的なファッションが期待されます。娯楽の場所で、コンサバティブでいる必要はありません。カジュアルなイベントには派手なシャツとパンツのスタイル、バケーションやスポーツシーンでは、ヴィヴィッドな色使いがいいですね。とはいえ、基本ルールはコンサバティブです。日中は公衆の面前にさらされているのですから、「やりすぎ」はかなり目立ちます。お買い物に行くぐらいのことであっても、人の目はあります。振り返って見られたり、誤解を受けないためにも気をつけましょう。

服を買いに行くとき、あまり前もって何を買うかを決めていかないほうがいいと思います。たとえば、いまどの雑誌にも載っている赤いドレスとか、このあいだ「ジョーンズ夫人」が着ていてとても素敵だったチュニックドレスとか、檻の中のリスのように、あちこちであなたが

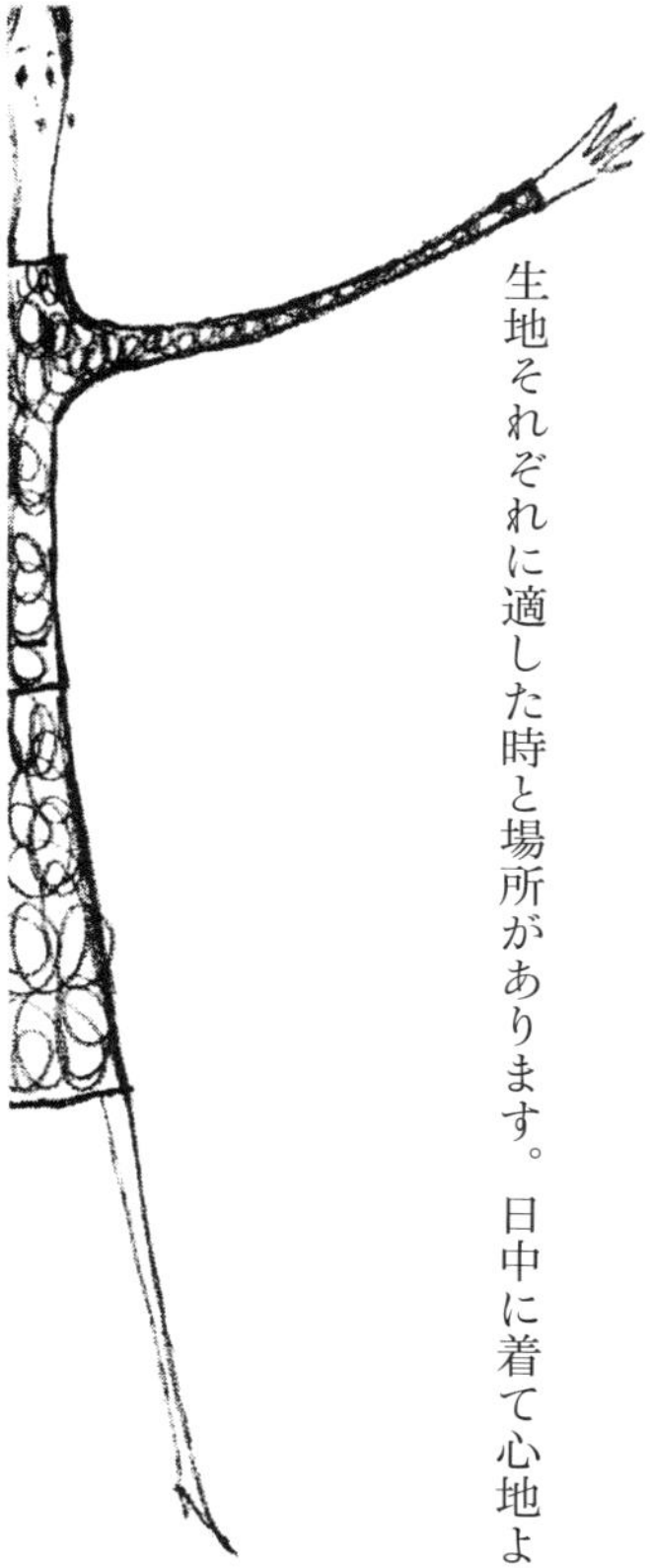

拾ったアイデアが頭の中でひしめきあっていると、頭痛とともにだめな買い物をしてしまうのです。まずは「自分に似合うか？」。なにが似合うかは、自分の体型を熟知していなければわかりません。ヒップが大きい人は、タイトスカートは無視。着たくても我慢、です。自分に似合わない服を着たいと思わないように自分を訓練しましょうね。体型に合わなければ、どうしようもない。着たところで落ち着かないはずです。大きなヒップは小さなウエストで素敵に見せましょう。ワイドなフレアスカートなら、ウエストを細く見せてくれますよ。

日中の仕事着、公の場所で着る服選びには訓練が必要です。一定のルールを守りながら、つまらなくないように。やりすぎずに、さらりとセンスを光らせたいものですね。

デイタイム用の生地

生地それぞれに適した時と場所があります。日中に着て心地よく感じる生地をすべて把握してください。その中から選んでもっとも似合う服を作りましょう。選択理由は人それぞれ違います。「これはあまりにツイードすぎ。かゆくなる」「ジャージー素材はわたしの体型だとよれよれに見える」「コットンはいつもアイロンをかけなくちゃいけないからいや」「ガードルが嫌いだからニット服はわたしにはだめ」というように。

日中のあなたの生活に適した生地を見つけ、その生地の可能性を探るのです。スーツ、ドレス、スカート、ブラウス……その生地でなにが作れるのか、そして自分のワードローブに合うものを考えてください。細身、フレアまたはプリーツスカート、柔らかなドレープ、どういった形があなたのワードローブの殿堂入りを果たすのかも考えましょう。テーラードシャツ、ラウンドネックのブラウス、タートルネックを作るのにどの生地が一番よいかも。

「ツイード」という言葉から思い浮かぶこと。ツイードは粗くも、滑らかにもなります。まだら模様やパターン織があります。色と色が重なり、混ぜて織り合わせたり、斑点模様になっているものが多く、定番色は黒×白、黒×茶色、グレー×白、同色の濃淡の組み合わせ。ツイードは気品があり、そして独特の香りというか、雰囲気を醸し出します。実際にツイードという

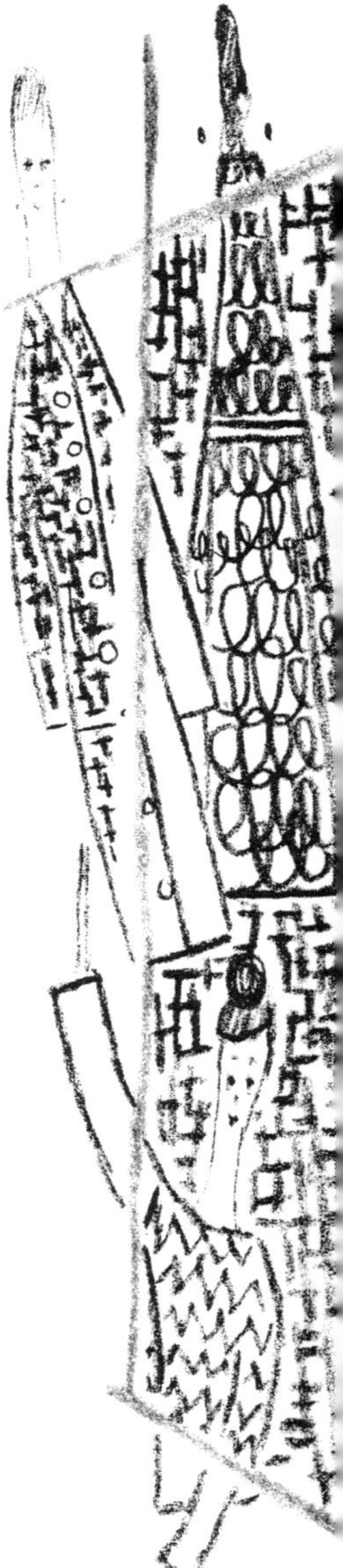

名前の香水があるくらいです。ツイードでなにか一着は持っていたいですね。では、着ていく場面で考えてみましょう。

「都会的ツイード」は細身のフォルム。スカートならロングコートかジャケットと一緒にスーツとして。スカートがフレアならば、トップはボレロかストール。軽めのツイード地ならば、冬用の暖かいドレス。でも冬場の暖房がきいたオフィスでは、暑すぎるかもしれません。

「カントリー的ツイード」は、ツイードの定番です。たっぷりした暖かいエンヴェロップコート、ジャケット。秋いっぱい、さらに一二月の晴れた暖かな日まで着られるスカートと合わせるジャケットをいろいろ。短めのコートと長いコートとボトムの三揃い、これは一生で一番いい投資になりそうです。

「旅行用ツイード」は電車でも船でも飛行機でも、南国行き以外はどの旅行にも最適です。

「夜用ツイード」もわたしのワードローブにはあります。サテンのライニングがついた緑のツイードのフルレングスのイブニングクロークを前にお話ししましたね。でもこれは、わたしにだけ合うものかもしれません。

いかにツイードが汎用性の高い生地なのかおわかりになったでしょう。パステル色ならばリゾートとカントリークラブに似合います。ストール、パンツ、ショーツにも。英国の伝統的な素材ですし、きちんとした身なりをしていると自分でも確信できる素材です。

ほかにもいろいろと汎用性の高い生地はあります。どれも気品のある趣味のいい素材として定評のあるものです。ウールジャージー、コットン、麻、サテンツイル、そして伸縮性、速乾性が高く皺になりにくい生地。服を買うときは、まず素材を確認してください。

夜の大きなパーティや結婚式、卒業式、社交界デビューのような伝統的な重要行事に向いた素材はなんでしょうか？　サテン、レース、オーガンジー、ベルベットなど。その美しさは糸の質次第。もし良質の糸を使った美しいものならば昼用の生地に比べてはるかに繊細ですし、どの素材にするかは難しい選択です。

サテン、レース、オーガンジーは避けたほうが賢明です。少なくとも、わたしはそうしています。粗悪な安物が多く出回っていて、もはやエレガンスを意味する生地ではないからです。もしシルクのリヨンベルベット（コットンのベルベティーンは決してシルクベルベットと同じには見えないことはわかっていてください）、またはハンドメイドのレースを買う余裕があれば、またオーガンジーの下に着るものがきちんとあれば（透けるので）、これらの高級生地を思う存分楽しむのもいいでしょう。

ウールジャージーもベルベットと同様に素敵ですし、白いシフォンはサテンよりも風になびきやすい。エンボスコットンはぺらぺらの機械織りレースよりはるかに美しい、ということをわたしが証明します。もしあなたが先見の明のある人物で、結婚式、卒業式、娘のデビューなど、ともかく人生の大事な場面で、一度きりでなく何回か着られるドレスがほしいなら、ワンピースではなくピースに分かれたものをおすすめします。良質な素材で、シンプルなカットの黒いトップをまずは作りましょう。そのあと、合わせるスカートを作ればいいのです。多くのイブニングシーンで、この黒のトップをもとにスタイリングが可能です。明るい色のロングスカートも、白かパステル色のスカートも、シンプルな黒のトップと好対照で素敵です。卒業式に着た白いピケのロングドレスは丈を短くして、袖も取れば、夏の細身のドレスに変身できます。

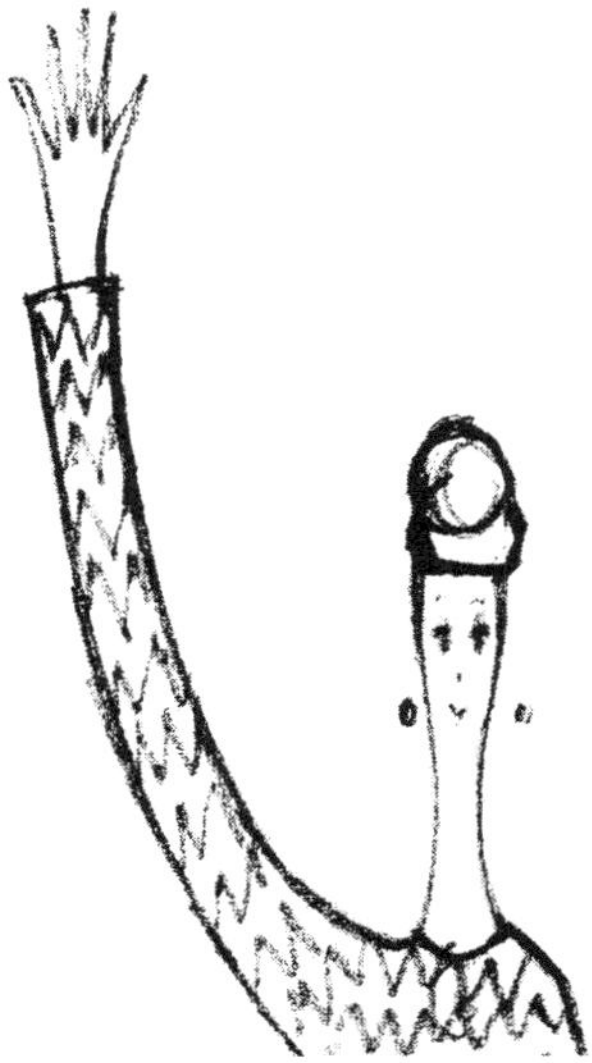

驚きの素材の組み合わせを楽しむ

イブニングコートとして使っている、わたしの床まで届くほど長いポロコートがいい例です。シルクタフタのライニングがついていると話しましたね。ある高名なファッションデザイナーが、グレーのフランネルを白いサテン生地と一緒によく使いますが、あなたも同じことができますよ。白いサテンのブラウスを買って、サテン生地をジャケットの裏地に付ければいいのです。毛皮の襟をセーターやウールのドレスに普通の布のように付けてみたり。スエードと自分で作ったかぎ針編みニットをミックスすると、ただの全身ニットのドレスよりはるかに面白いものになります。驚きを呼ぶようなコンビネーションを想像することは、まさに「ファッションデザイナー」です。「ジョーンズ夫人」はきっと、なぜ自分は思いつかなかったのかとくやしがるはずです。

買い物の時期

ファッションカレンダーはいろいろとありますが、ニューヨークのファッションの中心地で

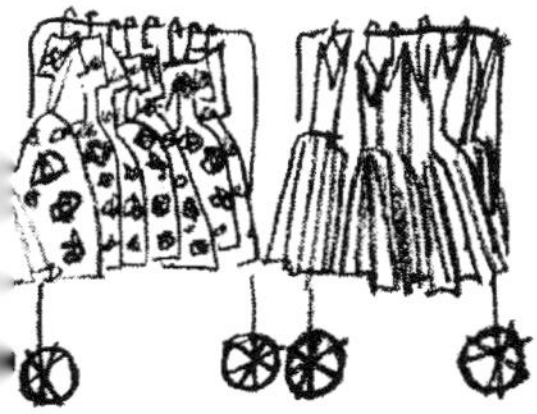

ある七番街のカレンダーがわかりやすいでしょう。わたしたちは五月と六月に秋冬のコレクションをバイヤーに見せ、受注します。彼らがオーダーした服は八月までは店頭には並びません。温度計がどうであれ、新しい秋物をいち早く身につけたいならば、八月に買わなくてはなりません。本当に秋になる一〇月まで待っていたら、ベストアイテムの普通サイズはもう売り切れている可能性大。店から再発注があっても、あなたが好きな素材のコートは別の素材に変わっているかもしれません。工場ではすでに生産終了、別の商品を作り始めています。秋の終わりに、あなたが新しい秋服をようやく着ているときには、デザイナーたちはすでにリゾートコレクションと早春のコレクションを手がけ始めているのです。そこでまたバイヤーが買い付けて、一二月の終わりから一月にはそれらが店頭に並ぶわけです。あなたがひっきりなしにスタイルを変えるタイプでなければ、次の夏になにが必要か把握しておくべきです。リゾートコレクションでいち早く買い始めるのがベスト。一月に一〇ドル余分に使って買ったコットンの服は、一〇ドル分夏まで楽しませてくれるはずです。ドレスにしても、リゾートコレクションで先買いすれば、普通の夏物が店に入荷する頃には準備万端でいられます。そのうえリゾート

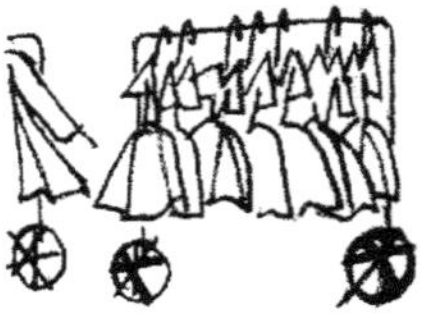

コレクションはセンスがよく、数も少なめに作るので、同じ服に出くわすことも少なくなります。基本的にサマーコレクションはリゾートと早春のコレクションのトレンドと同じなので、トレンドが変わる心配はありません。

どの国でも、ファッション誌と新聞のファッションレポーターは一二月一日には水着の記事を書き、流行色の動向をレポートします。彼らの意見に耳を傾けましょう。彼らは、トレンドの動きを見分ける長年の努力と経験を積んでいます。そしてファッションが移り気であることを熟知しており、その気分を見抜く努力を惜しみません。今年はシンプルなカットのワンピース型の水着がトレンド、もし彼らがそう言うなら、アメリカでは本当にファッションリーダーたちの多くがそんな水着を着ることになります。一月には、春夏に細身のシースドレスは着るべきか、フレアスカートとプリーツスカートのどちらを買うべきかがわかるはずです。ファッション誌の広告ページと編集ページを混同しないように。広告ページにはブランドのロゴがはっきり記されているので、見分けがつくはずです。各社がベストを尽くして商品と広告を作りますが、それが最高かどうかは微妙なところ。対して、雑誌側が作った編集ページは、ファッションの知識と権威を総動員して選び抜かれた、最新のニュースやレポート、ベストアイテムだけが掲載されているので、広告と違って信憑性があります。

ファッション界の人たちの仕事を見れば、あなたも一月に新しいアイデアの数々を感じとり、それに合わせるよう冬を通してワードローブを組み替えていけるはずです。冬のリゾート服にはウール系のものが多く(ライトウエイトジャージー、シャリス、セーターなど)、一月に買ってすぐにコートの下に着て使えます。たとえば今期のわたしのリゾートコレクションはこんな感じです――3ピースアウトフィット、オリーブグリーンのウールジャージースカート、素晴らしいターコイズ色のウールジャージーブラウス、そしてオリーブグリーンのウールジャージージャケット。ジャージーでも軽くて重々しくないものです。冬の天気に合うように色味は少しくすませています。どれも春のような清涼剤として、秋から働きづめのあなたの秋冬ワードローブを元気づけてくれます。リゾートコレクションにあるロング丈のテラス(またはカバナ)ドレスは、冬に暖房の効いた家で夜を楽しむのにもってこいです。それでフロリダに行くことはできないでしょうが、フロリダ的な気分を味わい、一月に買ったドレスが夏まで使えるわけです。飽きたら長い丈を切って、夏のショートドレスとしても楽しめます。

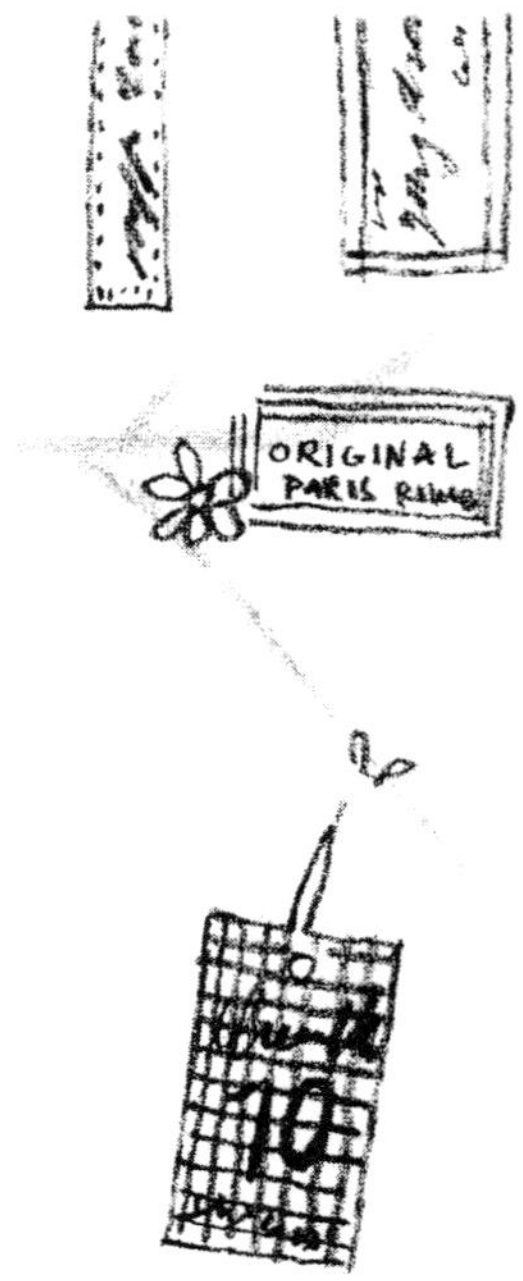

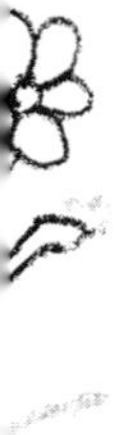

いつでも先取りで

少なくともひとつ、新シーズンが始まる前に中心になるアイテムを手に入れましょう。あとは普通にシーズン中に集めていけばいいのです。

セールを見つける目を養う

セールの時期をいまひとつわかっていない人も多いでしょう。季節が最高潮に達したら、値下げが始まります。イースター、七月四日のアメリカ独立記念日、クリスマスなどの大型休暇のあとにもクリアランスセールがあります。新聞広告を見ればわかりますが、できればそれよりひと足早くセールに行きたいものですね。一般セールの前にはたいていプライベートセールがあり、会員の顧客には新聞広告よりも先にお知らせが送られます。でも、プライベートセールとはいえ誰でも入れるものなので、会員になる必要はありません。セールが始まりそうな時期に、ひたすら店に注意を払っていればいいのです。

かさ増しされたセールには気をつけてください。もともとストックされていた安物の商品を持ってきて、セール棚に並べる場合があるからです。今シーズンの信用のおけるブランドのものを探しましょう。ちょっとぐらい糸がほつれていたり、布が裂けていたって大丈夫。高品質で知られるメーカーのものであれば、その名に見合ったいい材料、そしてきちんとした作りをしているはずです。小さな傷であればドレスの寿命を縮めません。汚れもたいてい取れます。ベルトがなくても、別のベルトで代用できます。体型に合い、いいデザイナーのものを選ぶこと。有名店のセールもブランドと同様に信用できます。いいセール品を見つけたときに、もっと値下げするまで待とうというのは危険な発想。いいブランドのドレスなら、店頭の展示品であっても、狙っている客はあなたが思うより多いのです。ハイファッションの服は売れ残っていることが多いです。急激なシルエットの変化には誰もが躊躇しがちだからですが、いまは斬新すぎても、一年後にはみんなが着ている服になるかもしれないということも覚えておきま

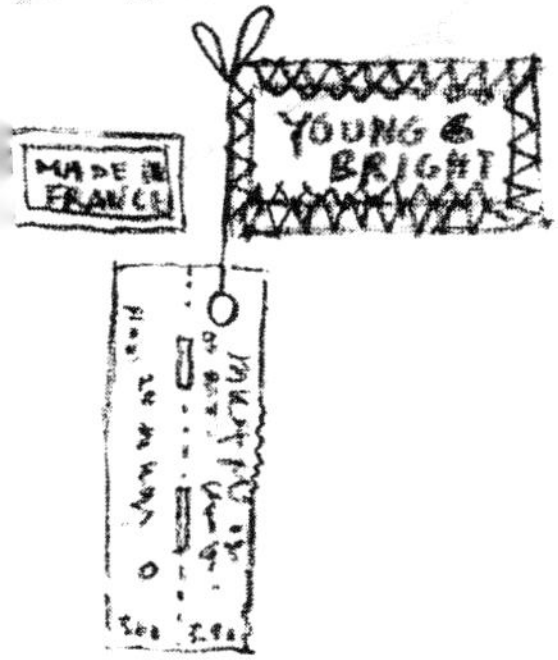

しょう。

どのように服を選んだかは、その服の寿命を左右します。たとえば、スーツは春とか秋のものではなく「あなたらしい」スーツを選ぶべきです。春に買ったスーツは初秋にも着るでしょうし、秋に買ったスーツは初春にも着られるわけですから。下に着るものが変わるだけです。秋にはセーター、春には清々しい白いブラウス。寒い時期にはストールやファーを追加すればいいのです。

カラーパレットは変えない

組み合わせやすい服を手に入れるようにしましょう。きちんとした店でスーツを見つけ、一緒に夏のコットンドレスに合わせて使えそうなジャケットを買おうとしたとき、いつもとは違った色を買おうかなという思いがよぎった経験があると思います。

「ジョーンズ夫人」は、お金をかければおしゃれになれると思っています。でも形と色を間違えたら、全部台無しなんですよ。パリのクチュリエから直輸入した一〇〇〇ドルのドレスでも、それだけではどうにもなりません。まず着る人ありき。そのドレスが似合う人が必要で、着るにふさわしい場所が必要。そのうえ、服に合うアクセサリーが必要。どんな素晴らしいドレスでも、それだけでは意味がありません。

おしゃれの基本はお金ではありません。服をどう買うか。自分のファッション資金をどう配分するか。服をあなた自身、そしてあなたの人生にどう関連づけるかなのです。ファッション界では、どんなこともう実践済み。でも「あなたが着る」ということは、あなたしか実践できない、これから始まることなのです。

第6章　それはドレスのせいですか？

間違えた買い物をしてしまったとき、みなさんはドレスのせいにするでしょう。間違いはたいてい試着室の中で始まっています。すぐにイエスと即答してしまうから、またはノーということをぜんぜん考えないから起きるのですよ。

わたしは自分がデザインした服をチェックするとき、販売員になったつもりで店頭に並ぶところまで考えます。どういう理由で、その服が売り切れるのか、または売れ残ってセールの棚に並ぶことになってしまうのか。ときに答えは至極簡単。色が普通じゃない。スタイル抜群でないと着こなせない。でもそれだけではないはずで、自分に合わないドレスをなぜか買って帰ることもあれば、なにか買いたかったのに買えなかったという欲求不満を抱えて店を出ることもある。それは偶然が引き起こすことです。

下着にも気をつけましょう

こういった買い物の堂々めぐりをわたしが理解していることに驚くでしょうが、わたしと一緒に試着室に入っていたら、失敗しないと思うのです。「ブラジャーの紐が見えるのはいや」と試着室で叫ぶ女性がいます。いま着けているブラジャーが三ドルで、ドレスはその一〇倍以上の値段のもの……ブラジャーの紐が見えるまではそのドレスを気に入っていたのに、安いブラジャーにいらついてドレスを脱いでしまいます。別のブラジャーを着ければいいだけなのに。これは人間の習慣ともいえるありがちな行動ですが、あとさきを考えない行為だとわたしは思います。これでは本末転倒。でも、多くの人が似た経験をしているはずです。

わたしのお気に入りにネイビーのエンパイアドレスがあります。襟ぐりがかなり大きく開いていて、胸を見せないようにするには床に平らに寝転がっていなければなりません。二五センチほど背中にスリットを入れてうなじのところを小さなボタンで留めると、ドレスの前面も美しくなることに気がつきました。背中のスリットからはブラジャーが見えないように気をつけて

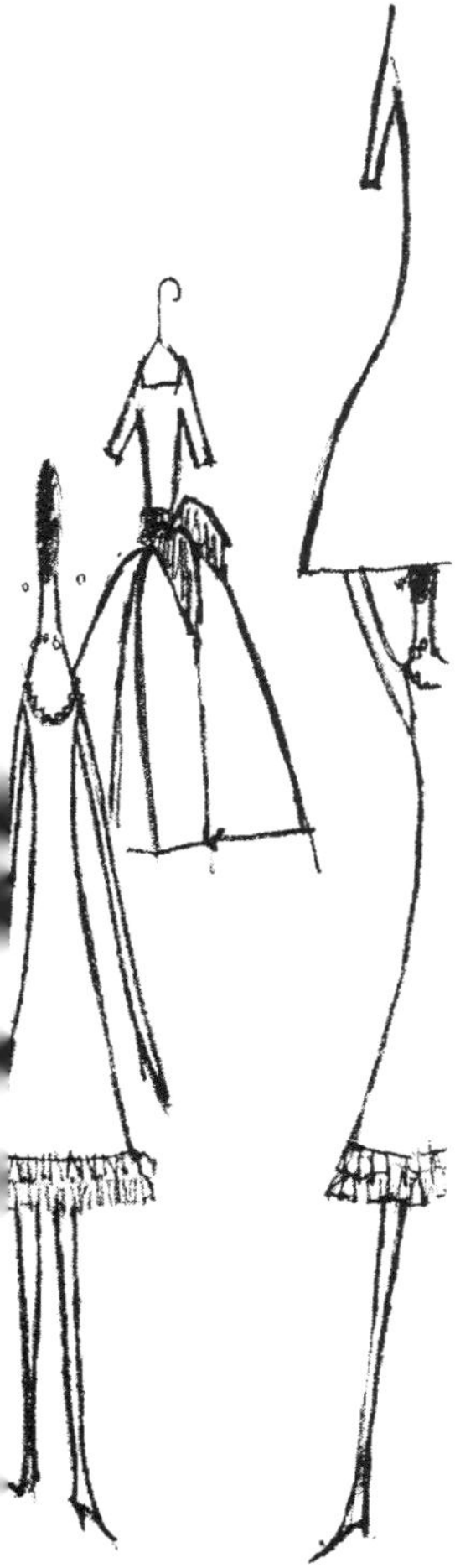

います。けれどどんなブラジャーも肩甲骨の下にきちんとおさまっていてくれるとは限りません。何度もこのネイビーのドレスを着て満足した場面を思うと、たかだか合うブラジャーがないぐらいでこのドレスをあきらめるのは馬鹿げていると思うのです。

服の下にあれこれ重ね着するのはやめましょう。腰から下だけのハーフスリップのほうが、たいていはフルスリップよりも便利です。ブラジャーとスリップで計四つも肩紐を扱わなくてはいけないのも面倒ですし。夏なら、裏地つきのドレスをスリップなしで着るのも手です。昔のキャミソールスタイルで、スリップとパンティが一体になったものが、いま返り咲いています。たいていのガードルは中の骨組みなしになりましたが、それでも十分に形を支えてくれる作りになっています。かなりスリムな体型の人は、ガードルは必要ありません。少しの膨らみぐらいは姿勢さえ正しければ、誰も気にしません。ガードルをつけているからといって、だらしない姿勢は禁物。そして、ガードルは必ず試着してから購入してください。どれでも合うとは限りません。

服は着る場面で変わる

世界一グラマラスなドレスも、なにもないステージの上ではその魅力が半減します。試着室はたいてい味気ないただの四角い箱なので、水着を試着しても状況を想像することが難しいですね。試着室では、ちょっと肌を出しすぎかしらと心配になる水着が、ビーチでは逆にもっと出してもいいぐらいだったりするのです。ボールガウンを試着するときは、着る場面をしっかり想像してください。試着室の強い光ではなく、柔らかな光を思い浮かべながら。

店員さんの戦法

「お客様にぴったり」という店員さんの優しい声が、まったくの嘘ということも多いですね。その声にいらいらして、疲れてしまうことも。そして間違えた買い物をしてしまう。みなさんもそんな経験があると思います。

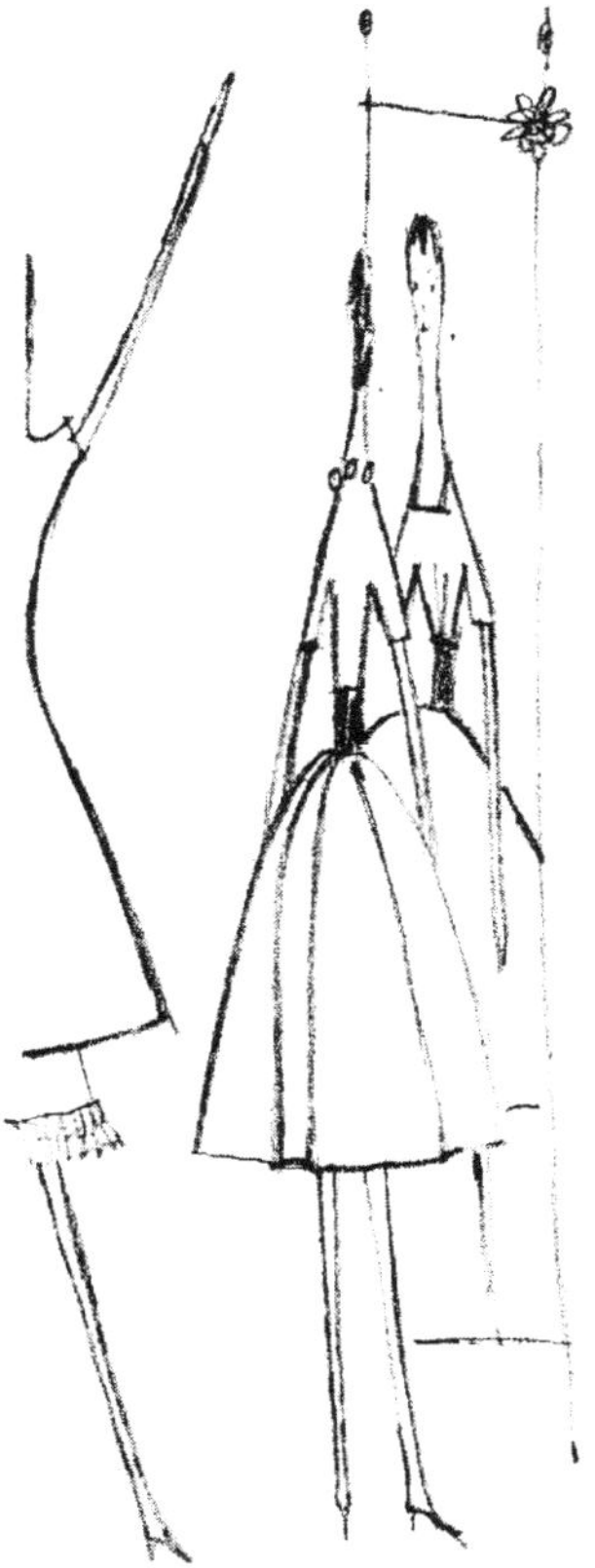

あえて問題点を探す

「これ買います」と言う前に、そのドレスやスーツを着たまま座ってみてください。鏡の前で立っているだけなら完璧なそのスカート、座る動作をしても問題はないですか？　どこにジッパーがあるかも大事なチェックポイント。背中のジッパーを閉めるのがひと苦労で、後悔したくないですからね。背中にジッパーがある場合は、ジッパーを変えるときのための布の余裕があるかもチェック。余裕のないジッパーは、勝手に開いてしまってひどい格好になることもあります。ジッパーが固くて引っかかってしまっても大変です。サイドジッパーであれば、最悪の事態も腕で隠しておけます。あるパーティのダンスフロアで、ちょっと小太りな女性のピンクサテンのドレスの背中のジッパーが、半開きで閉まらなくなっているのを目にしたことがあります。彼女はなにもないそぶりをしていましたが、会場全員の目にさらされて気の毒に感じたことをわたしは忘れられません。

ちゃんとしたボタンかどうか

みなさんは女性科学者だったり、家事全般を担っていたりするはずです。あなたの服は腕まくりができますか？　袖のボタンが開け閉めできない飾りボタンだったら、腕まくりもちゃんとできません。ボタンというものは案外かさばって目立つということを覚えておいてください。スクエアなローネックからウエスト下三センチまでボタンで留めるようになっているハイファッションのジャンパーを前にして、嘆いている子がわたしの前にいます。このジャンパーは彼女の体には合わない寸法で、ウエスト下のボタンがやたらと目立ち、彼女を太って見せます。ボタンはデザイナーにとっても悩みの種です。七番街のあるデザイナーが、パリで見たガウンを真似た服を作ろうとして、もとは背中の首から腰まで大きなボタンがあるのを、首から裾までずっと付けてしまいました。これでは座ることができません。そのうえ、なんとボタンホールがない、縫い付けられた飾りボタンで、つまり着ることすらできない服でした。

　大量生産では生産手順を簡易化するために、飾りボタンやはじめから結び目になっているリボン飾りがよく使われます。そういった安っぽい部分をオーダーメイド的手法に変えることで、服の格を上げることができます。たとえば、安いキックプリーツのスカート。プリーツ端は三

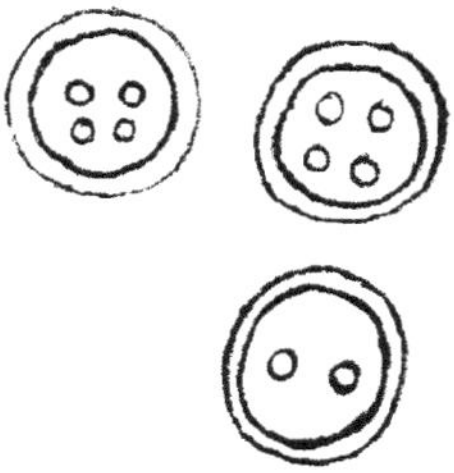

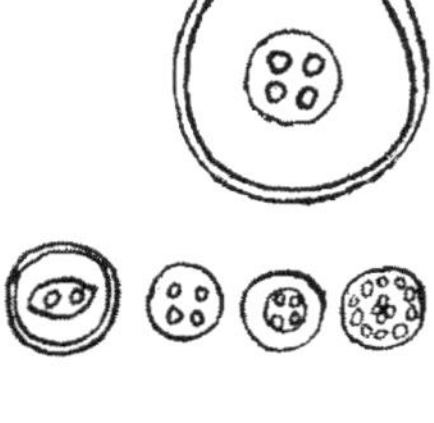

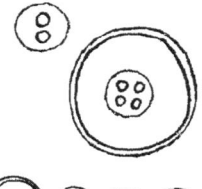

角の布を糊付けしているだけなので、それを剝がして、代わりに良質のスカートに見られるような三角か細い棒状の布をきちんと縫い付けることで、簡単に手仕事のニュアンスを足すことができるのです。

ネックラインを確認する

垂直に座っていない限り、座った姿勢で首元が紙袋の口みたいに大きく開いてしまう服なんて、いくら下に着ているスリップのレースがかわいくても、二〇世紀のいま（一九五六年）らしくはありません。アクセサリーが目立つ、開きの狭いラウンドネックがわたしの好みです。スクープネックは女性らしく挑発的なデザイン。スクエアネックは、少し角にカーブがついたものが素敵です。ベアトップのデザインを着て上半身を丸めたくなる人、ドレスを責めないでください。ベアトップまでいかずとも、ほかにも露出が多すぎるのが気になるデザインがあります。深いVネック。バックレスのドレス、これは前身頃がカバーされている、または大きく開いたスクエアネックと好相性のデザインです。自分の労力と販売員の時間を無駄にしないよう、決断してから試着室に向かいましょう。自分が着ることができるもの、そうでないものの判断は、もうあなたにはできるはずです。

着るために苦労しない服

これは、わたしがデザインする上で大事にしていること。わたしのデザインで一番着やすい服は、たぶん「ポップオーバー」です。頭からかぶれるまっすぐなシフトドレスで、留めなくてはいけないボタンも、閉じなくてはいけないジッパーも、結び目もなし。伸縮素材ならボートネックにします。深いスリットを入れてピンを高くも低くも留められるネックラインのものも。細身のシエスドレス型の場合もあります。または、サッシュベルトでウエストをマークす

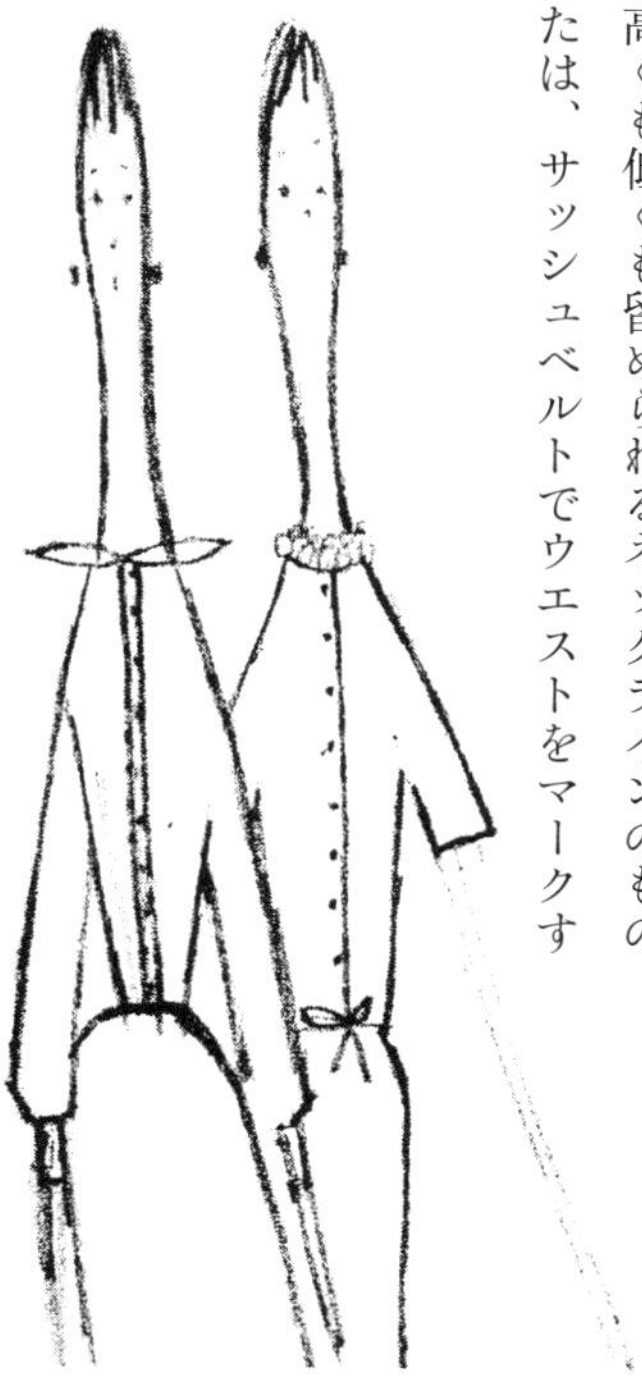

るゆったりめのものもあります。どれも本当にトラブルなしのアイテムです。控えめな色味のものなら仕事にも着ていけます。オーニングストライプ（大胆な色使いの太い縞柄）なら、スーパーのお買い物に。「ナイトシャツドレス」は普通のシャツの裾が広がったようなもので、レザーベルトをぎゅっと締めて、前身頃のボタンと合ったカフリンクを使うと素敵です。

ブラウスのワードローブ

種類を豊富に持つことが鍵。サープリス（聖職者が儀式に着る広袖の白衣）、ホルターネック、ベスト型、シャツ型。襟なしなら、ジュエリーが際立っていいですね。素材もいろいろ。ウールジャージーのトップス、ニット地のTシャツ、シルクシャンタン、メンズシャツ素材、チャイナシルク、厚手で光沢のあるサテン（わたしのはオレンジ色で、トマトみたいな赤のウールスーツと合わせます）。ストライプ、水玉、柄模様。ぴたりとした、またはミディ（セーラー襟のもの）のオーバーブラウスなど。

袖なしドレスを着ることができますか？

もしあなたの腕が細ければ、答えはイエスです。筋骨隆々や脂肪たぷたぷであれば、答えはノー。写真に写った自分の袖なしドレス姿を見たら、ショックを受けてしまうはず。自分の腕の横や裏側までを、普段からセルフチェックすることは難しいですから。

プリーツを着ることができますか？

誰でも着ることができます。でもどんなものでもいいというわけではありません。背が高い人は、プリーツの広がりのおかげで、歩いたときにふわりと優雅に揺れて、動きを美しく見せてくれるでしょう。背が低い人には、この自由に流れるように動く服は向いていません。アコーディオンプリーツであれば、襞が内側に入っているので、細い形を保ちつつ、歩くたびにふわりとした動きで合います。ボックスプリーツは、幅広に見えてしまいます。肩から膝までのフロントプリーツで端がフラウンス（襞の一種）になっているドレスは、誰にでも似合うはずです。

カーディガンはなぜクラシックなのか

たぶん誰でも似合うからでしょうか。個性があるものがわたしは好きです。大きなパッチポケットの周囲と肩から袖にかけての縫い目が、リーバイスのデニムにあるようなダブルステッチで、アクセントになっているものを愛用しています。デニム素材のカーディガンではなく、デニムに使うステッチをあえてシルクやコットンやフランネル地に使うという驚きのあるコンビネーションが楽しいのです。

ストリングビーンドレスという名前の細身のドレスは細い女性のためのものです。横についたヒップポケットは形をよくしてくれますが、ヒップボーンの位置にポケットがあるものが最新型です。大きなビーズ付き、シフォンスカーフを大きくリボン結びにしたり、ゴールドチェーンの重ねづけなど、このドレスのネックラインはいろいろ楽しめます。

体の特定の部分に目がいくように作られたデザインがあることを覚えていてください。危険なほどに胸元の開いたネックラインだけが、胸に注目させるデザインではありません。喉元ま

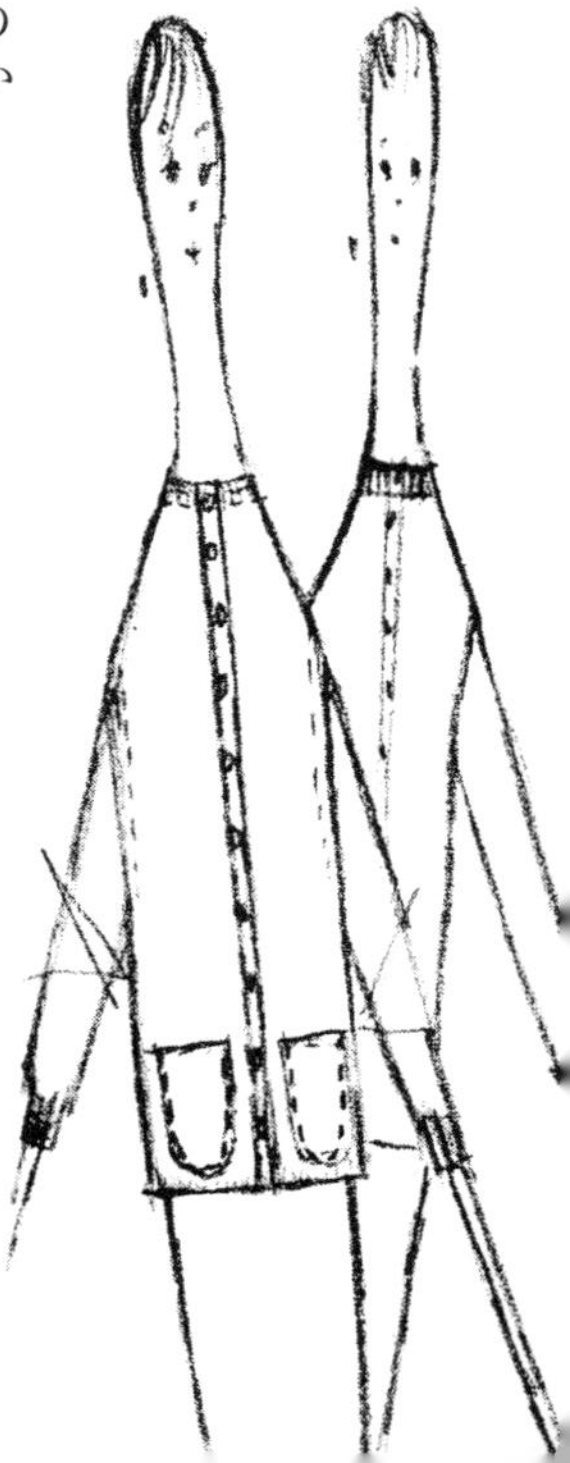

でしっかりと覆われた服が、体のラインを際立たせることもよくあります。ステッチや紐で胸の下の部分を括ったエンパイアドレスは、大きく開いたネックライン同様にセクシーです。上半身にストライプの生地を斜めに使ってVパターンを作り、腰から上に注目させるというドレスをデザインしたことがあります。ベルトやボタンやリボンなど余計な装飾なしの、体に沿ったプリンセスドレスはミロのヴィーナスのように美しいものです。

『ルック』誌はかつて、わたしの服について「初めはちょっとだぶだぶに感じるだろうが、彼女の服は決してしおれた感じにはならない」と書きました。わたしからのアドバイスは、まず生地をチェックすること、それでドレスがどう見えるかは決まります。服それ自体で立てるようなドレスには要注意。だぶついていないにしても、裏にペティコートがついているか、硬い生地で作られているはずです。みなさんの体は、すでに型があるのですから、こういうドレスの中では動けませんし、着心地も悪いはずです。

細部に注意を配りましょう

面白いネックラインを探しましょう。立ち襟のマンダリンカラーに西洋的なボウタイがついているもの、ずきん型の襟元、大きなケープのような襟。サープリスのようなネックラインはVネックよりもソフトで着やすいものです。袖の着心地は悪くないですか？　袖が肩と同じ布で続けて作られている場合、肩のアームホールで袖と身頃を縫い付けたものよりも体型にうまく沿うはずです。ポケットはあなた好みのものですか？　もともと大きめのポケットだと、ジャケットの両側のパッチポケットをさらに大きくして楽しむことが難しくなります。自分のスタイルに合ったポケット使いを探しましょう。ポケットの上になにかをピン留めして遊んだり、ハンカチを入れて色を足すのも楽しいことです。

今年のトレンド

今年のトレンドの奴隷になる必要はないですが、知識は持っているようにしましょう。服がテントであなたがそれを支える支柱だとしたら、テントに投資する前にきちんと考えることと

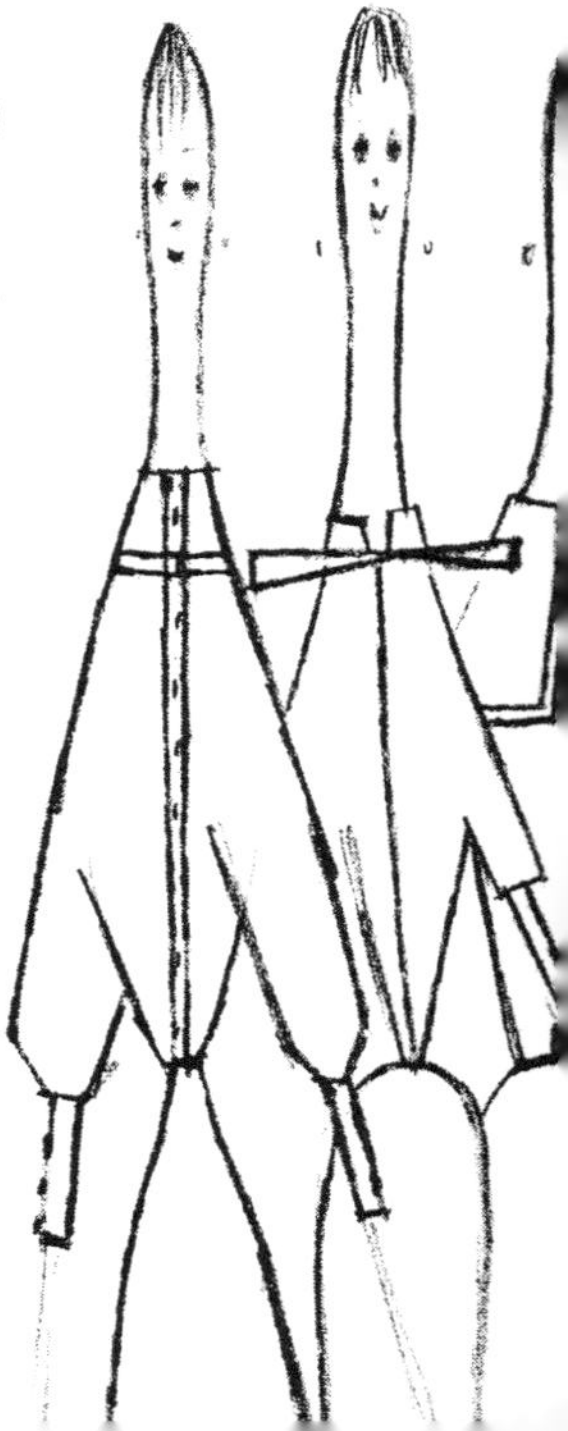

同じです。人にあげてしまう服は、あなたの気分に合わないものだったのでしょう。ドレスを着てみて、自分らしくないと感じたら、そのドレスとはやっていけません。ただ、即断せずに、ドレスに少しずつ慣れていくやり方もあります。

最新トレンドは、たいていパリからやってきます。「ハイファッション」と呼ばれるものです。それは万人のためのものではありませんが、ときに誰でも取り入れやすい、ベーシックで美しいアイデアを見せてくれることもあります。でも、たいていこのフランス的アイデアは独特で、アメリカの生活に合わないことが多いのです。それに「ハイファッション」は経済的にも手の届きにくいものです。パリコレクションには、サテン、ブロケード、純金入りの布など世界一美しく高級な布地が登場します。「うーん……でも、純金をコピーすることなんてできないし」と、わたしは思うわけです。こういうところから、イブニングドレスにウールジャージーを使うアイデアが生まれました。代用品を考えるよりも、まったく別の発想でいく。こうして、ウールジャージーのよさを活かした新たなイブニングドレスを作り出したのです。

わたしがパリで服作りを学んだ年月は何事にも変えられない経験であり、パリのファッションに敬意を表します。パリが教えてくれたことは、「今年のトレンド」などよりはるかに大事なこと。それは「服に関する知識」です。みなさんも、この知識を得る努力をするといいと思います。服というものが、どう動き、どう感じ、あなたの生活のどういう場所で、どういう楽しみを与えてくれるのか。わたしのデザインした服を「マッカーデル・クラシック」と名づけた人がいました。これ以上の褒め言葉はありません。わたしは「斬新な」服よりも、クラシックな服を作りたいのです。個人個人に、そしてそれぞれの場面に合った服が大事だと思っています。服は着られるために、着て生きるために作られるのです。わたしは雨の下でも、太陽の下でも、スポーツをしているときでも、ただ座っているだけでも素敵に見えて、そして心地よく過ごしたいのです。素晴らしいカットで素晴らしい作りでも、うわべだけの服は好きではありません。色もラインも自然に体に沿ったもの。ディテールも真の女性の美しさを際立たせるものを求めています。

わたし自身、一枚の服を長く持ち続けます。とくにわたし用に作られたわけでもないですが、わたしはいつの時代も愛される服が好きなのです。「今年のトレンド」のためだけの服を考えたことなどありません。基本的に自分に似合う服を選んだら、それは丈が長くなったり短くなったり、ベルトを使ったりしながら、どの年でも今年らしいスタイルができるのです。

第7章　ファッショントレンドはどこからやってくるのか？

一人の女性有名人がトレンドを生み出すことは、よくあります。わたしがヴェラ・ゾリーナ（一九一七―二〇〇三。ドイツ生まれ、アメリカで活躍したバレエダンサー・女優）にデザインした赤いジャージーのエクササイズスーツは、ぴたりとしたボディスと短いサーキュラースカートというバレリーナ風スタイルのトレンドをすぐさま生み出しました。普段の暮らしから起こる問題を解決するために、新たなファッションが生まれます。ポケットはモデルがショーを歩くときの手のやり場の問題を解決し、オフィスで上司の机の前に立ってカジュアルかつ落ち着いた雰囲気を演出してくれるものです。

実際よりスタイルをよく見せるための工夫からもトレンドが生まれます。ワイドスカートは

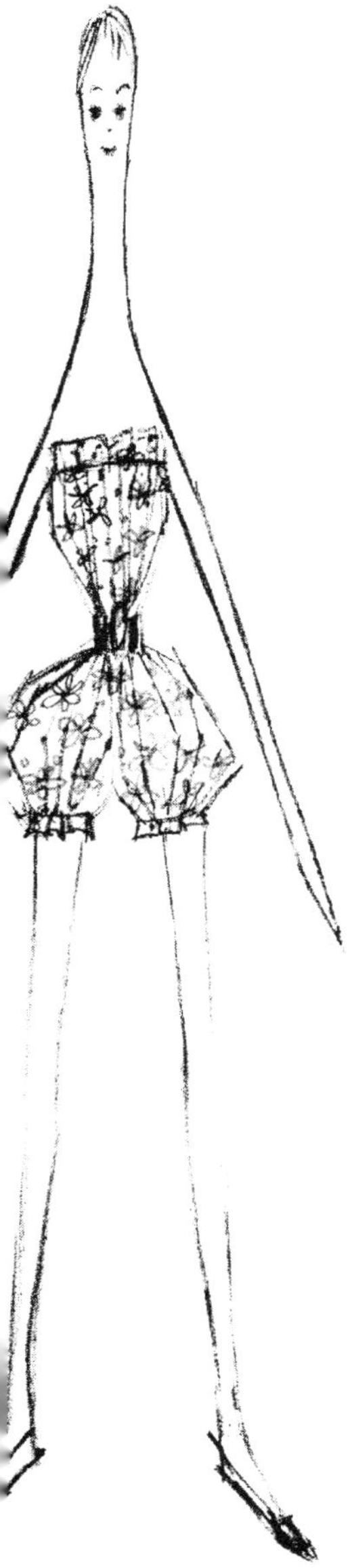

ウエストラインを消してくれました。フォーマルさを要求される場面が少なくなり、余暇に時間を割くようになったライフスタイルは、カジュアルウエアの流行をもたらしました。そして飛行機に乗れば外国へ簡単に行けるようになったので、外国のファッション、インドや東洋のスタイルが流行しました。

あなただってトレンドを作り出せます。自分のために、あなただけのアイデンティティになるようななにかを。まずは服装チャートを作ってください。自分が人前に出るイベント名の横に大きなXマークを付けます。そこでの自分の役割と周りの客層を考えます。どうやったらその客たちを驚かせ、いい意味であなたを印象づけることができるでしょうか。

あなたがごく普通のジェーンさんだとしましょう。いつもいつも、普通のジェーンさんの格好をしています。グレーのフランネルや、実用的と実証済みのグレンチェックのスーツなどがワードローブにあります。ぴたぴたのセーターはオフィスには適していないと思うので、着ないようにしています。シャツを着ると自信が出ます。なので、レディライクな、おもにピーターパンカラー（子供服に多用される丸襟）のシャツに落ち着いています。ときに金色のバーピ

ンを襟の部分につけます。パールとチェーンネックレスを試してみては、やめてしまいます。スカーフにはおののくばかりで、手が出ません。

そんなジェーンさんの新スタイルは、ともかくスーツからスタート。そんなにたくさん持っているのを捨てるわけにはいきませんからね。そしてまずは、ピーターパンカラーのものは捨ててしまいましょう。「でもこのフェミニンな襟がスーツの男っぽさを和らげてくれるのでは……」と反論されるでしょうが、それは少女趣味であって、大人の女らしさではありません、というのがわたしの答えです。

「じゃあ、どんなブラウスを着ればいいの？」と、普通のジェーンさんは答えを迫ります。「ブラウスはやめる、っていうのはどうです？」と、わたしは微笑みながら言います。

普通のジェーンさんは、ショックで動揺しています。でも、彼女をグレーのフランネルスーツに押し込んでみたら、いままで隠されていたジェーンさんのVネックラインの美しさが魅力的なポイントなのだとわかります。肌は美しくなめらかで、首が細いのです。「そのVラインをキープしてくださいね」。わたしは断固として伝えます。「そして余計なパールネックレスなどをつけて、その美しい首のラインを邪魔しないように。あなたはピンをたくさん使うピンガールになるんですよ」

ピンに次ぐピンで、彼女は普通のジェーンさんではなくなりました。青や緑の大きなガラス飾りのついたピン、まとめてつけると素敵なスティックピンや、ラペルにつけるジュエル付きピンなどを見つけて使い始めました。彼女はオフィスで常用されてきたメンズライクなスーツを着た、もっともフェミニンな女性になったのです。もちろんいつもノーブラウスではありません。でもピーターパンカラーはもう卒業です。Vネックのベストやサープリスネック、さらにはノーブラウスと真逆の首もとまで隠れるスワンカラー（立ち襟の一種）で、オフィスに柔らかで家庭的な雰囲気をもたらすスタイルまでやってのけています。

普通のジェーンさんは、世界中に広がるトレンドを作り出したわけではありません。自分のためのトレンドを始めただけです。でも、自分以上に大切な人なんていませんよね。

わたしはよく、自分が好きなものだけをデザインすると言われます。より多くの女性が、自分の喜びのために服を着てほしいとわたしは願っています。「サッシュベルトは好きなんですが、サッシュは手作り服って感じに見られるから……」という声を聞くのは、恐ろしいことです。

あなたの暮らしのどこにXマークがありますか？　あなたのファッション予算を、どれぐらいそこに割いたらいいでしょうか？「時」「場所」「服」のそれぞれに対してきちんと考えてみましょう。

郊外在住専業主婦の午前中

朝の八時、ご主人を駅まで車で送って行ってからスーパーに買い物へ、これがあなたにスポットライトが当たる時間です。ご主人の上司が同じ電車に乗っている可能性は低くても、近所の奥様連中が、スーパーでメロンを手に取って品定めしているあなたの姿に目を光らせている可能性は高いのです。朝一番から素敵でいられる三つのスタイルから選んでください。

〈1 パンツまたはショーツスタイル〉

天候とあなたが住んでいる地域が、どのような脚見せファッションを認めているかによって変わってきます。成功の鍵はパンツのカット、長さ、トップスと靴の組み合わせ、そして髪型です。

スラックスの場合——本物のスラックスを。太すぎずタイトすぎず、若いのでなければくるぶしより短いのではなく、スリムで現代的なもの。スラックス姿は分別があり、落ち着いた感じに見えます。トレアドール・パンツ（闘牛士のズボンを模した七分丈で細身のパンツ）は、カクテルアワー向けです。赤や緑は避けて、モノトーンかコンサバティブなチェック柄を。紺や黒は糸くずが見えやすいので要注意。ウエストにタックインしたシャツかカシミアセーター、寒いときはレザーかウールのジャケットを上に着る。ローヒールかヒールなしの靴。バレエシューズはやめましょう。

ショーツの場合——バミューダ丈のもので、グレーフランネル、ベージュのウールまたは濃い色のチェック柄のもの。シャツかタックインしたジャージーまたはカシミアのセーターをトップに合わせる。足元はハイソックスとローヒールのモカシン。夏であれば、素足にサンダルやトングシューズ。

きちんと手入れされたヘアスタイルで、帽子はなし——カーラーやぼさぼさ頭を隠すためのジプシー風のスカーフかぶりはやめてください。朝一番の時間帯にぴったりの帽子というのはありません。ですから、髪の毛はきちんとしましょう。

〈2　一枚の素晴らしいドレス（シーズンごとに）〉

マザーハバード（裾が長くゆったりした前開きのドレス）や都会的とはとても思えないドレスは選ばないでください。

暖かい季節には――クラシックなシャツドレスにベルトかサッシュ。スクープネックのシェスドレス、ただし襟ぐりはそれほど深くないもの。住んでいる場所が野趣にあふれたカジュアル服が主流の町でないかぎり、背中が開いていないもの。素材＝涼しいもの、コットンか麻。色＝自分を楽しませてくれる明るいもの。靴＝低めのヒール、パンプスやサンダル。ヘッドアクセサリー＝幅の狭いブリムの帽子。ストロー素材かピケ。ただし、もし帽子好きならばであって、絶対必要というわけではありません。

寒い季節には――フランネル、ツイードまたはコーデュロイのスーツ。本当に寒い時期にはウールかレザーの着やすいコートを羽織る。ツイードハット、コート、バッグなどをすべてお揃いにするのはやめましょう。郊外在住の人がやりがちな方法です。

〈3　セパレーツタイプの服、一年中、どんな天気でも〉

スカートやパンツにベスト、シャツ、ジャケットなど、週に五日、駅に向かう服でもいろいろと合わせるものを変えて、いつも同じスタイルにならないようにしましょう。

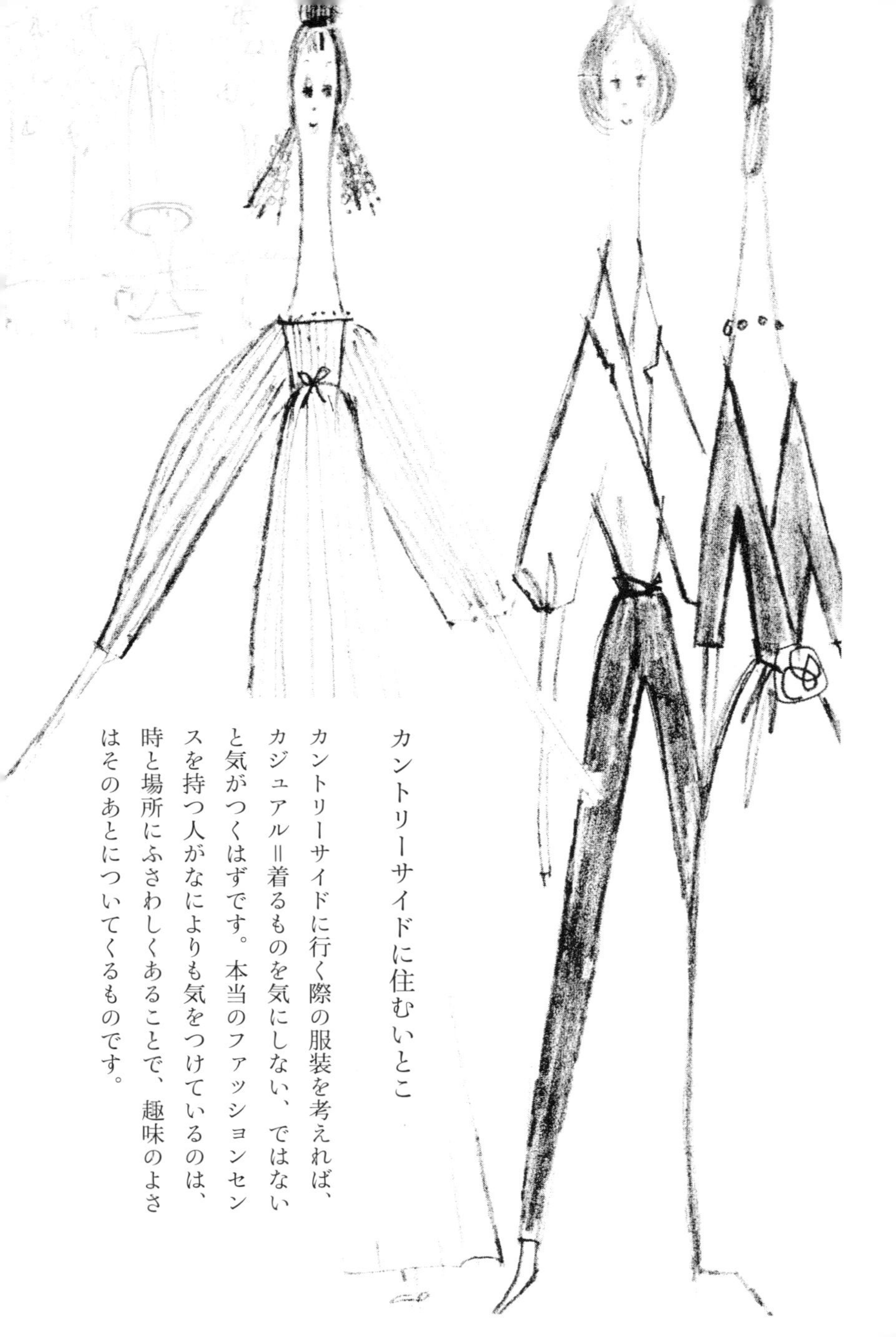

カントリーサイドに住むいとこ

カントリーサイドに行く際の服装を考えれば、カジュアル＝着るものを気にしない、ではないと気がつくはずです。本当のファッションセンスを持つ人がなによりも気をつけているのは、時と場所にふさわしくあることで、趣味のよさはそのあとについてくるものです。

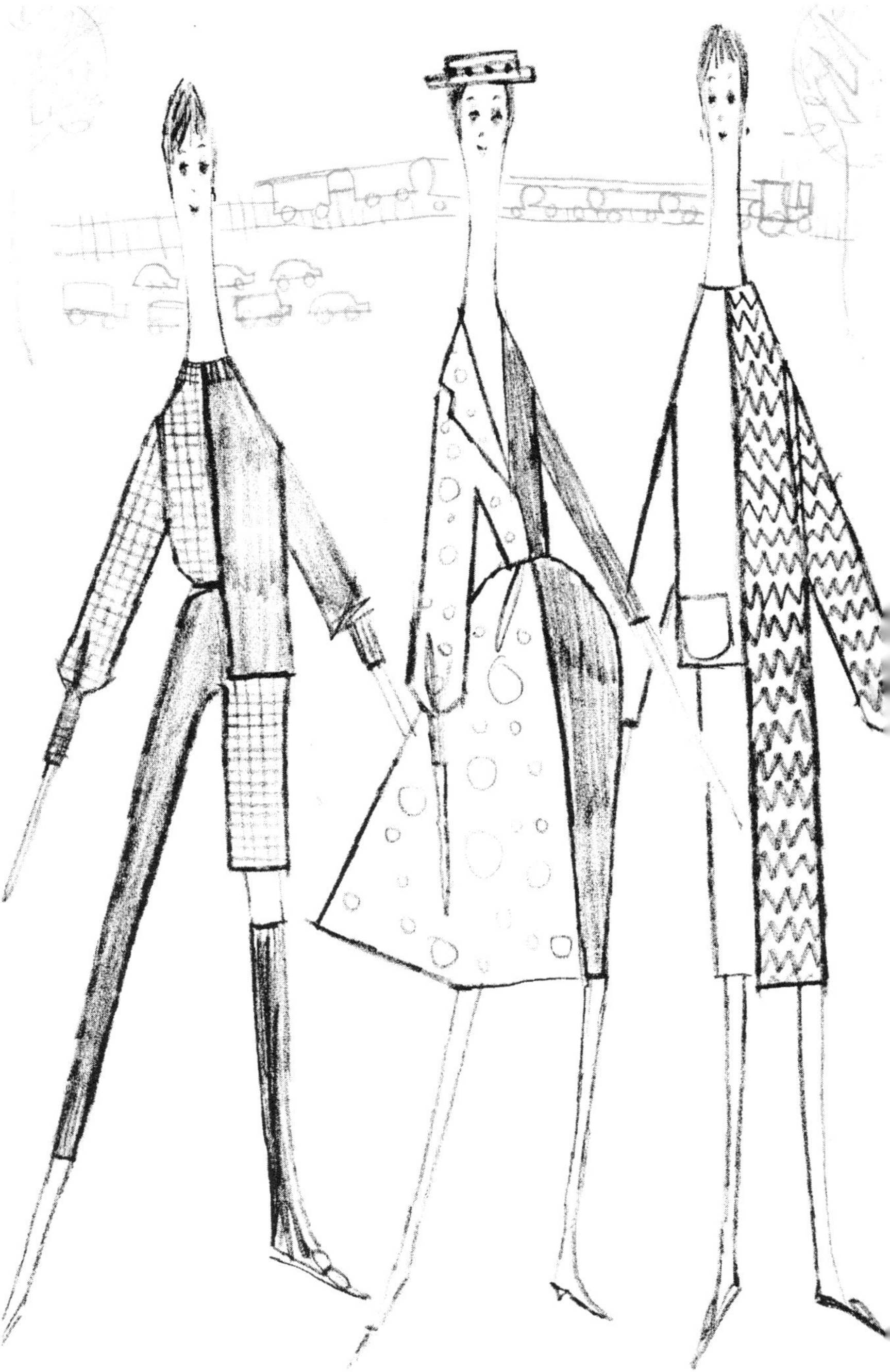

郊外在住者の午後

奥様友達たちとの午後のデート。あなたを値踏みするために目を光らせている、一番のうるさ方です。あなたの目標は、「いくらしたの?」という質問を浴びないように彼女たちをうまく煙に巻き、羨望の眼差しと賞賛だけを得ることです。なにを着るかは、場所とあなたの役割分担によります。

「わたし、お庭が大好き。でも庭いじりはちょっと」というあなたは、本物の自然派ではないわけです。中庭でのカクテルアワーとか、植物を育てるのではなく流木と貝殻を組み合わせて作品を展示しあったりする「ガーデンクラブ」の活動は好き。とすると、オーバーオールかリーバイスに、剪定ばさみやシャベルを入れる大きなポケットの付いたダンガリーの作業用エプロンといったガーデニング服とは関係がないということになります。あなたに必要なのは、その真逆。装飾的かつ洗練された、けれどテラスでのカクテルアワーに適したリラックス感。花柄の服が着たいですか? 庭に咲く花たちに勝てる気であれば、どうぞ。それよりも、花のような色を一色持ってきたほうが効果的だと思います。鮮やかなピンクや、ナスタチウム(金蓮花)のようなオレンジ色など。作業用ズボンではないパンツも履きたいですよね。モノトーンの通勤用パンツの逆をいってください。ターコイズのベルベティーンや、漆黒のボトムに輝く白のシルクシャツなど。中庭のリビングは家のリビングと同じようなものですから、アメリカでは家主はパンツ姿も可。カットがよく、体型をカバーしてくれるもので。

〈ガーデンクラブのパーティ日〉

形式張らない、親しい友達のみのガーデンクラブの集まりでない限り、ちゃんと帽子と手袋をしてお出かけです。かわいい系、または大胆系でいきましょう。大胆を狙った場合はあれこれとコメントをもらったり、自分がゴシップネタになる可能性もあることを自覚しておいてくださいい。ドラマティックで斬新な服、たとえば、まだディオールのマネキンでしか誰も見たことのない新しいラインのドレスや、そのクラブでは普通は考えられないような色のコンビネーション。もしあなたがこのガーデンクラブ・パーティの主催者であれば、ドアから外に一歩も出られないようなロングジャージーやシフォン、ホステスガウンなどを着ることもできますが、それではお客様の中には入っていけません。

かわいい系に決めた場合は、パステルや花柄を選びましょう。ストライプや水玉、派手な色は避けてください。伝統的なガーデンパーティハット（英国王室の女性がかぶるような屋外用の豪華な帽子）を恐れずに使ってみてください。いままた、ガーデンパーティハットをかぶる人が増えています。

〈都会のレストランデート〉

素晴らしいドレスをともかく一枚、とても洗練されたものかコンサバティブなもので。ツイードスーツで全身揃えるのはやめましょう。邪魔になるのでコートはなし。小さいファーもありきたりすぎますね。斬新なストールや明るい色のボレロをぜひ試してみましょう。レストランデートであれば、靴から帽子まで考え抜いてください。天候も考慮して。傘だけでなく、手袋や靴も天候と季節に合うものを考えておきましょう。

郊外在住者のディナータイム

〈1 屋外バーベキューまたは屋内ビュッフェ〉

その前にテラスでのカクテルが用意されていることもあります。ステーキや鉄鍋のシチューが出てくるようなかなりラフなパーティの場合は、パンツとシャツ。まず外で始まった後に室内に入ってくるパーティならば、湿ったガーデンチェアに座れて、その後にビュッフェテーブルの周りを歩いているときもぐちゃぐちゃにならないドレス。ここで薄手のウールジャージーが出番です。スクープネックで、バックレスの機能的なドレス。夏の夜も涼しく過ごせます。

〈2 小規模でもドレッシーなご近所のディナーパーティ〉

田舎暮らしというのは、娯楽を自分で作り出さなければなりません。街に出かけるのが大変になる冬場はとくにそう。夕食会は小さくてカジュアルなものだとしても、パーティ的な華やかさに浸りたいものです。カントリークラブでフォーマルにも着られるようなロング丈のディナードレスがいいでしょう。夏ならかわいいプリント柄やパステルのシフォン、寒い季節には鮮やかなウールジャージーで。

〈3 都心部での大切な夜のイベントで〉

これはさまざまな意味にとれます。観劇や夕食に出かけるようにきちんとドレスアップしていて、隣にダークスーツの男性がいるのにふさわしいスタイル。または、ブラックタイドレス、短めでもロング丈でもいいですが、あまり肌がむき出しではなく、揃いのジャケットがあるもの。さらにはホワイトタイドレス（ブラックタイよりもさらに格式が高い）。かなりフォーマルな場面に着るような本当のダンシングドレス（舞踏会で着るドレス）で、ディオール先生に言わせると違いますが、わたしはロング丈であるべきだと思います。トレインの部分だけでもいいので、動きがあり、たっぷりと生地が使われた感じがどこかにするもの。シフォンかシルクジャージーでスリムなシェイプのもの、またはタフタ、シルク、ベルベット、ブロケードでボ

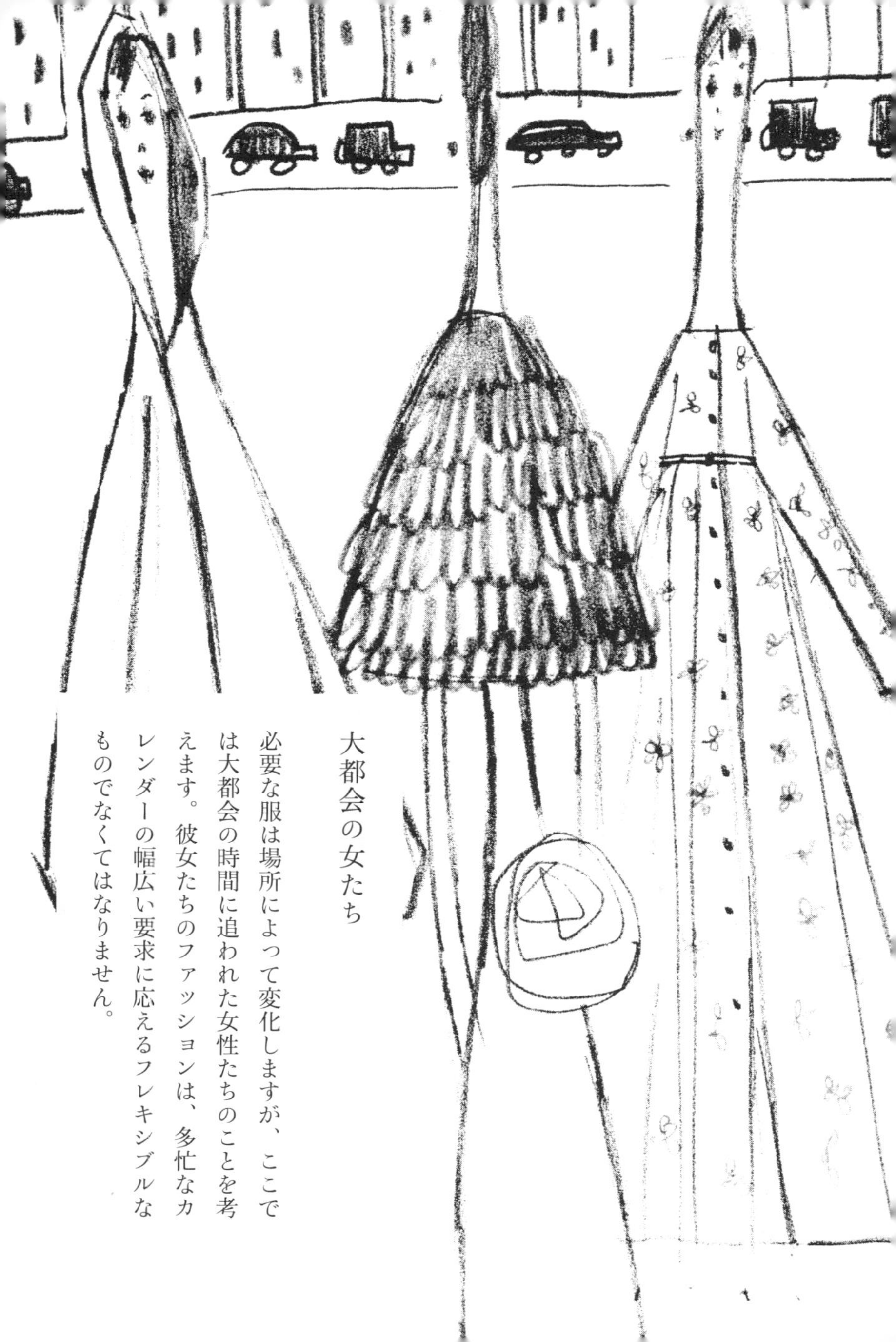

大都会の女たち

必要な服は場所によって変化しますが、ここでは大都会の時間に追われた女性たちのことを考えます。彼女たちのファッションは、多忙なカレンダーの幅広い要求に応えるフレキシブルなものでなくてはなりません。

リュームのあるドレスを。あなたのドレスの中で、もっとも気合いの入ったグラマラスなドレスでなければなりません。どんなサイズや体型の女性であろうと、きちんと自分自身のことを考えてドレスアップすれば、ボールルームで美しく輝くはずです。巨大なダイヤモンドが必要な人もいるでしょう。けれどホワイトタイの場面で、あまり変なことを企てないほうがいいと思います。

都会の生活

都会で生活する女性が、時と場面に合ったさまざまな服をワードローブに揃えているとしても、アメリカの生活はどんどんカジュアル化しています。問題は、都会に住んでいるのに、スタイルが田舎の人とあまり変わらないということです。都会住まいの彼女が、アウトドアのバーベキュー大会に行くことはないのですが、結局、田舎に住むいとこと似たようなホステスパンツを履いています。素晴らしいカットですし、彼女はそのパンツを履くに耐えうる体型をしている自信もあります。ショートパンツも、たとえば週末の旅行や土曜の朝のお掃除用に持っています。カバナドレスや庭仕事用の服は必要ないですが、楽に着られるスーツやカジュアルなセパレーツ服を、スーパーへ買い物に出るのに着ています。ホワイトプレインズ（ニューヨーク郊外の高級住宅街）の女性と同じです。

仕事をしている都会の女性であれば、さまざまな時間帯に適した服が必要になります。ここで、ピースワードローブが戦略的に大活躍するはずです。日中はベアトップをジャケットで覆い、ディナーデートに出かけるときにはジャケットを脱ぎます。ジュエリーもアフターファイブにはより華やかなものに変え、短いスカートはロング丈に。しっかりとピースワードローブが計画されていれば、消防士なみに素早く効率的に着替えて出かけることができるのです。

都会の女性には、間違いに導かれる誘惑がとても多いのです。新聞は大きな広告で彼女を誘惑し、たくさんのファッション誌を見て、どうでもいいものに惹きつけられたりしてしまう。ファッションビジネスの言葉も理解できるので、非常に多くの選択肢があることを彼女は知っています。新しい流行を知るのも早い。今年はちゃんと頭を包みこむ大きめの帽子がトレンドなので、これまでの小さめの帽子を彼女はしまいました。風で髪が乱れない、今年の大きめの帽子トレンドが気に入っています。

心理的要素もトレンドに深く関わりがあります。あまりに「今日」のものは、明日まではもたないのです。時計の振り子は、止まることなく振れ続けます。シンプルがトレンドだとして、それも一年。翌年には時代遅れになります。ファッションは、自分の毎日をハッピーに生きる女性をいつも探しています。新しい服をどんどん試して、自分のものにしていき、自分も服と一緒に進化していく。ファッションは当たり前のように変化し続け、けれども前からずっとそこにいたかのように自然なものとして存在するのです。

これにはテクニックが必要となります。どんなときでも、初めて着たドレスだとわからせないこと。新しいバッグや新しい形の帽子をトライしたときも。落ち着かない雰囲気というのが一番だめ。旦那さんがそれを感じて、あなたの勇敢な努力を全部なしにしてしまうことになるからです。怖気づいたような挑戦者では、トレンドを発信する側には絶対になれません。

スカーフ、ファー、ブトニエ（ボタンホールに刺す花飾り）の扱いを知っているのは素晴らしいことですが、知らないなら手を出さないことです。バッグや傘や手袋をきちんと持つことのほうが、ファッションよりもはるかに大事ですから。ハンカチも手袋も床に落ちて、傘がその向こうに横たわっているというひどい状態で、持っているものを全部なくしちゃうんじゃないかしらと心配させられる女性にお目にかかることもあります。

ヒールの高さを分析しましょう。トレンドはたいていフレキシブルで、低いのも高いのもあ

ります。自分の足を見てください。歩いてみてどうかを考えてください。履きやすく、自分の足に似合うものが一番です。

帽子を髪に留める最良の方法を見つけましょう。帽子に縫い付けるタイプのコームピン、バイシクルクリップ（カチューシャのようなもの。自転車に乗る際にズボンを留めるクリップが由来）、かわいいハットピンなどがあります。あなたの髪型や髪質、どう帽子をかぶるかによって違ってきます。細くてシルキーな髪には、コームかクリップ型がいいでしょう。ハットピンだと滑ったり、留まらない可能性があります。とはいえ、頭のサイズに合った帽子を選べる昨今では、この問題に頭を悩ませなくてもよくなりました。

スーツの下に着るものに注意してください。ジャケットのボタンを外したり、脱ぐこともあるわけですから。スカートも変にめくれたり弛んだりしないように、テーラーに持っていってライニングをきちんと付けてもらいましょう。

自分自身を抽象絵画のように、大切な部分にハイライトで印象づけるようにしてみましょう。ハイライトする部分を決めて、そこを目立たせる服を選ぶのです。

自分が着られないもの、それを知っていることはとても大事です。あなたの肌や髪の色が判断材料になります。そしてあなたの体型。またライフスタイルによって、そぐわない服装はおのずと決まってきます。

ミロのヴィーナスは理想的なファッション体型からはかけ離れています。ミスアメリカはバストとヒップが同じ大きさで、ウエストはそこから二五センチ細い、それが基本です。もし一八センチしか小さくないなら、ワイドベルトは避けると決まってきます。肋骨が前に出ている人なら、ぴったりとしたシエスドレスのラインを乱すことになります。ファッション画に描かれるモデルの長い足を見てください。そんな足の人は一〇〇〇人に一人いるかいないかです。メジャーと鏡と体重計を使って自分の体をチェック。どこを改善できるか見つけましょう。

今年のボーイフレンドは、あなたのワードローブがどう変化したかにかかっています。彼が連れて行ってくれたディナーは会員制クラブでしたか？　それともニューヨーク近代美術館？初めての都心でのレストランデートでは、8ボタンの長さのスマートな手袋、美しい靴、ハンサムなバッグ、ジュエリーのほのかな輝きが必要です。二回目のデートでは、アート系学生とアートファンに囲まれます。彼らの服装はカジュアルで、たいていボヘミアンスタイルです。そこで、ファッション誌から出てきたみたいな格好だと、浮いてしまいます。

「ノー」のリストを完成させたあとは、「マスト」のリスト作りにかかりましょう。あなたの職業、住んでいる場所、自分が一番落ち着く服装を考えます。そしてワードローブの在庫チェックにかかりましょう。キープするもの、捨てるものを実証的に割り出します。仕事場の引き出しチェックをしたのはいつですか？　服の在庫チェックをしたのはいつ？　リネン用のクローゼットには、シーツと枕カバーと、パーティのときのゲスト用タオルと、冬用のブランケットが必要なだけ入っていることを、あなたは知っているはずです。キッチンも、鍋やフライパン、日常使いの皿やおもてなし用の皿やカトラリーなどがちゃんとストックされているはずです。同様に、手袋の、靴の、ランジェリーの、それぞれのストックをきちんと把握してリラックスしましょう。

多くの女性が、無計画が理由でストッキングがないと言って買いに走るわけです。いまから、もっと計画的に買い替えをしてください。すぐにワードローブに買い足す経済的な余裕がないようなら、どれか仕立て直しを。小物売り場を見て歩いてみましょう。スーツのライニングを面白いプリント布に変えたら、まるで新しいスーツのようになるはずです。ハイネックを丸首に変えるだけで、まったく違うドレスに見えるはずです。

自分で自分の選択を積極的にする。一番似合う形を見つけ、常にそれを着る。自分の定番色を決めたら、それをしっかりと肝に銘じる。ハンカチ一枚を買うにも、その色にする。迷わない、ためらわない、後回しにしない。イエスかノーかはっきり言えない人は、トレンドセッターにはなれません。鳥にたとえるなら、ツグミでいたければどうぞ。でも、そんなに自分で自分を型にはめずに、特別な孔雀になってもいいじゃないですか。

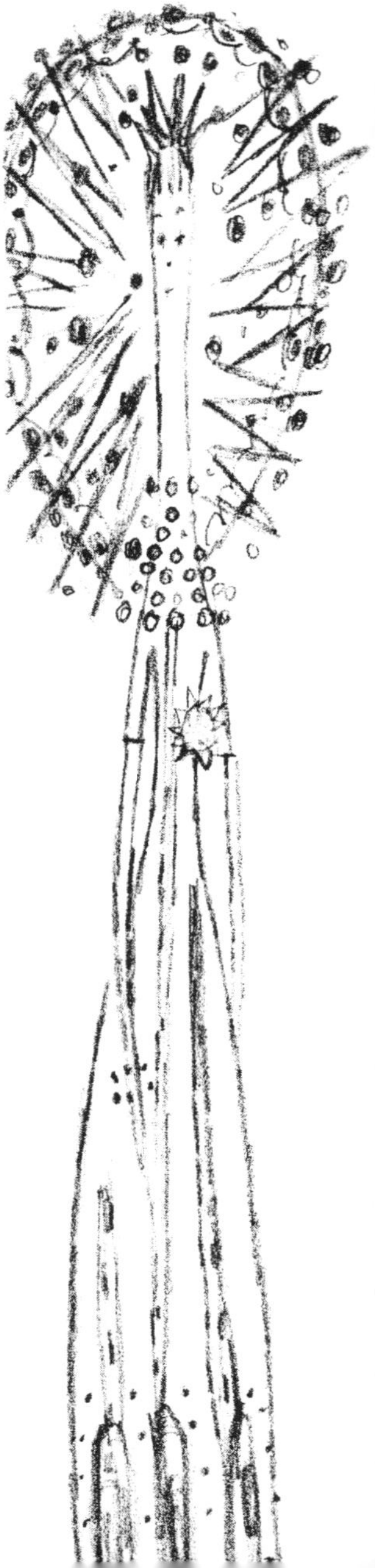

第8章　ドレスに負けない

女性がドレスに負けている状態、それってぞっとしますよ。スパンコールとグリッターと輝くサテンとベルベットの奴隷と化した女性を想像してみてください。どれも一緒にいるのが難しいドレスです。ぎらぎらしすぎて目が痛いし、髪にもその光がぴかぴか映っててつらい。タイトすぎるドレスがどれだけ残酷に体型の悪い部分を見せつけるか、短すぎるヘムラインが筋骨隆々の脚をあらわにするか、きつすぎる靴が足の甲を腫れさせるか、みなさんちゃんとわかっていらっしゃいますか？

周りの人たちに、目のやり場に困るような恥ずかしい思いをさせるのは、考えものです。

「アメリカンルック」という言葉は、今日ではファッション用語として定着しました。わた

したちにとって誇るべきことです。それは、クリーンなラインの服のこと。装飾過多な服の逆です。そして着心地のよい服のこと。縫い目がはちきれそうで着ている人が窒息しそうな服ではありません。わたしのデザインが「アメリカンルック」だと書かれるたびに、嬉しく思います。

アメリカ人だからアメリカ的な考えやスタイルをデザインしようと考えたことはありませんが、わたしのどのコレクションをとってもアメリカ的なライフスタイル向けのデザインになっています。王室のプリンセスや世界的なパーティを主催するマダムのような格好を提案する気はないのです。お城に住んでいるわけではないし、わたしのパーティといえばせいぜい六人で、六〇人ではないのですから。長いトレーンをひきずって汚れないように首に巻いてタクシーに乗るなんて、馬鹿げています。素晴らしい華麗なエレガンスは世界各地にありますが、アメリカはシンプルエレガンスの国だとわたしは信じているのです。

「機能的」という言葉は、アメリカ的な素晴らしい表現です。モダンファニチャーや、ビルトイン式のカップボードなどに体現されています。忙しく働き、余暇も楽しむ毎日のためにデザインされた服も同じです。ドレスと揃いのジャケット、温度によって脱ぎ着ができるなんて、気が利いたデザインですよね。週末旅行の荷物にならない速乾性の水着は便利ですし、ウールジャージーなら旅行鞄から出してもアイロン不要、それって素晴らしいじゃないですか。ドレスに負けてしまったら、やたらと手入れに時間を費やすはめになり、忍耐を試され、残念な気持ちを永遠に背負わされます。ではどうやってドレスに打ち勝つか。

まず、素材表示のタグをしっかり見てください。洗っても縮まない素材か、クリーニングやアイロンの特別な指示が書かれているか、色落ちはしないかをチェックします。洗えないパステル色の服だとクリーニング代がかさみますから、その点は理解しておきましょう。

次に服の細部をチェックしましょう。布のくるみボタンはクリーニングのときに取らなくてはならない可能性大。プリーツスカートのプリーツを付け直すのは高くつくので、長く持ちそうかどうかを見ます。ピケカラーの襟も、取ってまた付けるのに何時間もかかり面倒です。

そしてドレスの最終チェックをします。自分がそのドレスの奴隷と化すことはないか、ともに暮らすのが難しくはないか、飽きてしまいそうな部分はないかを考えます。わたしの金色のマンダリンカラーがついたクレープ素材の黒いドレスを思い出します。記憶に残りやすく、しかし飽きやすい。素晴らしいアップリケのついたカットのいいスーツもそうでした。簡単に捨てられる代物ではないというのも悩ましい点です。

「フレキシビリティ（柔軟性）」はアメリカンルックに属する言葉です。「エキサイトメント（興奮）」もそう。わたしたちの生活は発明品やガジェットなど、独創性に敏感に反応します。モダンなドレスでのシェイクスピア、英語でのオペラ、ソール・スタインバーグ（一九一四―一九九九。『ニューヨーカー』などで活躍した漫画家、イラストレーター）の漫画や、斬新な広告レイアウトなど、誰でも素敵な驚きが好きなのです。ニューヨーク七番街のデザイナー全員が、どのシーズンも新たな興奮を追い求めています。われわれは全員、それぞれの特性を持っていて、レザーと布地を合わせることが上手いデザイナー、異国趣味を持ち味にするデザイナーもいます。わたしにはわたしの得意技があります。いくつかは、純粋に楽しいからというもの。ダイアパー（おむつ型）水着、デニムステッチ、作業着用の大きめのスナップ、目立つカラフルなジッパー、スパゲッティタイなどがあります。驚くような色合わせもそのひとつです。毎シーズン、心地よさ、必要性、楽しみ、この三要素を入れたアイデア作りから、わたしのコレクションはスタートします。さっき観たばかりのバレエ、古い版画、生地の動き方など、わたしはすべてのものから影響を受けるのです。夫の画板の上にあったT定規にインスパイアされてできたのが一九五四年の「黄色いパッドとTスクエア」の服。スクエアネックで二色半々の色使いのジャケットです。

「アメリカンルック」のインスピレーションは「あなた」からやってきます。コットンのハウスドレス、アフタヌーンドレス、そしてなにかフォーマルな一枚があれば十分だった三〇

年前の女性たちと比べ、いまの女性たちははるかに多くの顔を必要とされています。仕事場で、家庭で、週末でのあなた。家族のために若々しく見えるよう、そして自分のためにスリムに見えるようにしているあなた。心地よく扱いやすい服を楽しむあなた。

わたしは七番街の小さな部屋で鉛筆を手にしています。スケッチブックの上に、わたしが描いたモデルが闊歩する姿が少しずつ浮かんでくる。生地サンプルを取り出して、光にかざしてみたり、引っ張ったり、バイアスカットにしたり、プリーツにしたり、皺を寄せたりします。わたしにとって、生地はあなたの次に大事なインスピレーション源です。オフィスの隣にある縫製室で、デザイン画がサンプル服として実現されます。ここで働くわたしたちすべてが、縫ったり、つまんだり、じっくり見たり、あれこれ変えてみたり、ポケットをどこに付けるか、どんな留め口にするかで活発に議論したりするのです。人台はそんな中を辛抱強く何時間も立ち続けます。そして、全員がこれでよし、という瞬間が突然やってきて、生地を切り、服を作り始めるのです。ホールの向こう側に裁断部屋があり、裁断師たちはいま切っている明るい色が好きなどと話すのです。

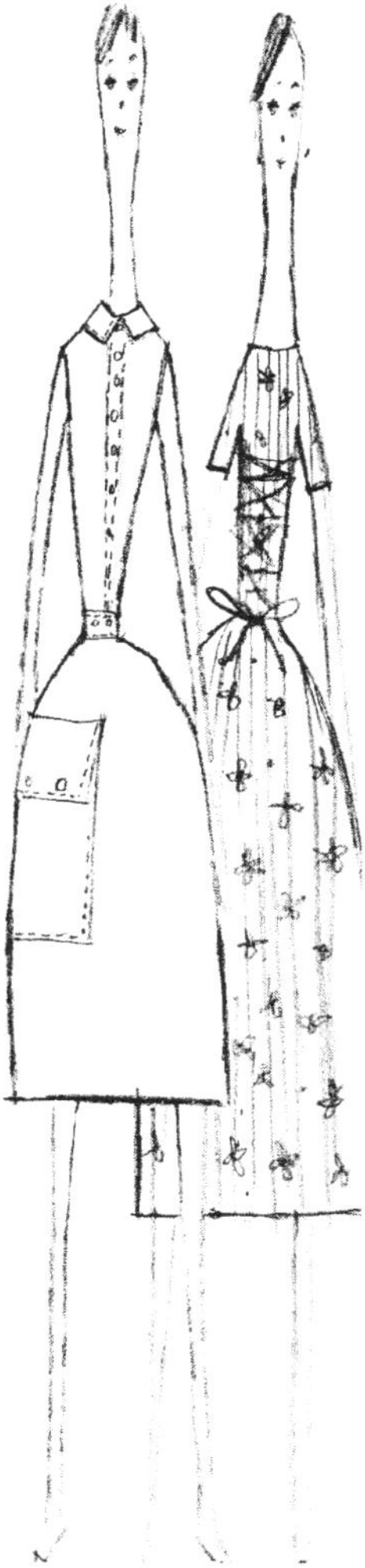

わたしと母の服を作りに家に出入りしていたミス・アニー。わたしが服作りというものに触れた初めての瞬間をときどき思い出します。わたしはそのプロセスに最初から魅了されました。まず『ヴォーグ・パターン・ブック』から好きな服の絵や写真を選び、生地を買ってきて、カットして仮縫いし、試着する。ポケット、ボタン、ボタンホール、古いものを使い回したりする。わたしはすぐに、古い服をファッション雑誌がいう今年のトレンド服に変える方法を身に付けました。トレンドの変化はたいていフィット感の変化です。ウエスト、ヘム、ネックライン、袖の長さなど、どの細部も変わる可能性があるのです。

あの頃のわたしは、すでに服に関する自分なりの哲学を持つようになっていました。できるだけシンプルで優しげで、機械で作られた感じが少なく、お直ししたものだとしても最新トレンド服に見えるもの。いまでも、わたしの仕事場で働くスタッフは、破ってはいけない掟を心得ています。ボタンはきちんと留まっている。サッシュはただ結ぶだけでなく、風にひらひらとなびく余裕があって、どこでも結ぶことができる。「バラはバラでありバラである」と言ったガートルード・スタイン（一八七四―一九四六。アメリカの詩人、小説家）による不変性の考え方にわたしは賛成しません。サッシュはサッシュでありサッシュである？　ナンセンスです。多くの女性のセンスに適したサッシュの使い方があり、あれこれ変化するアイデアをいくつも思いつくのですから。

第9章　ドレスアップとドレスダウン

服にはそれぞれのムードがあります。布地はそれぞれの個性を持っています。プリント柄にも性格がある。色は叫ぶこともあれば優しく話すこともある。ネックラインの形には、歴史を見ればわかるように時代性があります。袖も同様。多彩な生活を送る現代女性は、さまざまなムードといくつものパーソナリティを持つのですから、ワードローブにも多彩さが必要です。

みなさんをぜひファッションショーにお連れして、ひとつのコレクションテーマの中にも多くのヴァリエーションがあること、永遠の女性的な美しさの中にもさまざまなタイプがあることを伝えたいと思います。

モデルが登場します。頭を高めの位置に決め、下腹部を少し前方に押し出して（彼女たちはかなり細いので、なんの心配もいりません）、体をスウィングさせながらいわゆるモデルらしい歩き方で。まだ彼女の全貌を捉えられていなくても、歩き方から少し想像できます。彼女はずるずると歩いていません。頭は前方に垂れずにきれいに上に伸びていて、背を高く見せてい

ます。機敏でハッピーで挑戦的、好きな仕事場に、または楽しみにしているデートに向かおうとしている女性に見えます。彼女は4ピースの服を着ている。多すぎるように聞こえるかもしれませんが、完璧に似合っている。これがドレスダウンルックです。スタイルも色味もコンサバティブなもので、茶色の麻のストレートスカート、小さな白地に茶色のチェック柄のコットンブラウス、赤いリネンのウェスキット（ベストの一種）にニュートラルカラーの風になびくようなジャケット。8ボタンで茶色のキッドの手袋をして、帽子はなし。ネックレスは赤と鼈甲の大きなビーズ。あいだに小さなゴールドが差し込まれていて、いっそうよく似合う。これはあなたが夏のある日、会社へ向かう道で出会いたい女性像です。

次のモデルは、顎の下で水玉のシフォンチーフを結んでいます。チーフはいつも素敵。くすんだ緑色のシルクリネンのダークスーツ。3ピースのスーツで、腰骨のところにスリットポケットが施された細いスカート、袖のないボレロブラウス、水玉シフォンのライニングがついたウエスト丈のジャケット。この手のスーツは買って損のない投資だと思います。靴、バッグ、帽子、水玉部分が黒なので黒い小物が似合うでしょう。チーフの地の色が白ならば白い手袋を手首のところに皺を寄せてつけると素敵。ジャケットの袖は手首から八センチほど短いもの、これで手袋とブレスレットがきちんと見えます。同じスーツに黄色いセーターを合わせればカントリーサイドに最適なスタイルのできあがり。

お次のモデルは、ローズピンクとターコイズ色の柄物のコートを着た観劇用のスタイル。鈍い光を放つ美しいダマスク生地は、アンティーク調で高級感にあふれています。コートのカットはとてもシンプル。襟なし、カフなし、二つのスリットポケットと大小さまざまなターコイズとローズ色のビーズが数列飾られたネックラインと、それに合う石のボタン。裏地はドレスの色に近いターコイズ色のウールジャージー。ドレスはローネック、ハイウエストの袖なし。スワローテイルで後ろ側に布がたっぷりあり、その下にポケットが付いています。

その次は色のコンビネーションが美しいシルクツイルのドレス。カットはシンプル、高いVネック、身頃はバイアスでアンバー色のボタンが前についています。ギャザースカート（飛び込んで入れるほど広く開く）、サイドシームにポケット、そしていつものようにバイアスの太くて長いサッシュを付ける。三回腰に回せるほど長いサッシュで、一回だけ巻いて大きなボウ

を結ぶか、結び目を作るだけにして端をなびかせる。これこそ最終的にあなたがあなた流に好きに着られるドレスです。色を見てみましょう。スカートがオレンジでトップが紫、サッシュは鮮やかなピンク色。真夏か常夏の国に映えるカラーコンビネーションです。

次はシャツのようなドレス。長い丈で家でのディナーに最適。胡座を組んで床に座ってもおしゃれに見え、実用的でちょうどいいリラックス感のある心地よいドレス。ディナーパーティに出かけるにもよく、黒いサテンのシースドレス（刀の鞘のように細長く、体の線に沿った服）を着てきて、夕食の間じゅう自分の姿勢を気にしていなければならない人よりはるかにくつろげます。コットン、ウール、シルクツイルなど、通常はディナードレスには用いられない素朴な素材で、柄はグレーのストライプや明るいチェック、珍しい色のコンビネーションが使われます。シャツウエスト型や長袖、袖なし、襟ぐりの大きく開いたものなど、いろいろな形があります。その着やすい形と素材は、ほかのドレスと一線を画するもので、一生もののドレスだというわたしの考えにみなさんも賛同してくれるでしょう。本当に持っておくべきアイテム、そしてなによりかわいくて楽なドレスはディナーを美味しくしてくれます。

ドレスと揃いのコートがあるのは、贅沢なことです。細身のシルエットにハイウエストのデザインが、コートをさらに大切な一枚にしています。たいてい、コートのほうがドレスよりも大事です。コートのカット、シェイプ、デザインの背景にくるのがドレス。わたしが想い浮かべるのは、プリント柄のウールシャリスのコート。オレンジと赤のシェードに、黒と白のアウトラインが施され、黒いステッチに黒いボタン。ドレスとコートは同じ生地でできていて、コートの裏地はオレンジ色のジャージー素材。

ラップドレスは着やすくて心地よく過ごせる、もうひとつのアイテムです。体に巻きつけ、今日はハイウエストで明日はローウエストでと、結び目の場所を変えて楽しめます。黒のウールジャージー素材のものを一着持っているといいでしょう。ネックレス、ピン、ブレスレットなどアクセサリーが最高に引き立ちます。結び方を変えれば、同じラップドレスも別のものになります。着方次第で、あなただけのドレスになるのです。

水玉と縞模様という二つの素敵な定番柄は、体型によって使い方が違ってきます。横縞は幅広に見えるので縦縞のほうが、そして大きめの水玉よりも小さな水玉模様のほうが着やすいのです。プリント柄は必要のない問題を引き起こすように思えます。サイズ20（かなり太めのサイズ）の人は、プリント柄なら小さい柄を、または総柄を選ばなくてはいけないと言われてきたはずです。わたしは反対意見です。象はどれもグレーですが、別に違う色でもいいわけです。

インテリアデコレーターは普通、スペースが広い場合はプリント柄を大きくし、より目立つようにします。大きくて大胆、そして素晴らしいデザインの柄を怖がる必要はありません。そういうプリントを着た女性を見たわたしが証明します。大柄で肩幅も広い女性でしたが、大胆なプリント柄のドレスを着たら、とても印象的で素晴らしかったのです。偏見というのは大きな危険性があります。六歳の女の子に、蝶々結びは素敵だけどあまり多すぎるのはよくないと、もう教えてもいいはずです。たとえみんなが着ていても、です。また、お祖母さんに古典的なショールの代わりになるストールの使い方を教えてあげるのは楽しいことです。三〇代、四〇代、五〇代で、服が紺か黒か茶色でないからといって神経質になる必要もありません。

　そろそろ、みなさんもわたしと同じぐらいドレスアップとドレスダウンの意味がおわかりになったでしょう。金色の水玉模様が織り込まれたサテンの

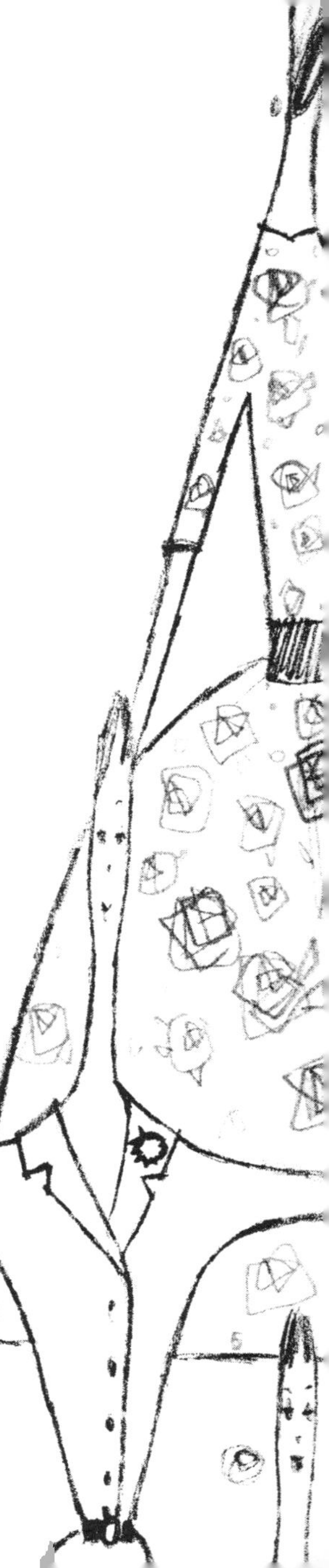

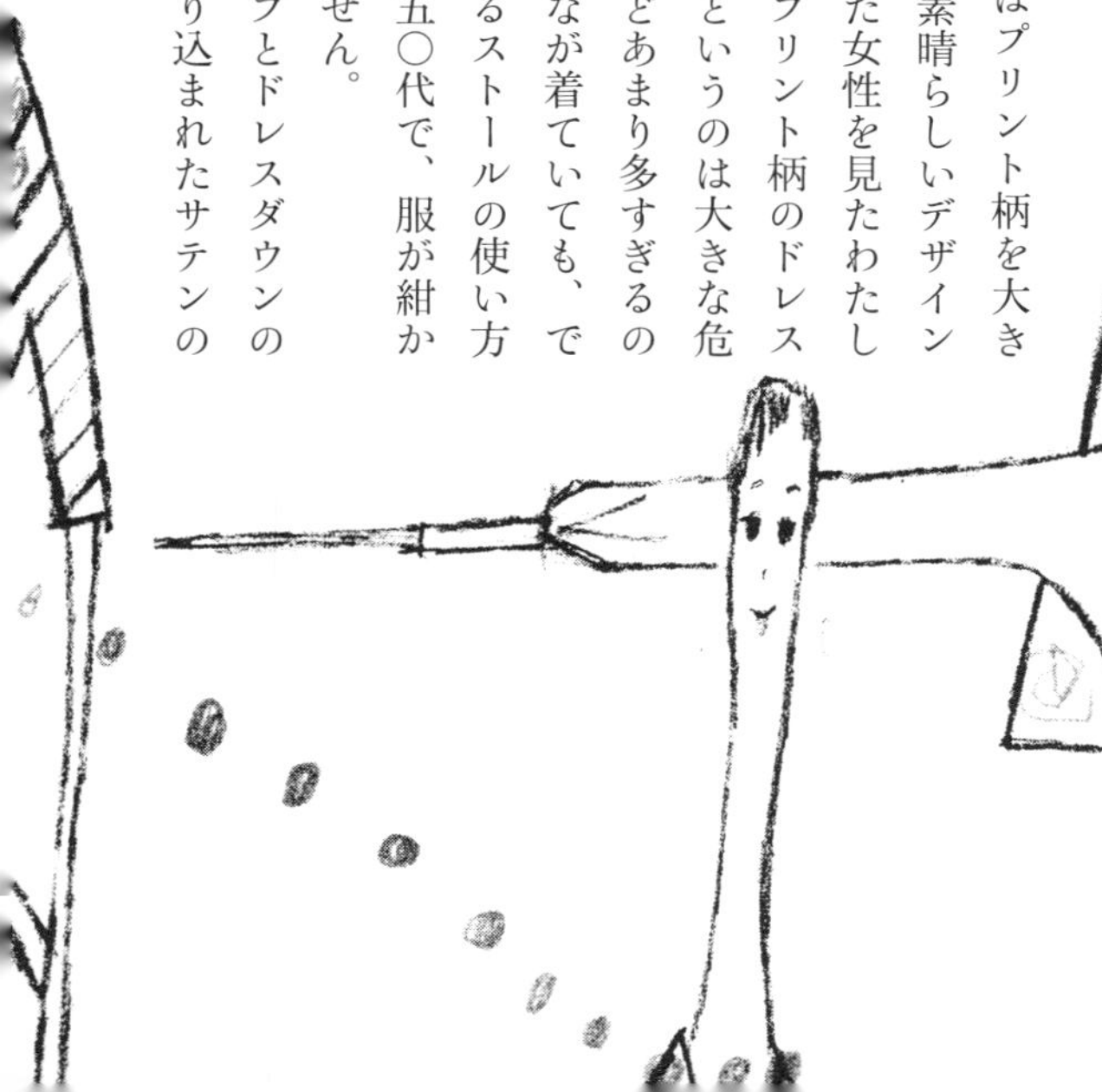

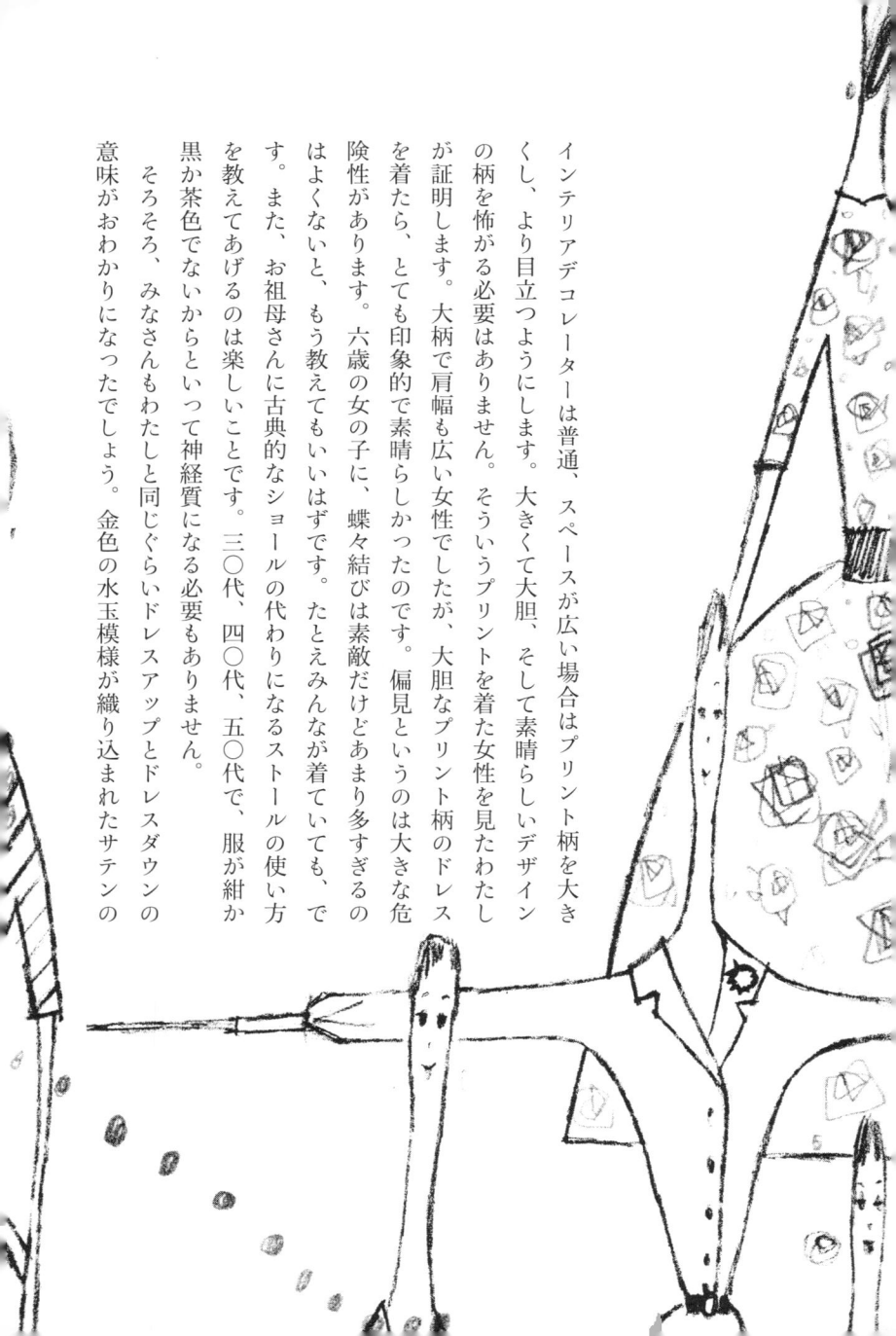

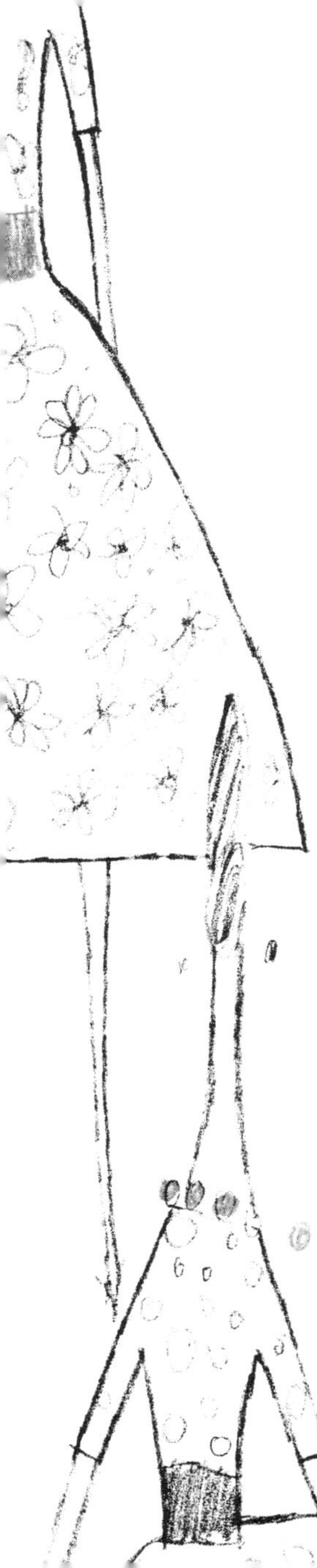

ドレスがなぜドレスアップした服で、白いシルクにバラと小枝模様のドレスが同じように素敵でも、サテンのドレスとは同じ意味を持たないのかがわかるかと思います。わたしがアボカド色の水玉模様のサテンに大きなパールボタンを付けるのは、ドレスアップの服にするためです。深緑と黒の色合いの高価なシルクプリントを選ぶのは、少しだけドレスダウンするためです。シンプルな袖なしのサマードレスはあまり目立ちませんが、大きな金色のビーズを肩上のところで前後に留めるようにして付けるとそうではなくなります。シャツでもコンサバティブなメンズライクのものが、たとえばいろいろなボタンに付け替えると、楽しげでまったく男性的ではなくなります。トングサンダルは都会的なドレススタイルをカジュアルダウンさせます。パステルカラーのドースキン（雌鹿のなめし皮）の手袋はコットンの服を都会的に変えます。これらもまた、ドレスアップとドレスダウンの手法です。

第10章　服の作法

着るものがどれだけ大切かということをきちんと考えると、服に対する新たな尊敬の念が生まれてくるはずです。適切なドレスは、仕事やボーイフレンド、はたまた結婚相手までも与えてくれます。靴から帽子までのアイテムはすべて、単体であれ組み合わせであれ、あなたの魅力を増大させることも減少させることもできるのです。あなたがどんな人なのか、それはあなたが着ている服に表れています。どこに行くにも、誰に会うにも。家族、友達、上司、道で行き交う見ず知らずの人にでもです。

「靴のヒールがすり減ってるのはわかってるけど、だからなに？　わたしはこのほうがいいし。わたしの歩き方に沿ってすり減ったんだから。誰も見てないでしょ」と言う人もいるでしょう。

でも、見ている人もいるんです。以前、部下のスーツについた毛くずを必ず見つけては払いのけるという上司がいました。そんな彼は絶対にすり減った靴をすべて覚えているタイプです。

「着るものには気を使うようにしています。いまここに生きているということ自体が嬉しいですし、一五分だけ朝早く起きて、出かける前に鏡の前で、服装とわたし自身の調和がとれているか、今日会う人や行く場所に合っているかを確かめるのは意味のあることだと思います」と言う人もいるでしょう。

また、「見て見て、わたしはお金持ちなんで、服にお金をたくさん使ってるんだから」と言う人も。

対して、「かわいそうに。彼女は本当に人生で楽しみがないんだね。買い物中毒だってみんな言ってるよね」と言う人もいます。

「ストラップが壊れたり、ストッキングが破けたりしてもあまり気にしません。でも、わたしはよき妻でありよき母ですし、それって服なんかより大事なことですよね」と言う人も。

でも、彼女は本当に一〇〇％よき妻でよき母なのでしょうか？　ご主人の会社のパーティに、この奥さんはスリップの見える格好でやってきて、秘書たちが「〇〇さんの奥さん、下着が見えてるわよね」と囁くのをご主人は気にするはずです。そして彼女の三人の娘たちは、壊れた

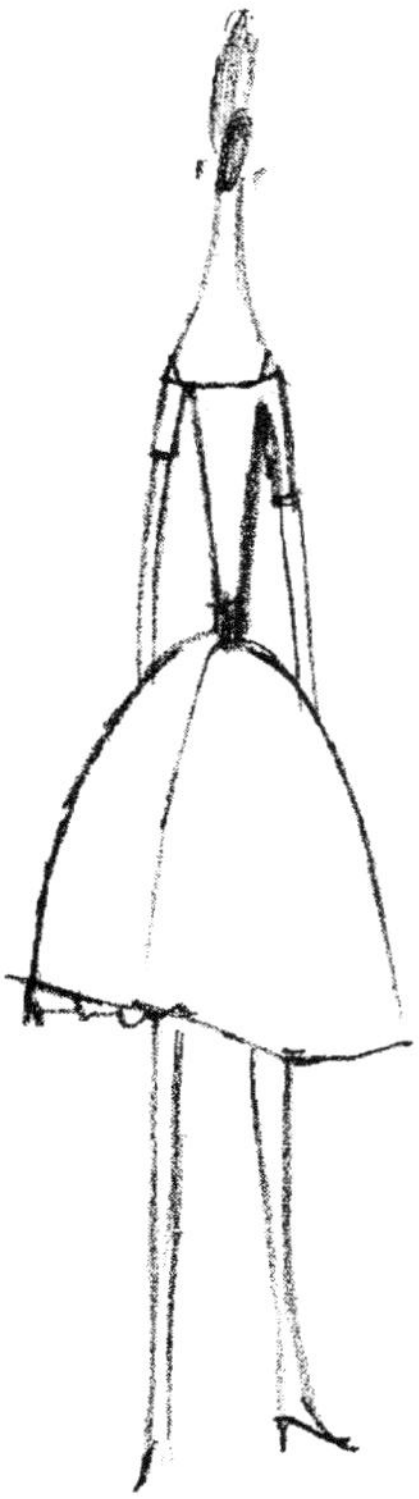

ストラップはそのへんで見つけた糸ではなく、ふさわしい色の糸で縫って直し、ボタンも取れたら合うものに替え、縫い目のほつれはなく、ホックも取れていないというような、些細だけれど大切なことを気にすることを知らずに育つかもしれません。母親のずさんさに気づいて、三人の娘が逆に完璧主義者になる可能性だってあります。そうなったら、この母親は本当につらい思いをするはずです。彼女の怠惰さが表に出るたびに、娘たちから敵意や見下した視線を受けなければならないのですから。

「わたしはかなり時代遅れだけど身なりはちゃんとしている」と言う人もいるでしょう。ボストン調の古臭いドレスにまだしがみついて、「服は痛んでいないですし。それが流行よりも大事ですよね」と言う人もいます。

身だしなみに気を使っている人を馬鹿にしたり、美しさと気品のルールを自分勝手に決めつけて、醜いものを押しつけるのは、礼儀に反すると思います。

「最近、ディオールに開眼してしまったの。だから全身ディオールよ」という人に、ディオール氏を尊敬するわたしには言いづらいですが、彼は全身ディオールの女性を求めてはいなかったと思うのです。

「わたしは服の着方も、どこでなにを着るべきかもわかっています」という、できた人はごく稀なのです。誰でも一五分早く起きることはできるのに。そして誰でも細部に目をやる訓練とおしゃれな女性でいる基礎を身に付けることはできるというのに。

ときに服が場の空気を喝采なしにかっさらう

なにかが飛んでいったり、シグナルを発したりすると、あなたも場の空気も、そこで停止します。羽根つきの帽子が空に舞えば、かぶっていた人は羽根が飛んでいないか心配ではらはら。風になびいて顔の前や視界をさえぎるスカーフは、セーリングや乗馬、台風がやってきているという日に交通量の多い道を渡るとき、一体どうするのでしょう。突風の日にプリーツスカートなど、とてもまともではいられません。

わたしが言っているのは、経験ある船乗りが、強風の際にいう言葉からきた慣用句、「ハッチをすべて船に下ろせ」と同じこと。セーリングと同様に、服がなにごともなく静止している状態をいつも保つことは無理だということを覚えておきましょう。

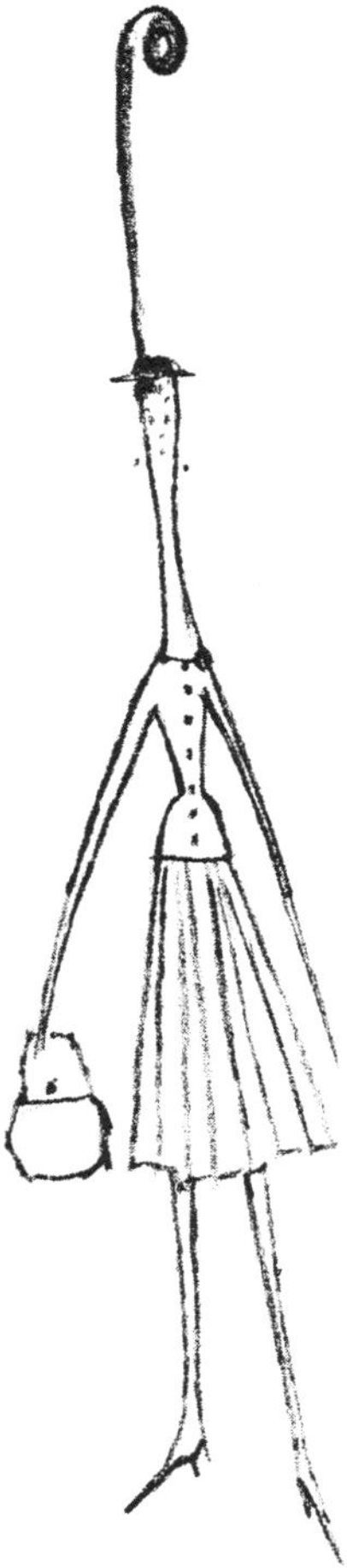

誰かが風に吹き飛ばされるさまを見たいと思う人なんていません。道路という大海原を帽子をかぶって渡る人は、常にどこかおかしさがつきまといます。

ハンドバッグのマナー

ハンドバッグの中身に注意しましょう。かび臭そうなパウダーパフや請求書、ティッシュの切れ端、ヘアピン、自分で書いたメモなどが出てこないように。ハンドバッグを見れば、自分が自分にどれだけだらしないか判断がつきます。アドレス帳に書き写しそびれている誰かの電話番号と住所のメモはありませんか？　あなたからの連絡を待っているかもしれないのに。クリスマスカードを送る時期になったらどうするのでしょう。記憶は絶対ではありません。バッグのジッパーポケットの中にモグラのように潜んでいた殴り書きの電話番号、たまたまバッグを掃除して出てきたときではもう遅いかもしれませんよ。

入れていいものはなんでしょう。小銭入れ、札入れ、運転免許証、身分証明証。コンパクト、口紅（一色以上）、アイシャドウ、マスカラ。小さなレザーケースにハサミと爪やすり。裏側に切手入れもついた小さなアドレスブック。鉛筆、ペン、小さなくし、鏡、小切手帳、鍵。そして家を出る前に、清潔なハンカチも。

入れてはいけないものは？　テレビのコメディみたいになりますから、わたしはそんなリストは作りません。遠方に住んでいる親戚の写真から、古い買い物リスト、古い鍵などなど、いまの自分の生活に関係ないものは必要なしと言えます。

ライニングがされている革のバッグをおすすめします。掃除が簡単です。タバコの葉や粉も振り落として中を空にし、濡れた布で軽く拭きましょう。いつもきれいに整頓されているか、ごちゃごちゃか。自分のハンドバッグを躾けられるのは自分だけ、ということを覚えておいてください。

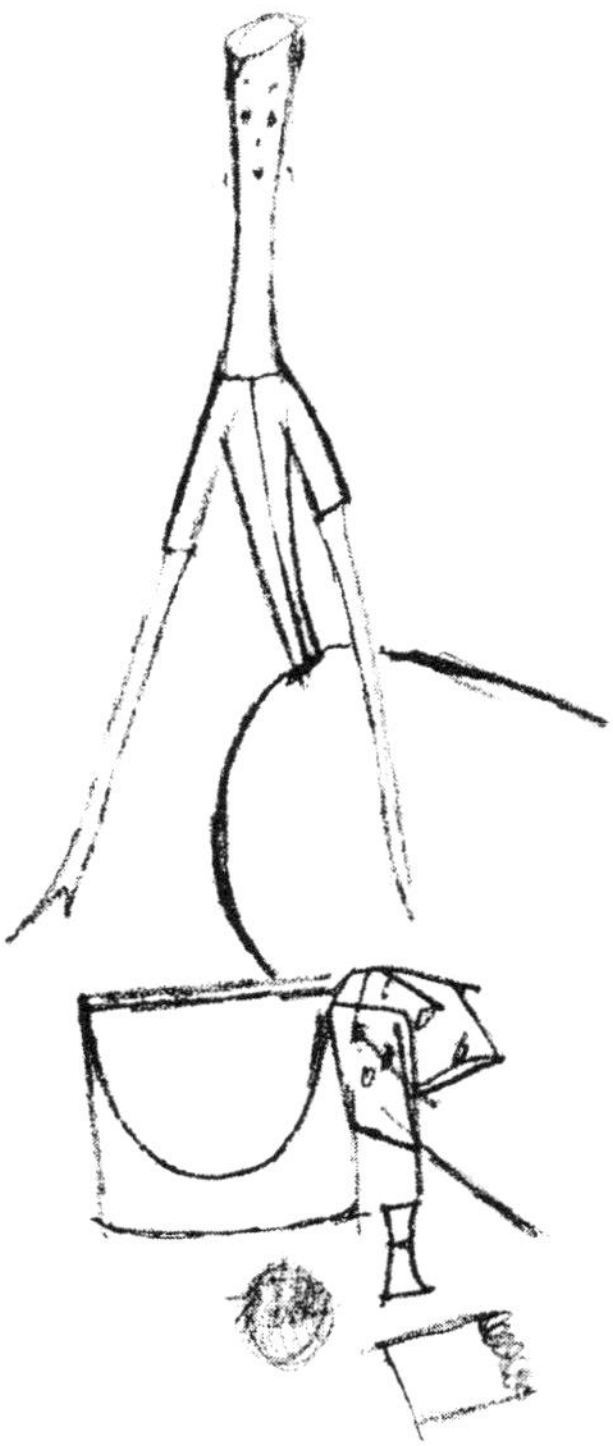

いつも清潔に

洗濯が楽な素材が多い今日、身の回りを清潔に保つのは簡単なことです。信頼できるクリーニング店を見つけましょう。ただし、その店に奇跡を期待してはいけません。皮革やスエードの扱いは知らないかもしれないので、特別な素材を扱える専門店の連絡先もきちんとアドレス帳に控えておきましょう。伸縮性のある素材の服をクリーニングに出すときは、ウエストから肩、ウエストから裾、そしてウエスト幅の正確なサイズを渡しましょう。また、クリーニングから戻ってきた服を針金のハンガーにかけて、すべてを台無しにしないでください。セーターは店からそのまま来たかのようにプロ並みにきちんと畳み、引き出しか箱に平らにして仕舞っておきましょう。ニットドレスは木製ハンガーの横棒の部分に重みが均等になるようにかけておきます。黒いジャージー素材のものをふわふわしたツイードの隣に置かないように。もし毛羽がついてしまったら、粘着テープで取り除いてください。靴もきちんと。磨いて、ヒールを揃えておくこと。

自分のためにドレスアップする、それが最善の自己訓練

自分一人で夜を過ごすとき「街着は脱いで古い服でも着ておこう」と思いがちです。でも古びたフランネルのバスローブを引きずって歩いても、本当にリラックスした気持ちにはなれません。テカテカした鼻の頭が鏡で見えたら、自信が湧いてこないのと同じです。大事な一人の時間を、少しでいいので自分磨きに使ってください。着やすくて素敵なガウン一枚に投資しましょう。わたしのそれはトマトのように真っ赤なジャージー素材で、肌にしっくりきて暖かく、ロング丈のもの。「誰かが来たときのため」と考えるのは基本的なスタンスが間違っています。おしゃれはあくまでも自分のため。ワードローブの中にグラマラスなアイテムがない限り、かわいい部屋着をさらりと着ることはできません。なので、自分のナイトガウンやネグリジェを一気に捨てないように。自分が何を持っているか、ミュール、暖かいスリッパなどすべてきちんと在庫管理してください。ベッドでの読書がお好きなら、ベッドジャケットは一枚以上用意しましょう。贅沢な時間を過ごすためには、まずは贅沢な格好を作ることから始めなくてはなりません。

「このくたびれたバスローブ姿は、夫以外に誰も見るものじゃないし」と心の中で言っているあなた、とっととそのバスローブは捨てましょう。あなたのワードローブコレクションに永遠にエントリーし続けるアイテムもあるでしょうが、捨てなくてはいけないものも多いはず。わたしは「古い靴のように心地よい」という諺を好きになれたためしがありません。古い靴は

心地よいかのような錯覚を与えていますが、本当は骨に悪いのです。「でもまだ履けるのにもったいない。そんな贅沢なこと言って」という反論が聞こえてきそうですね。

贅沢とはなんでしょうか？　自分はとうてい払えないような高いものを買うこと、いらないもの、ましてや好きでもないものを買うことです。こういった浪費をしないように自分を訓練しなければなりません。けれども、それと、変にケチケチしたり、必要ないものの処分をためらうことは別ものです。ものの処分はものを集めていく作業と同様に重要な課題です。季節感を間違えて出かけてしまったことはありませんか。誰もがストロー素材という時期に冬のフェルトを身につけて観劇に行ってしまったり。「わたしは音楽を愛するのであって、劇場でおしゃれなんて関係ないわよ」という人もいるでしょう。でも自分がエレガントであるように気を使えば、コン

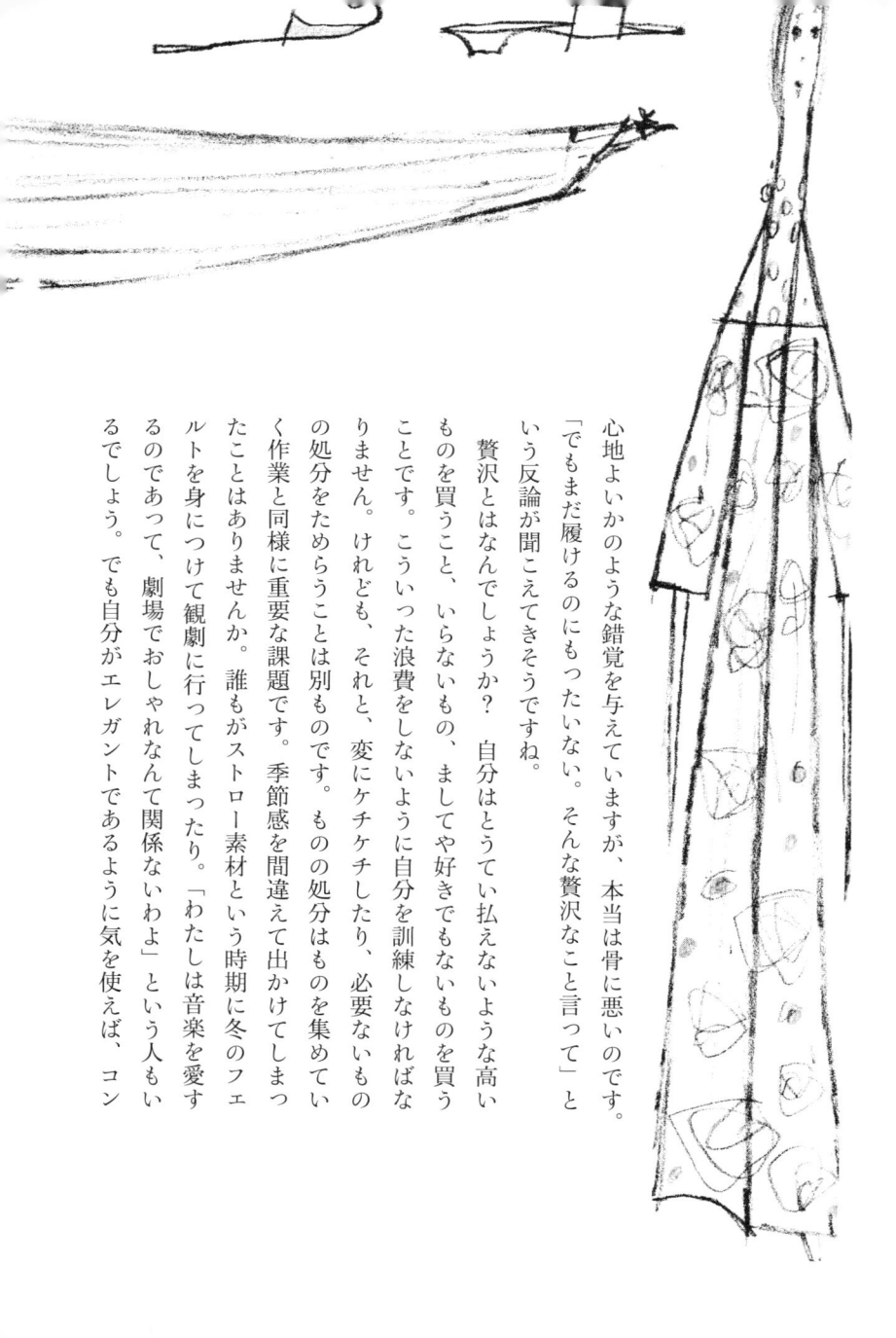

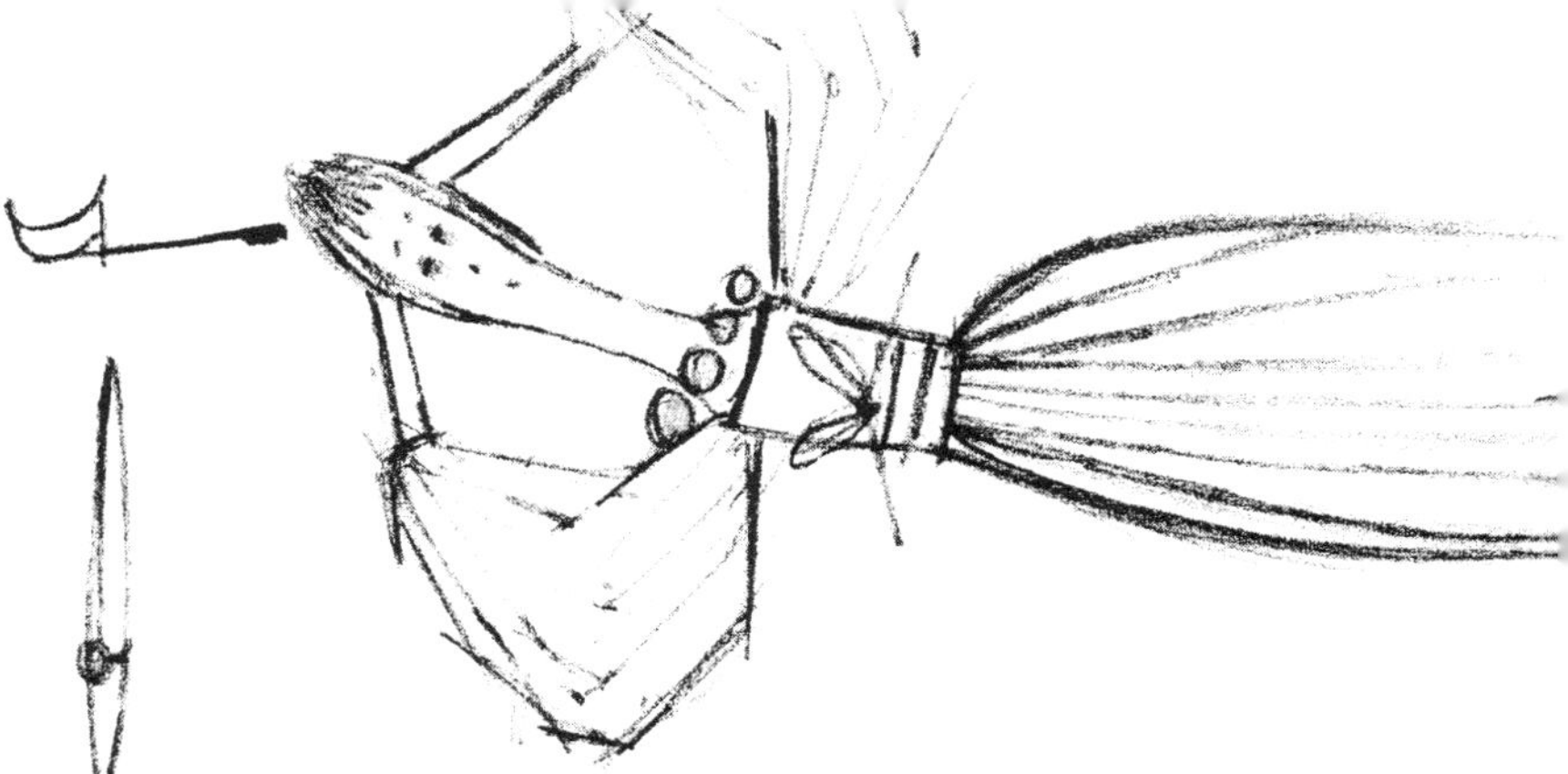

サートもより華やかなものに感じるはずです。一対の白い手袋をつけただけでも気分が違うはずですよ。

三本もネックレスをつけない、というのも自己訓練です。いつも同じドレスのど真ん中にピンを打たない、全部お揃いというのはやめる、ネックレスとイヤリングとブレスレットのセットなどもだめ、というようなことも自分で訓練を重ねてください。

色について迷うときは、保証つきの定番色を選ぶこと。全身ベージュを試してみてください。顔のそばに白を持ってくると、華やかに見えることを覚えておきましょう。ベージュに黒はもっともエレガントに見える色合わせのひとつです。黒と茶色は、黒と白よりも柔らかい色合いです。自信がついてきたら、普段とは違った色使いを楽しみましょう。ネイビーと白ではなく、ネイビーとガーネット。昔は、黒と茶色を合わせるのは度胸がいりました。ネイビーと黒は、配分がよければかなり魅力的なはずの組み合わせ。いまの女性たちはこれに挑戦中です。

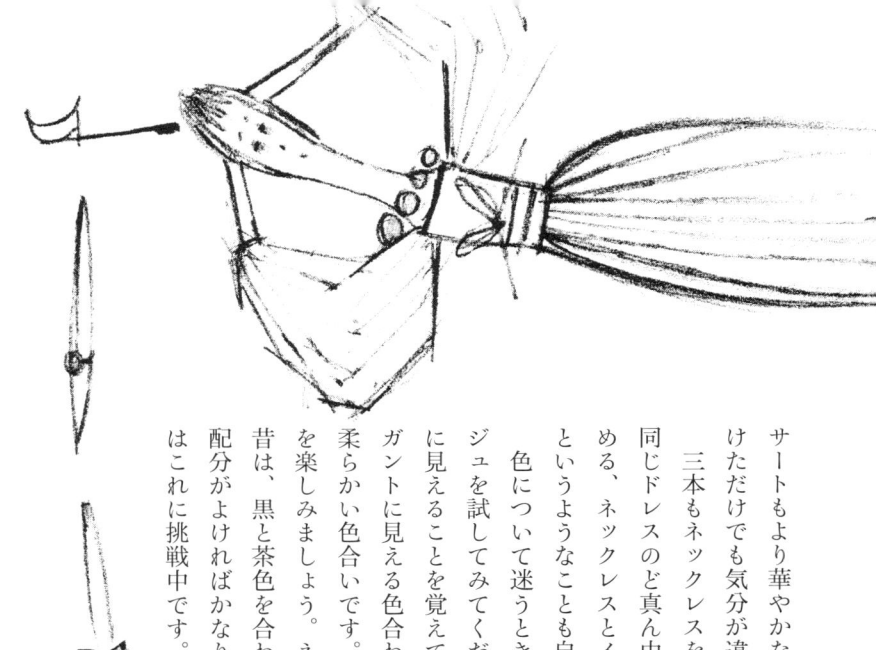

がんばりすぎはおしゃれに見えない

最新ファッションに身を包んでいないとだめという女性について考えてみましょう。ファッションニュースに沿ったスタイルをするために毎日神経を尖らしている彼女たちは、どこか価値観がずれていると思います。たいていの場合、あまりにもパーフェクトすぎて、彼女たちはファッショナブルではないのです。念入りなメイクや美しく整えられた髪型だけで、人としての晴れやかさに欠ける人が多いのです。自己訓練という言葉を、堅苦しくて、つらいものだと思わないでください。気まぐれで、おめでたくて、素晴らしくて、予測不可能なもの、それがファッションだと思っていてください。あなたらしく素敵になることが大切なのです。決してファッションの奴隷にならないように。

第11章　本当のスポーツウェア——誰にも気づかれないように

スキー場でスティックの使い方やスピード調節ができないようであれば、目立たない格好にしたほうがいいですね。

スポーツウェアは、ほかの服よりもはるかにあなたの経歴をばらしてしまいます。ゴルフ場に初めて出るという人は、ティーからボールを落とす前に見てわかるものです。スポーツには服の着方にしても初心者にはわからない微妙な部分があって、経験者はひと目で初心者を見抜けます。

真新しいのはいけません。どれも何度も着ているように着古されているぐらいがいいのです。それが、スポーツマンが求める真のスタイルです。長年の練習で手に入れたもののほうが、ぴ

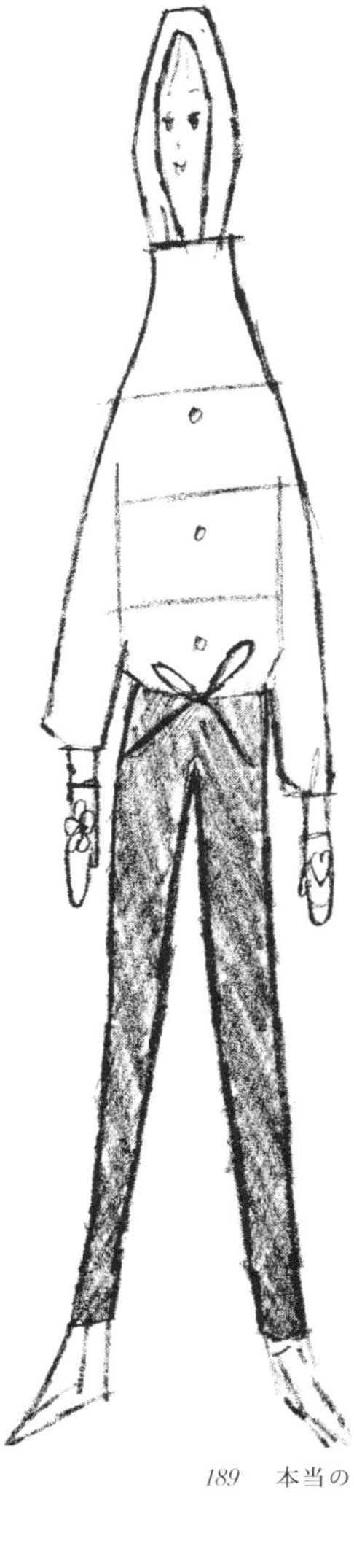

かぴかのゴルフクラブやスキー板や釣竿よりも、スポーツには似合います。すべて実際に使用されたものでなくてはなりません。一度も芝生を掘ってしまったことのないゴルフクラブなんて、舞台道具と一緒になってしまいます。

スポーツウエアはその場に合っていないとおかしいものです。ビーチでスキーパンツ、乗馬パンツでスキー場、ピンクのコートで自転車、スカートでフィールド競技、ブルーデニムでスケート、これらはぜんぶ悪夢としか言いようがありません。購入する際は、まず誰かのアドバイスをきちんと聞いてから。スポーツウエアほど、買い間違えて無駄になり、逆に必要でいいものを買うことが大きな強みになるものはありません。たいていは一生もちます。スキーのシーズンなんて短いですし、上質のレザーベストは風の強い日のゴルフに長年使えます。上質なテーラーの英国製乗馬ジャケットは一生の友です。

また、スポーツウエアは実際のプレーヤーのためのもので、観客がその格好をしているのは、おかしく見えます。短いテニススカートで来るのは、実際にコートに立つときにしてください。乗馬帽は騎手のもので、プログラムを手にしている観客のものではありません。ジョッキー

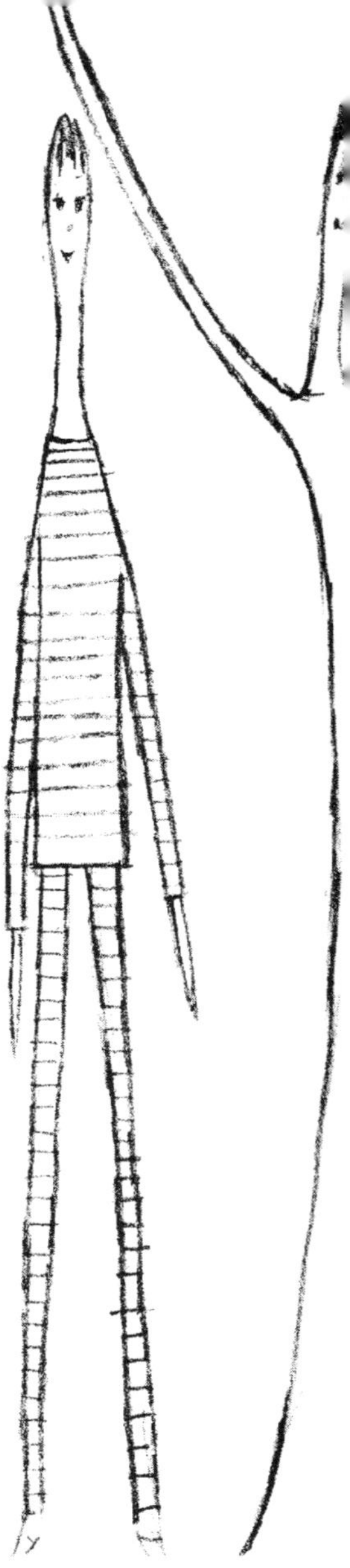

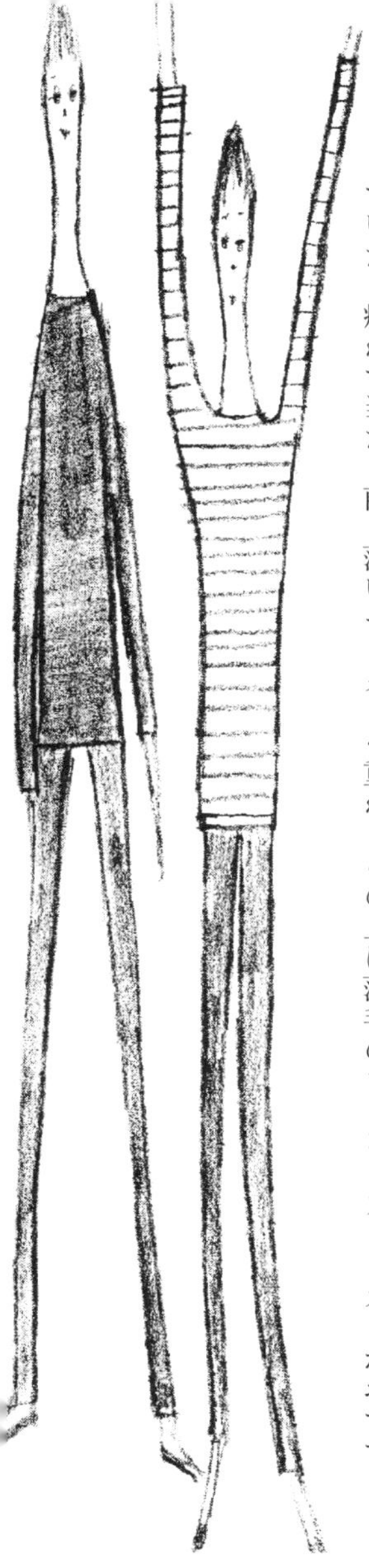

シャツも同じです。ジョッキーシャツを着ているからといって、ジョッキーにはなれません。
とはいえ、観客にもそれなりのマナーが必要なこともあります。ゴルフのナショナルオープンでベン・ホーガン（一九一二―一九九七。二〇世紀中期を代表するプロゴルファー）を追って観戦するときは、低めの靴でなくてはいけません。ハイヒールで大事な芝生に穴を開けるな、とゴルフ好きのおじさまたちにコースから追い出されてしまいます。スキーマッチの観戦は、スキーウェア以外は無理。凍死します。フットボールやアスコット競馬なら、美しいツイード服やガーデンハットなどで、美しく着飾ることも素敵でしょう。
もうひとつスポーツウェアへのアドバイス。とにかく心地よさが大事です。スキーをしているのに寒すぎて心も冷え込み、泣く泣くロッジに戻るようなことにならないように。長いウールの下着、ウール一〇〇％のソックス、フード、手袋などの防寒アイテムを見くびらないでください。足が濡れたら絶対に冷えるので、血液の循環を妨げない程度に余裕のあるブーツを選んで、足を濡らさないようにすること。また服が重すぎるのも問題です。一トンのコートを着ていたら疲れて当たり前。薄いセーターを重ね、その上に薄手のウィンドブレーカーがおすすめです。またレオタードのように体をぴたりと覆う、本当の意味で実用的な下着もスマートな選択ですね。

特別なスポーツ用品も避けてください。さまざまな間違いは、初心者だけが許されます。目立つスポーツウェアもやめましょう。スキーの初レッスンでほとんど立って見ているだけなのに、真っ赤なウエアやみんなが息をのむようなぴたぴたのパンツで注目を浴びるのはいけません。転んでも動ける、サイズに余裕のあるネイビーのウェアにしましょう。ゴルフを始めると決めたからといって、アバクロンビーを買い占めるようなこともやめてください。ベルトにティーを並べたり、受賞してもいないメダル飾りを付けるのは、まずティーをきちんと抜けるようになってから。スカートのフレア度にも気を使ってください。風が吹く日は厄介です。タイトすぎるスカートもいけません。丘を上るのに難儀します。スカートに合うからといってチクチクするリネンのブラウスもだめ。クラブを振ると、摩擦で絶対に肌に炎症を起こしてしまいます。もしゴルフクラブ側がショーツの着用を許可しているようであれば、バミューダ丈のものを。長いスラックスは、春の初めか秋の終わりの風が強い日のみで、普通は履かないように。ショーツには正しくは長い靴下ですが、足を焼きたい女性も多いので、場合によっては短いものでもよいことになっています。その場合は、くるぶし丈の靴からはみ出ないような短いものにしてください。カラフルなゴルフシューズは人目を引くので、茶色、黒、白、ダークカラーと白のコンビなどがスマートです。モノトーンに抑える、たとえばグレー、茶色、ベージュのセーターとスカートの組み合わせはおしゃれに見えます。パステルカラーはかわいいのですが、ゴルフコースでは目立ったとしても陳腐に見えます。頭には、サンバイザーかマッシュルームのような形の小さなブリムが付いた帽子がスタンダードです。日よけのボンネットなどはもってのほか。トーナメントに出る選手であればベレーやタム（スコットランドの伝統的なウールの帽子）などもいいでしょう。ゴルフグローブは、手袋の中で唯一、着古して見えていいものです。

スポーツジュエリーというものは存在しません。スポーツをやっていく中で手に入れるものですから。ゴルフプレーヤーはメダルを付ける場合、邪魔にならないように襟にきちんとピン留めします。聖クリストファーのメダルをもらったスキーヤーは、見えにくいところ、ベルトか細い鎖に付けてブラウスの下にします。パールや指輪やブレスレットをじゃらじゃらつけるのは絶対にいけません。時計はするなら細いレザーベルトのものにしましょう。

わたしはテニスはしませんが、観客として好きなのはミニのテニスドレス。ベビードレス調のものやレースフリルのついたアンダースコートは見たくありません。

乗馬服には二種類あります。牧場ならば、マディソンスクエアガーデンの乗馬ショーで着るような伝統的な服では馬鹿げて見えます。リーバイスかフロンティアパンツにカウボーイブー

ツが草原には合います。逆に、その格好はセントラルパークや乗馬ショーには似合いません。コネチカット州で、あなたのお子さんがベストライダーだとしても、ふさわしい服装をしていなければ大会で入賞することはできません。それぞれの規定にきちんと従うようにしてください。

　場違いの靴というのもだめです。ゴルフコースでテニスシューズ、ましてやスリッパやサンダルなんてひどいですね。家のスリッパでボーリングをするとか、くたびれたそのへんの靴にローラースケートを装着するのもいただけません。クロッケー（一九世紀後半からイギリスを中心に盛んになった球技）だけが、わたしが思いつく中で唯一ヒールを履いてドレスアップして出かけていいスポーツです。

　あなたは泳ぐ人ですか？　それとも、「飛びこむ人か、でなければ足をちゃぷちゃぷするだけの人でしょうか。ビーチ派かプール派か。日焼けしますか、それとも夏でも白い肌をキープするほうですか。デザイナーはすべての女性向けに、アメリカの水辺をデュフィの絵のようにカラフルに彩るためのスイムウエアやアクセサリーを用意しています。

女性の水着に自由を与えたアネット・ケラーマン（一八八七―一九七五。水泳選手、女優。二〇世紀初頭に手足を露出したワンピースの水着を着用し、議論を呼んだ）の時代から時間が経ちましたが、デザインが昔に戻ることもあります。ただし、少女っぽいドレスを水着として着用するのは退化と考えていいでしょう。

わたしは泳ぐのが好きです。ネックラインが動かせて日焼け跡がくっきり残らない、軽いウールジャージーでできた水着が好みです。濡れたスカートが肌に触れる感触が大嫌い。少女っぽいフリルも水に入るまではかわいいですが、水から出てアンブレラに戻る姿は溺れたネズミのよう。フリルのスカートの水着で体が隠せると思わないでください。フリルは乾いている間は体の線を隠してくれますが、コットンは濡れたら体にくっついてしまいます。水に濡れる前でも後でも同じ姿でいられるウールジャージーを着るといいでしょう。

もし泳ぐ気がなくてただ座っているだけという人ならば、思い切りおしゃれしましょう。でもゴールドとラメは月明かりの下のほうが美しく見えるということを覚えておいてくださいね。もっともおしゃれなのは真っ黒な水着。痩せて見えるし、特に焼けた肌をいっそう引き立てて

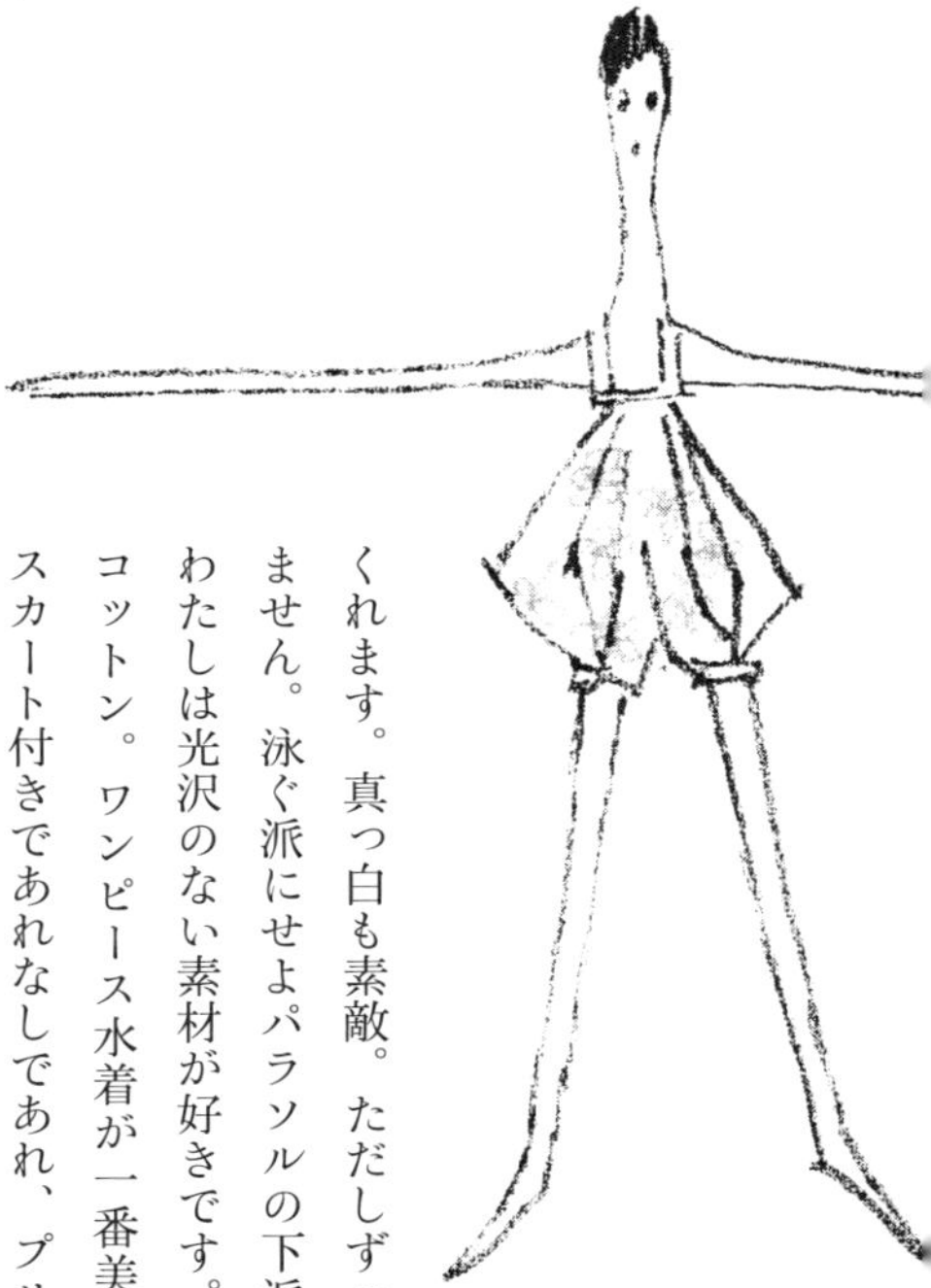

くれます。真っ白も素敵。ただしずっとパラソルの下にいた肌では着こなせません。泳ぐ派にせよパラソルの下派にしても、水着の素材が一番大切です。わたしは光沢のない素材が好きです。ニット、スムーズウール、表面の粗いコットン。ワンピース水着が一番美しく見えます。肩紐のないマイヨ型や、スカート付きであれなしであれ、プリンセスラインにカットされたものも素敵です。パンツとトップが分かれているセパレーツ型は、おなかの美しさによほど自信がある人向けです。水着姿に品があるかどうかは、その人の体格によります。水着のシェイプ、カット、素材をきちんと見極めないと、全体をしっかりカバーした水着なのに下品に見えてしまうことがあるのです。いまはガードルなどに使われるパワーネット素材が体型の補正を助けてくれます。濃いめの色のほうが目立ちません。また、下着に見えるような水着は避けましょう。そして水着のときも自分には背中があることをお忘れなく。

十分に太陽の光を浴びたあと、少し肌寒くなってきたときに羽織るための

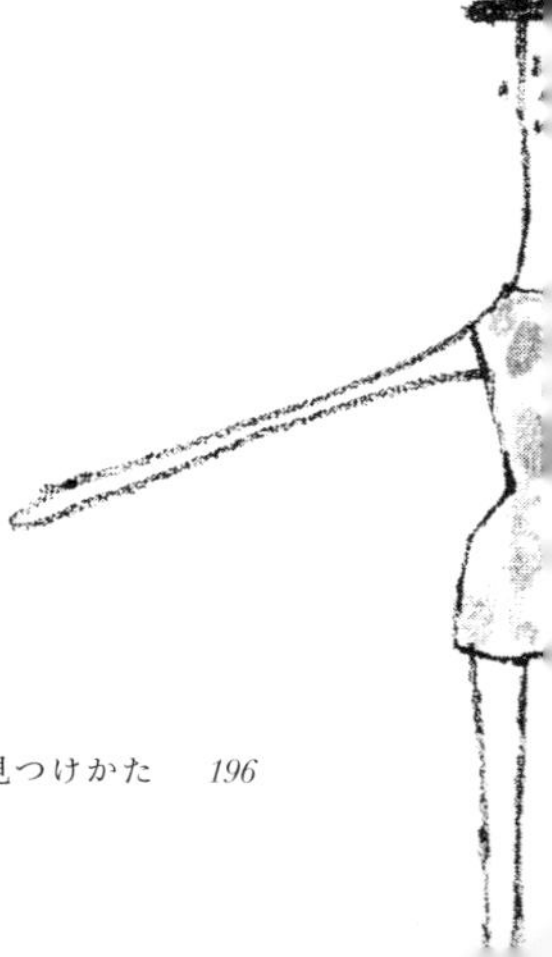

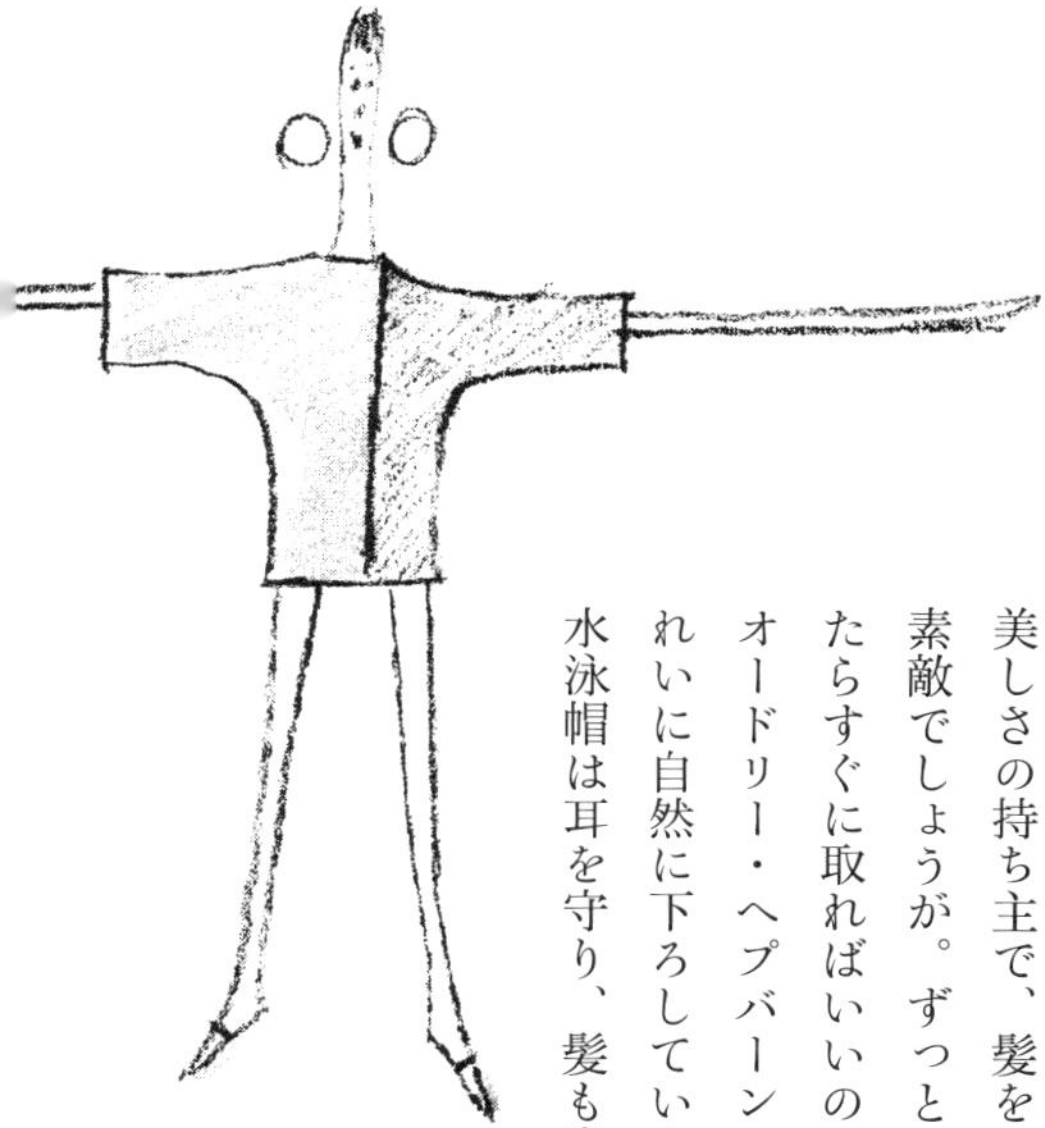

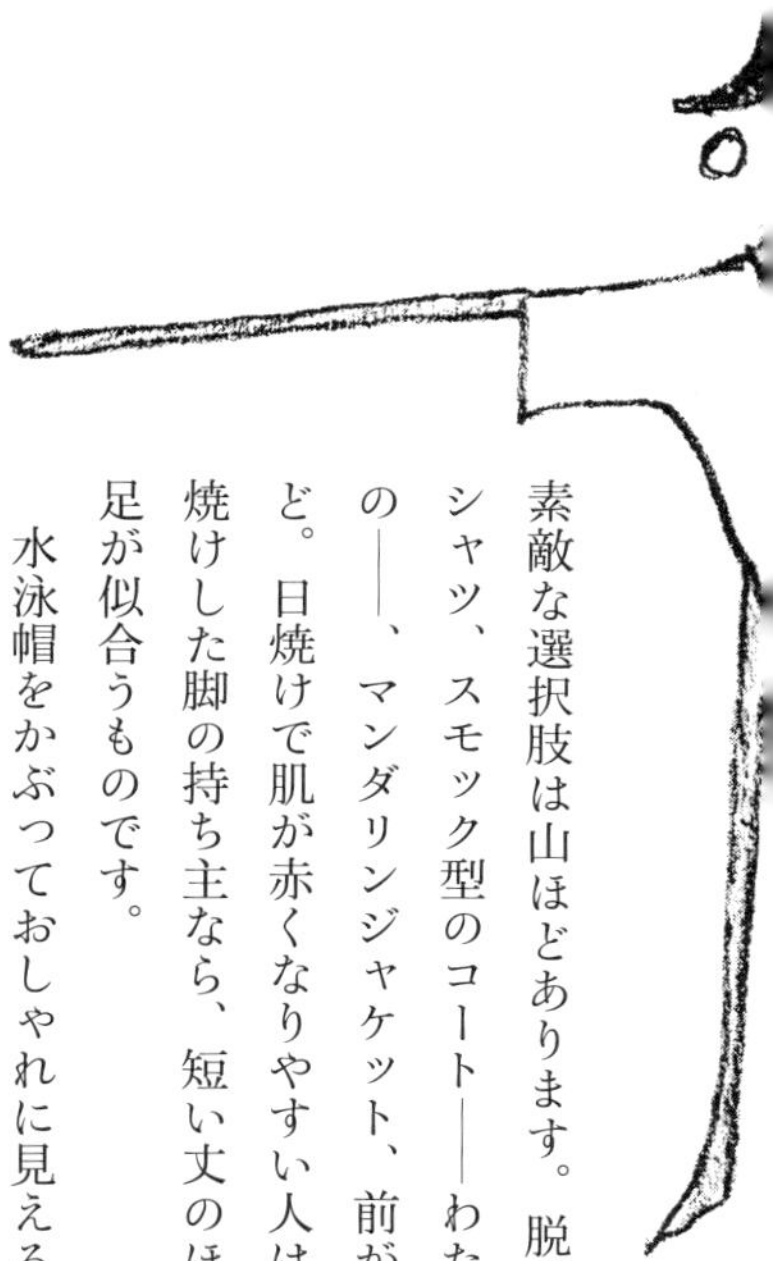

素敵な選択肢は山ほどあります。脱ぎ着が楽なケープ、タオル地のメンズシャツ、スモック型のコート——わたしのはT定規型と名付けられているもの——、マンダリンジャケット、前が閉められる定番の長いコートローブなど。日焼けで肌が赤くなりやすい人は長いローブが必要でしょう。美しく日焼けした脚の持ち主なら、短い丈のほうがいいですね。ビーチには美しい素足が似合うものです。

水泳帽をかぶっておしゃれに見えることは、あまりありません。彫刻的な美しさの持ち主で、髪をきちんと後ろに撫で付けられていれば、水泳帽でも素敵でしょうが。ずっとかぶっている必要はありません。飛び込みが終わったらすぐに取ればいいのです。若い女性たちは水泳帽なしで泳いで、その後オードリー・ヘプバーンのように髪を撫で付けるか、マーメイドのようにきれいに自然に下ろしていますが、誰でも水泳帽なしで大丈夫とは言えません。水泳帽は耳を守り、髪も半分ドライに保ってくれる機能的なアイテムです。

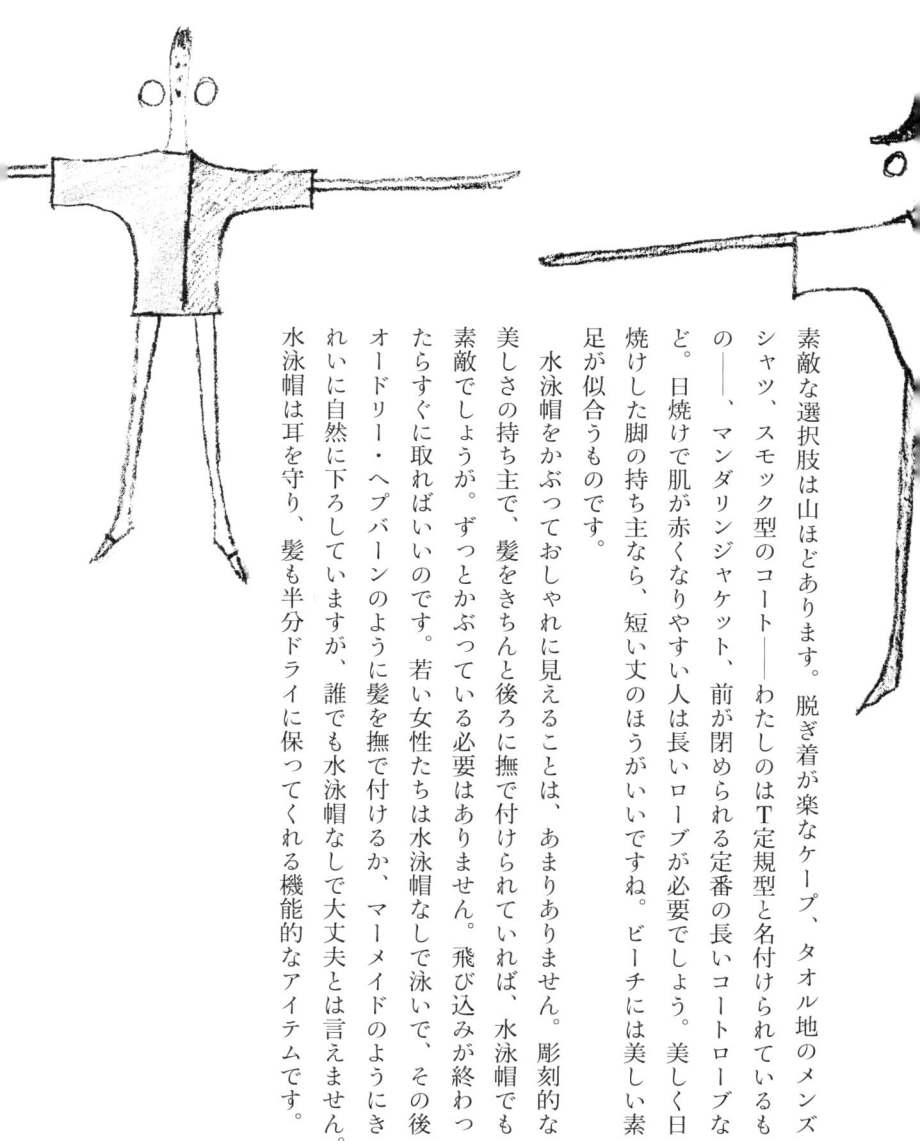

水泳帽のデザイナーはここ一〇年、それほど新しい形を生み出してはいません。端の部分はしっかりタイト、かつ内側は髪の毛をぺたんこにしない余裕のある形の水泳帽の登場を、わたしは期待しています。あるデザイナーは、トリム付きヘルメット型や、花飾り付きのトーク帽型といった、まるで帽子のような水泳帽を作りました。カールした髪のような飾りが付いたものもあります。もし似合うようであれば、そういう水泳帽も楽しそうです。

ペディキュアをしていなければ、ビーチシューズを履いてください。足の爪を磨けとは言いませんが、きちんと整えてください。曲がった指先など、ともかく形の悪いものは隠しましょう。美しい足をお持ちであれば、車まで歩くのにサンダルもビーチサンダルも履かなくていいですよ。美しく日焼けした脚と足先は、なによりもそれだけで美しいのです。

帽子をかぶるなら、大きくて目立つものに。大きな帽子は日傘代わりになります。でもガーデンパーティ風のものはやめましょう。

色あせたタオルや、自分のバスルームにも似つかわしくないような貧相な見た目のものは、ビーチでもプールでも冴えません。街用のハンドバッグ、透明のプラスチックバッグもぱっとしません。海辺でも痛まないストロー素材のバスケットや、しっかりした麻紐のクロシェ編みの巾着バッグを持参しましょう。濡れたタオルや水着を入れて帰るのは、普通の街用バッグではなく、チェック柄の布かネイビーのダッフルバッグにしましょう。基本コンセプトはフリー

&イージー。かつ整理整頓されていて、濡れていなくて、太陽と空気のようにナチュラルに見えること。

小さなボートでもどなたかのヨットでのセーリングでも、同様の服装をおすすめします。船が揺れることを考えると長いパンツがいいでしょう。日に焼けたければロールアップ、かんかん照りの下、静かな海に何時間も漂うときは裾を下げればよし。腕もカバーが必要です。メンズライクな長袖シャツの袖をロールアップして着るのがいいでしょう。マリン風の半袖Tシャツを着たい場合は、必ずジャケットを持っていってください。船遊びに合う色はネイビー、あせたブルー、白。鮮やかな緑や赤は、海の青さに囲まれると場違いに見えます。セーラー襟、星、アンカー、金色の飾り紐などは、船の持ち主と乗組員のものです。ただの乗客がやたらマリン風に着飾ると、ミュージカル・コメディのように見えるので注意しましょう。

デッキで滑らないゴム底のトップサイダーシューズは必需品です。

髪が乱れるのを防ぐのにスカーフはいいですが、どうしても風にばたつくので、ぴたりとさせて後ろで結わえるか、紺か黒のフランネルのベレー帽を上からかぶってスカーフをタックイ

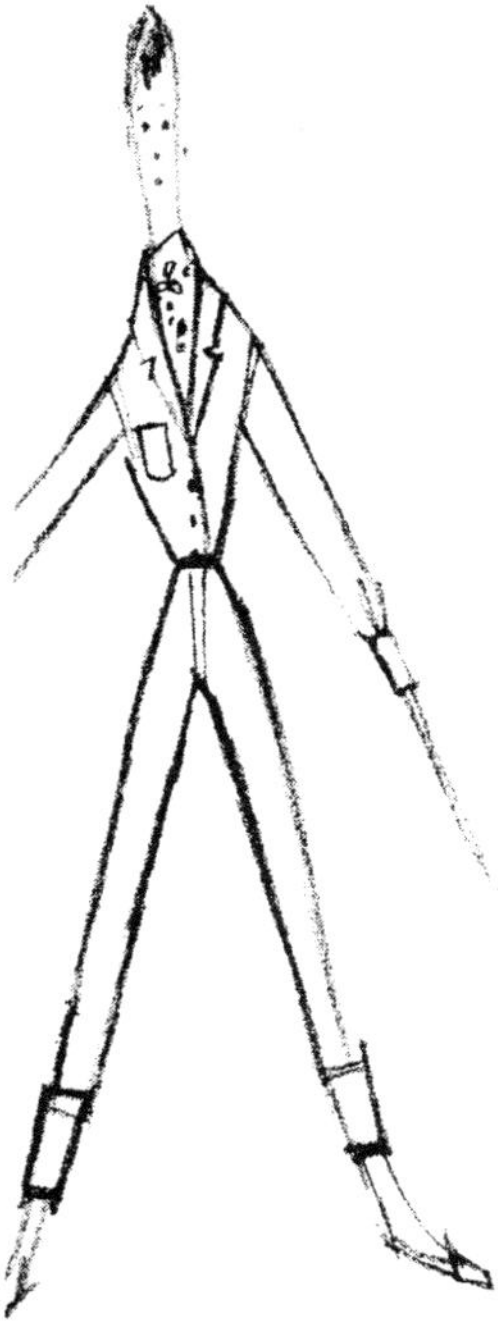

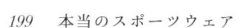

ンさせましょう。

高波やスコールに遭う場合もあるので、防水のジャケットかコートも必要です。水が苦手ならば、セーリングには出かけないように。怖いという気持ちは顔に出ます。自分だけでなく周りの人たちの楽しい気分を損ねます。なにも恥ずかしがることはありません。馬に乗るのが怖い人も、スキーが苦手な人もいます。でもなにかしら、あなたにぴったりのスポーツがあるはずですから、心配しないでください。エクササイズやレクリエーションの時間は大切なものです。現代を生きるストレスを解消し、美容にもよく、医療費の軽減にもなります。その上、もちろん、あなたを快適でかわいく見せてくれるウェアを揃える楽しみもあるのです。

第12章　誇れる旅行

旅行鞄もスポーツ用品と同じルールが当てはまります。その鞄を持ってどこに行ってきたのかが大切です。クローゼットにずっと放置されていたような見た目はいけません。ナイアガラの滝のステッカーを貼れという意味ではなく、飛行機、船、電車、車のトランクなどに入って旅してきたという、いい感じの使用感がほしいのです。空港の荷物受け取りカウンターで、たいてい誰がどの鞄を取るか想像がつくもの。ブロンドすぎるブロンドヘアのご婦人はピンクの革のバッグがお好みでしょう。彼女はホテルの部屋に鞄が着いたとたん、鈍い色の袋でそのバッグをカバーして、美しいピンク色は隠してしまうのです。いろいろなセンスがあります。どういうモノグラムを付けるか。大きく金ぴかのものを派手に、それとも宣伝みたいにならないよう控えめに、鞄に馴染む小さなイニシャルを焼印でレザーに入れるか。わたしが知る、厳格でありながらフェミニンで、控えめなおしゃれに定評のある実に洗練された女性は、光沢のない黒いキッドのバッグを使っています。フランスでタクシーの上に積まれていた、茶色いキャンバス地にピッグスキンの縁取りとフレームの鞄のセットが、わたしが見た旅行鞄の中で最高のもの。一個ごとに男性オーナーの名前が大文字で書かれていて、すべて違う形をしているのですが、揃いのデザインで、靴用、シャツ用、ソックスやタイやハンカチ用、そしてスーツ用にスポーツウエア用とそれぞれ鞄を別にしている感じでした。四〇ポンドぐらいでそんなパーフェクトな鞄セットを見つけられたらと願うばかりです。

旅してきた感とこれから旅する感のある、よく使いこまれたレザーのスーツケースを、あなたは誰か男性に持ってもらおうと思っています。革自体は重くはないのですが、強度を保つための裏地やフレーム、その他必要でもない支えなどが、鞄を重くします。ハードケースではなくソフトな鞄にして、よい鍵とストラップが付いているもののほうがいいかもしれません。さまざまな選択肢がありますが、合成皮革は絶対にだめです。段ボールでできたスーツケースを持っているのと同じに見えますよ。軽量のアルミニウムフレームで、ネイビーのデニム地に赤いレザーのストライプで縁取りされているものなども素敵です。鮮やかな色の合皮バッグはいただけませんが、ストライプ入りのキャンバス地は旅行に向いていています。

飛行機によく乗る人は、リュックやダッフルバッグ、革か布のフレームなしのバッグが軽くていいことを理解しています。中に仕切りがちゃんとあって、スーツのハンガーも付いている鞄が必要とは思わないはずです。実際、スペースが大きいほうが、ものを入れやすい。スーツにハンガーがあったところで、皺はつきます。固めの素材はどうやっても皺になるものです。緩衝材としてのティッシュペーパーも場所をとります。ドレスなどは丸めて筒状にすると、兵隊のようにびしっと並びますし、皺もつきにくいです。旅行に向いた素材、ジャージーや良質のウール、コットンなどを選びましょう。ただし全部ナイロンがいいなどとは思わないでください。ナイロンは確かに天からの賜物ですが、コットンは何度着ても清潔感があります。一九五二年と五三年に初めてヨーロッパに渡ったナイロンのドレスのことを思い出します。毎晩洗って乾かし、また翌日同じものを着ていて、ドレス一枚しか持っていないことがすぐにみんなにばれた、かわいそうな女性たちの渡航でした。

旅行の準備は、賭けをするようなものです。暑くなるのか、寒くなるのか、雨がずっと降るのか。ロングのイブニングドレスを着る機会があるかもしれない。山歩き用の靴が必要か。そ

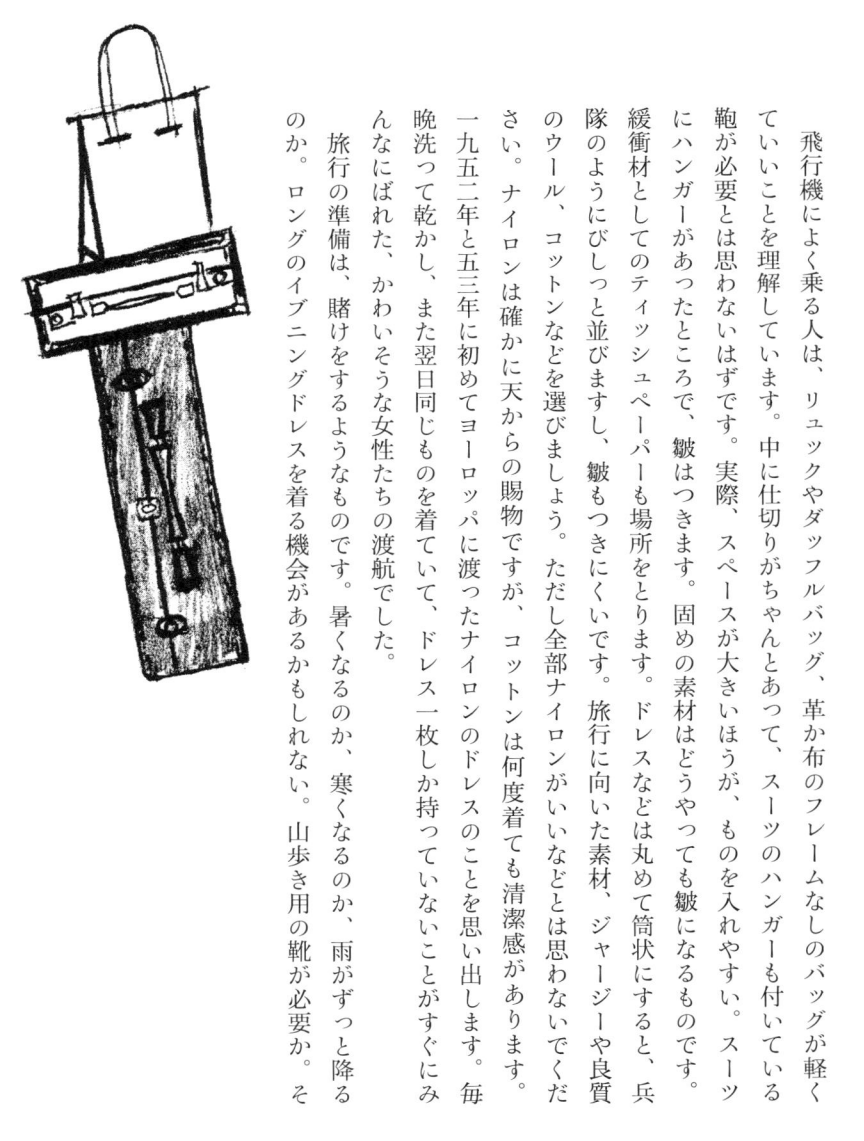

れともオープントゥのサンダルが必要な天候なのか。みんな帽子をかぶるのか、それともスカーフ一枚あれば帽子の代わりにできるのか。

旅行鞄のパッキングには、想像力が必要になります。ありえないようなことが起こるかもしれないと夢見ることも大切です。女王様のガーデンパーティに招かれるとか、ローマ法皇にお目にかかる機会がやってくるとか。ロングドレスでなくてはならない、格式あるパーティやオペラのガラに誘われることもあるかもしれません。多くの旅行会社のアドバイスに反して、ロングドレスを一枚持っていきましょう。そのときが来るまでどうなるかわからないし、素晴らしい機会にコットンスカートとシャツしかない自分を想像してみてください。

パリにはニューヨーク同様に歩道もバスもタクシーもあります。ニューヨークで一日中履いている靴、それでパリもOKです。でも本当に全部の美術館に行くつもりですか？　答えは、はい、行きます。ならば、柔らかくて履きやすい靴が必要です。重たいウォーキングシューズは慣れていないのであれば、やめてください。ヨーロッパへ行くとなると、まず重たい靴から用意し始めてしまう旅行初心者は多いものです。

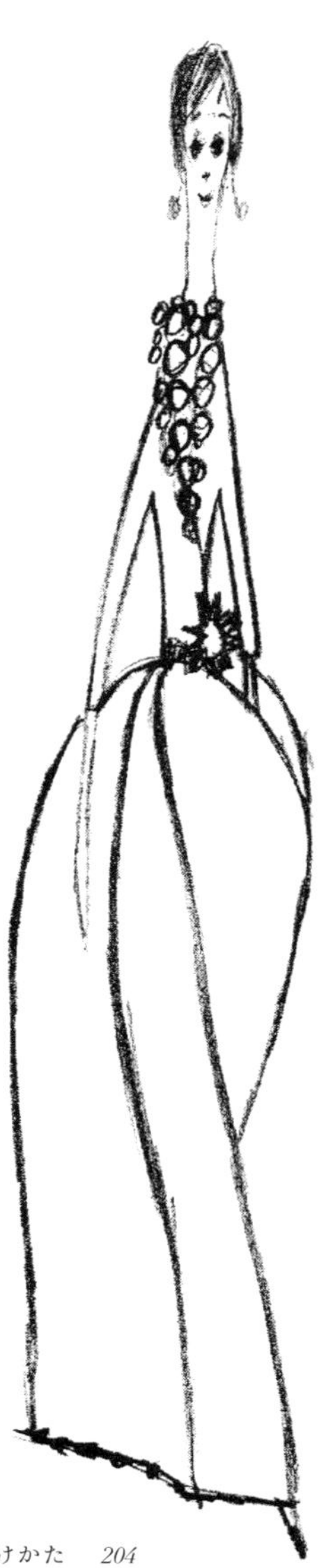

旅行には本当にいろいろなタイプがあるので、二〇個ルールを書いたとしてもまだ足りないはず。でもどんな旅にも通用する方法があります。トーマス・クックを片手に移動する旅では、スカート一枚、ブラウス数枚、寝巻き一枚、歩きやすい靴一足。一箇所に留まる旅であれば、その場所でどんな人たちとどんな時間を過ごすのかを考えて、必要なものを揃えます。ビーチ用もイブニング用も街着も必要といういろいろな場所に行く旅であれば、左記のリストを参考にしてください。

ドレス
スーツ
ブラウス
セーター
スカーフ
バッグ
帽子
下着

ショートパンツ
ロングパンツ
水着
ストッキング
靴
手袋
ジュエリー

旅行用のリストを作るのは楽しいですし、大事なものを忘れずに済む保険になります。最適な方法は、まず右記のような一般的なリストから始め、いろいろ書き足していくのです。ドレスの項目に、シティ用、カントリー用などと書いて枚数も記入する。リストの上から下までこれをやります。次に、ベッドの上に自分の持ち物を全部広げて、必要なものと持っていかなくてよいものを分ける。どれとどれを合わせるかを考える。ディナー用ドレスに合う靴、水着に合うサンダル、黒いスーツに合わせる白い手袋はちゃんと持ったかなどを確認します。

前にも書きましたが、旅行こそ、わたしがさまざまな場面に対応できる5ピースワードローブを考えついたインスピレーション源なのです。旅行に最適なのは、短めのスカート、長いスカート、ベアトップ、カバーされたトップ、そしてお揃いのコートのセットです。新調するならまずはこの基本を買うことから始めてください。どれを合わせてもコーディネート可能、ただし5アイテム全部一度に着るのはなし。これをスタート地点にして、ストールやしゃれたカシミアセーターやスカーフを足していく。ジャージーやサテン製の畳める帽子など。もう一枚ブラウスも。ただし、この5ピースの色が、あなたの配色の基本になるということを覚えて

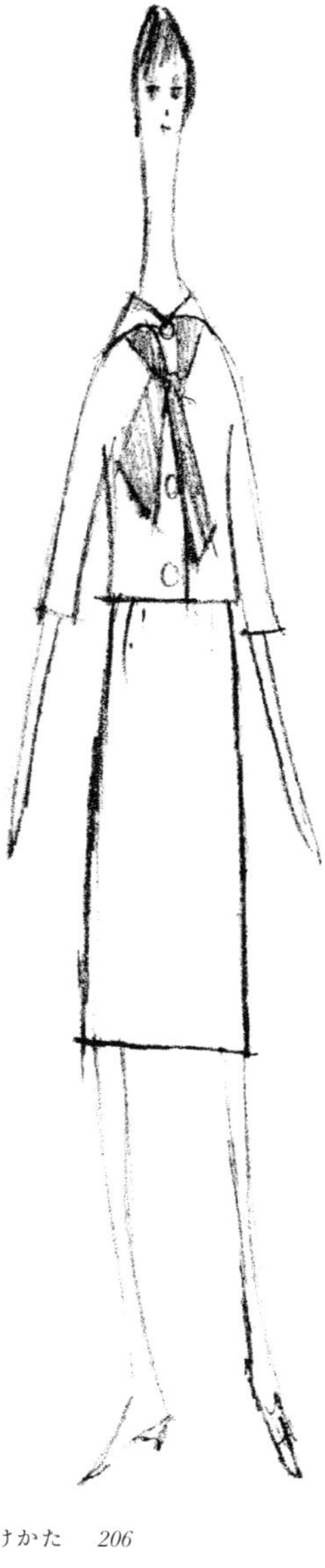

いてください。追加するものはすべて、靴でも手袋でもジュエリーでも、基本に沿っていなくてはなりません。

週末旅行

週末もいろいろな過ごし方がありますね。結婚して郊外に住んでいる旧友の家に泊まりに行くことを考えてみましょう。金曜日の夕方五時に、電車に乗って向かいます。着いたら、スイミングに行ったり近所のカクテルパーティに行ったりするかもしれませんが、その友人がどうしたいかは会うまではっきりとはわからない。でも先を読めるあなたは「水着セットも念のため持って行っておこう」と思うわけです。夕食にはシンプルなドレス。シンプルでもオフィスっぽい服ではなくて、ディナーらしいドレスです。たいていアクセサリーでいろいろとできるものです。カントリークラブのダンスパーティへ行くかもしれないので、ロングスカートも入れておきましょう。でもあなたを呼んでくれた友達がシンプルなリネンの普段着ならば、ロングスカートはやめておきましょう。

服が足りないというのは、週末旅行を台無しにします。本当に暑くて湿度が高く、シャワーから出たあともいつまでもべたべたするような週末で、服が全部よれよれになってしまったことがありました。金曜の夜から月曜の朝に電車に乗るまでの間の服を、パズルのように頭を悩まし考えました。「これは明日にとっておこう。あ、違う、今晩着なくちゃ」といった感じで。

もちろん借りるという手もあります。でも、それはやめましょう。

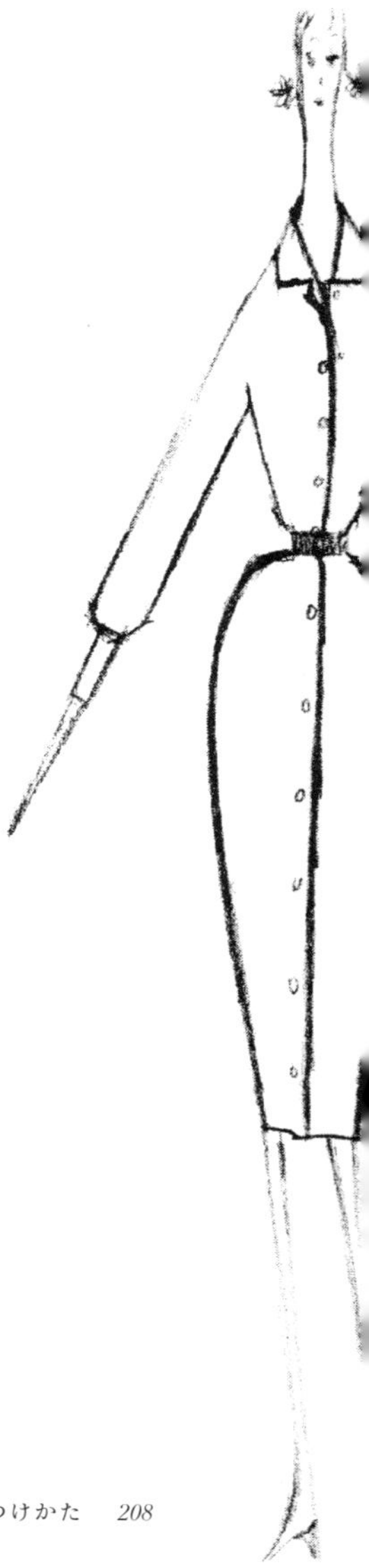

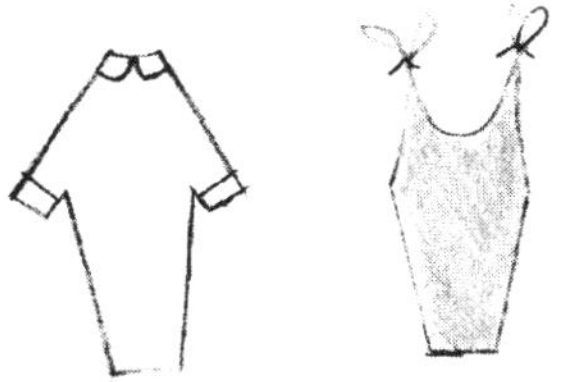

フレキシブルな
5ピースワードローブの便利さ

旅行鞄の省スペースのためにデザインされたものですが、仕事から夜の社交に直接向かう、分刻みで動く多忙な女性のためだけではありません。やっぱりロングスカートが必要なことがあるかもしれない、ちょっとした週末旅行にも大活躍します。

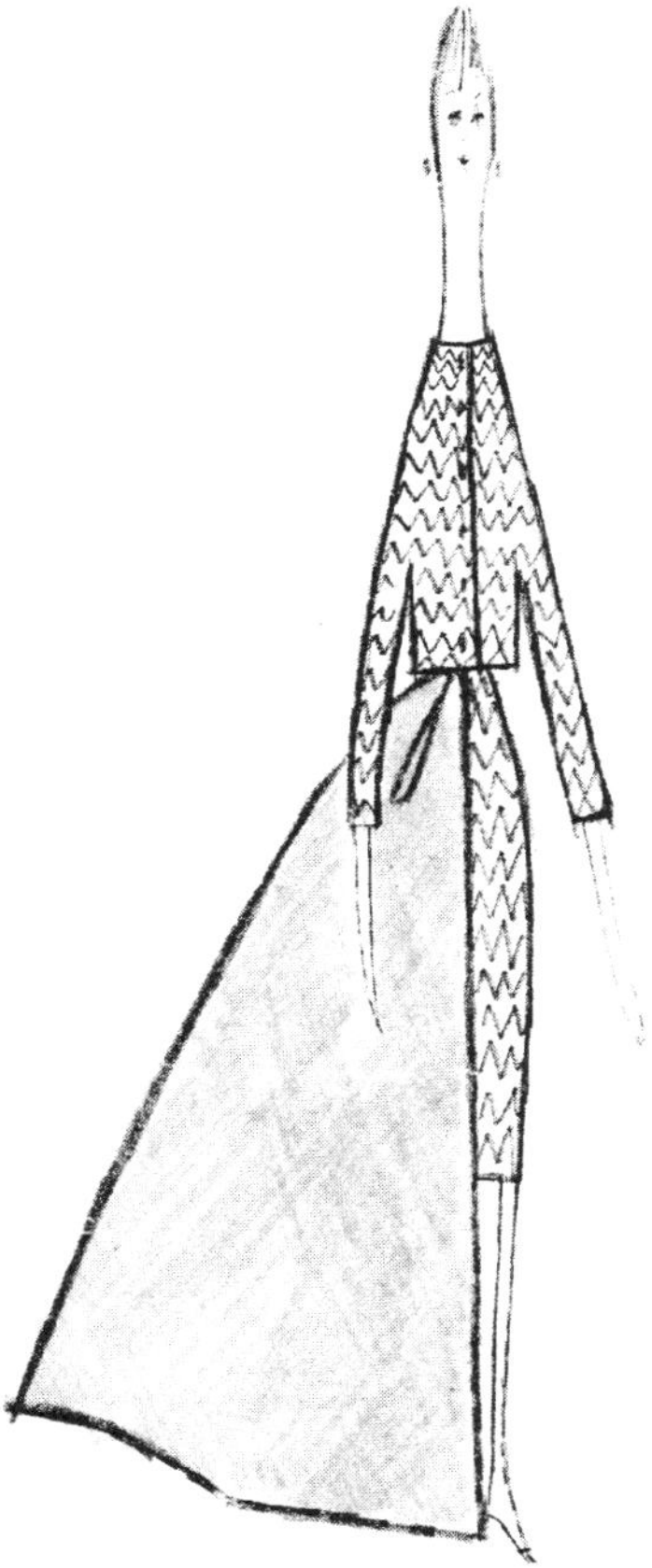

世間の目

自分の家を一歩出た瞬間から、あなたは人々の目に晒されているということを忘れないでください。旅行はあなたを鉢の中の金魚状態にします。駅員さん、ポーター、ホテルの受付、客室係、ベルボーイがあなたをしっかりと見ています。きちんと教育された目の持ち主であれば、旅行者を褒めてくれるものです。

彼らはあなたを旅行鞄で判断し、チップの額を測ります。手袋のあるなしで判断もします。靴の光り方でも。誰にも会わないからといって履いてきたボロ靴でも。

黒い服を着て旅行するなら、クレープ、サテン地、それにカクテルドレスはやめましょう。黒ならば、ツイード、コットンツイル、デニム、または皺にならない新素材のものにしてください。ツイード地やレザーコートは寒いシーズンに素敵です。

車で旅行する場合は、スラックスのほうが楽だと思う人もいるでしょう。でも途中で高級レストランに入ろうとしても入店拒否に合う可能性もあります。そして、大きなホテルが急に「空き部屋なし」になることも。

どれも冷たくて、上品ぶっていて、あまりに慣習的で、嘘だろうと思うでしょうが、旅行には厳しいドレスコードがあるのです。そのルールを無視すると、あなたが不便を感じたり、恥ずかしい目に合う可能性があります。

「また紺色を着なくちゃいけないの?」と二人の娘さんがお母さんに渋っています。ボストンまで六時間の車旅行の前のことです。「ランチは素敵なレストランとハンバーガースタンドのどっちがいいの?」とお母さん。いいレストランで特別な時間を過ごすことが好きな子供たちは、ため息をつきながら、シャツとショーツは鞄に入れて紺色のドレスを着ることにします。

世間の目というものは、電車や船を待っているときにもあります。「彼女はきっと有名人よ」と囁かれながら、好奇心と賞賛の目で見られるのは嬉しいことです。蘭の花飾りを付けているからではなく、素敵な鞄を持ったスタイリッシュな旅人としてです。電車や船や飛行機に乗ったら、さらに近くで見られることになります。伝線したストッキングは、忙しいレストランでは目に止まらないでしょうが、一等車の座席に座っていれば一目瞭然です。派手すぎる服装は好まれません。みすぼらしい格好なら、かわいそうにと思われるでしょう。人とは違うことがしたければ、想像力と楽しませる力を使いましょう。ストロー素材のスーツケースに挑戦してみてください。

旅に慣れれば慣れるほど、ポーターと自分の荷物に目を配れるようになります。ポーターが

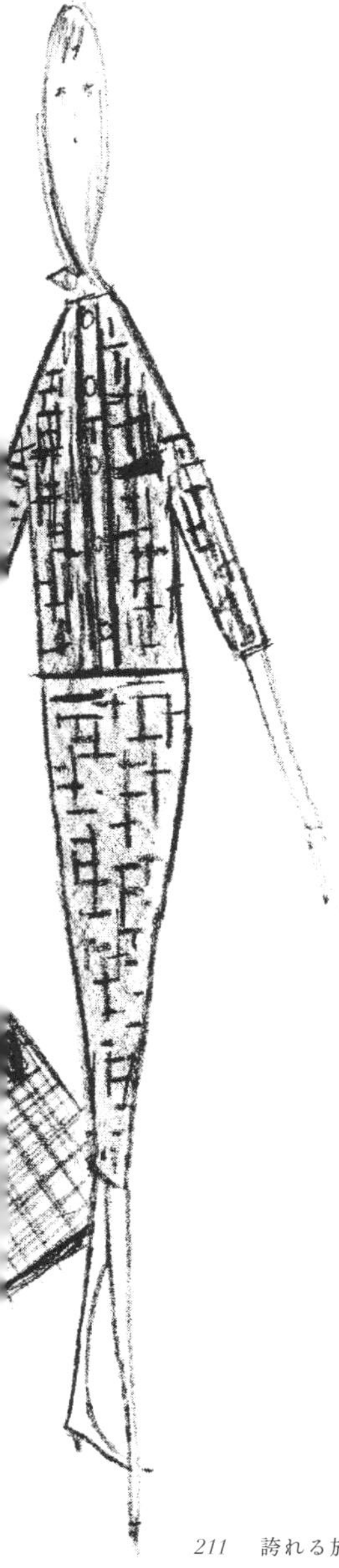

荷物をどこに、なぜ移動させるのか、見て取れるようになるのです。自分の持ち物をちゃんと把握して、目印を付けておくこと。荷物の数を頻繁に数えること。荷物の紛失は思うほどはないかもしれませんが、ポーターに全面的にまかせていると起こりやすくなります。

シャッフルボードを楽しむ人でなくても、船のサンデッキにいるのは気持ちいいものです。でもドレスアップした格好でそこにいるのは馬鹿げた感じがします。吹雪のニューヨークを発って、早くショーツや背中の大きく開いたコットンの服を着たいと思いながらも、メキシコ湾流にたどりつくのには三日かかることもあります。トロピカルな服を車に満載してバミューダに向かっても、途中で台風にあって自分を覆う服がないという状況に陥る可能性もあるのです。ロンドンの春はセントラルヒーティングがちゃんと入っていない限り、暖炉のようにぽかぽかにしてくれる太陽があるローマの春とはまったく違います。街それぞれの天候というものを甘く見ないように。ニューヨークとシカゴの冬は同じではありません。

ここに書いたすべては、ともかく前もってトラブルシューティングをしましょうね、という

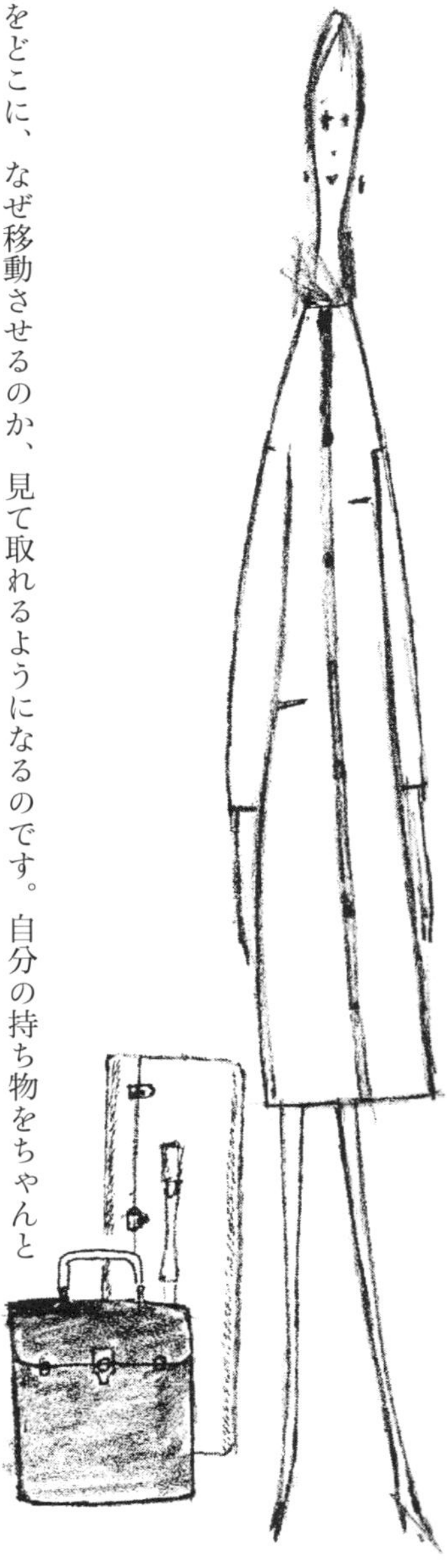

ことなのです。基本の考え方は、あなたが晴れやかに見えて、気持ちよく過ごせて、せっかくの素敵な服を人前でちゃんと着られるように、ということです。

第13章

「前髪で眉毛を隠す人」

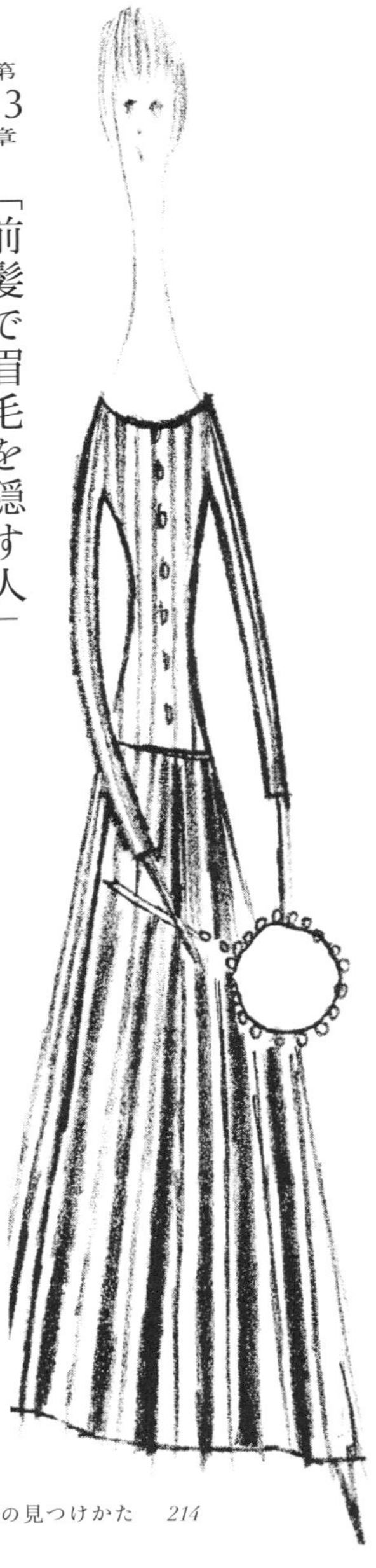

「前髪で眉毛を隠す人」というこの言葉は、あなたがずっと気にしながらも解決できなかった問題を端的に言い表しています。生まれつきの薄い眉毛になんの手も加えていない女性。鏡を見ても、もちろん眉毛はよく見えません。濃く描くことに抵抗があるのか、それができると知らないのかわかりませんが、重たい前髪でその薄い眉毛を隠しています。顔が大きくて目にアクセントがないと、すべての印象が薄い顔に見えます。舞台役者のような目が必要だと言っているのではありません。重たいマスカラとアイシャドウは、ブロードウェイのシュバート通りの人々にまかせておけばいいのです。でもうまくあしらわれたアイメイクは、素晴らしい効果をもたらします。もともとの眉の形に沿ってラインを足すだけで、眉毛の形自体を変えると

か、そういうことではありません。毛抜きで抜き始めたが最後、トラブルになります。おすすめの技は、部分的に強調すること。目が小さければ、眉毛の端に手を加える。これは何のフェイクでもありません。傾いたラインや、V型、丸いドットをほくろを真似て片側だけに入れる。目の下にクマがあれば、まぶたにダークカラーをのせれば目立たなくなります。マスカラが上手であれば、まつげを上に持ち上げながら付けてみましょう。でも、ばりばりに固まった見た目にならないように注意してください。

まぶたに色をのせるのも美しいですね。画家が印象派のような肖像画を描くときのテクニックと同じで、グレーがかったブルーかグリーンをのせると陰影がつきます。わたしは厚塗りより、やはりナチュラルメイクが素敵だと思います。シャドウは良質の細いブラシで薄く付ける。さまざまな色のシャドウがあるので試してみましょう。ファッション雑誌を見て、瞼にスパンコールや、くりくりの乙女チックなお目目や、上級テクニックですが下のアイラインをしっかり入れるマンダリンルックの研究を楽しんでください。見て楽しんで、そして、いくつかは試してみてもいいでしょう。

わたしにとってのベストルックは、いつでも洗いたてに見える清楚な「石鹸と水」ルック。軽いパウダー使いが好みです。傷んだお肌や食生活の乱れをカバーできるほどのパウダーは存在しません。本当の肌は内側から作られます。風や太陽から肌を守る必要があるときも、パウ

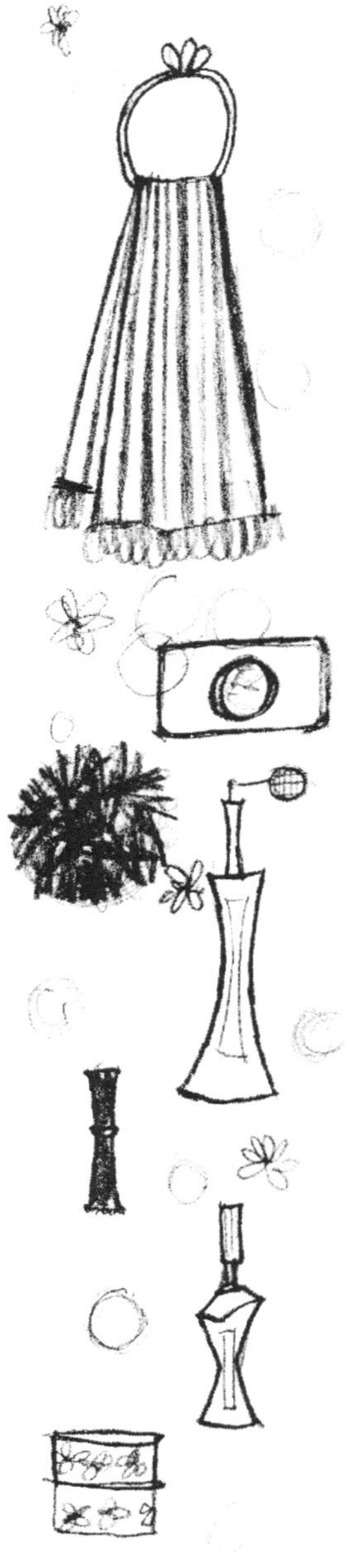

ダーでカバーするより油性クリームを塗ったほうがいいのです。

毎日のルーティンとしては、ベースにクリームを塗ってその上に自分の肌色に合ったパウダーをはたく。魅力的な唇というのは、目の場合と一緒で、もともとの自分の唇の形に沿って作られます。わたし個人は薄付きの口紅が好きですが、好みは人それぞれです。チークはいまはあまり使われませんが、必要であれば、まずは鼻の骨にのせ、おでこのほうへなじませていき、顎にも少し付けてください。できるだけ軽く付けること、これで軽く日焼けしたような輝きが出ます。日焼けにムラがあるときも、同じ方法で日焼けしていない部分にチークを薄くなじませ、全体のバランスをとります。軽くと言ったら本当に軽く、塗りたくった顔からはほど遠くしてください。

美容師さんのパーマの売り込みに負けないようにしましょう。あなたらしさを全部取っ払って、パーマの広告塔になるだけです。髪を染めることも同じ。ストレートな髪は、セット次第でいろいろできることを忘れないでいてください。なりたい髪型の青写真を持ってヘアサロンに行けば、命拾いできます。前や後ろ、どこか一部だけパーマをかけてあとは自分の自然な髪をきちんとキープ。また、アイオワ州ダビュークの田舎であれ、パリであれ、イギリスのどこかの美容院であれ、なりたい髪型の写真や絵を見せておけば心配も争いも避けられます。

いつも同じ髪型というのはやめましょう。ほんとうにつまらないですから。わたし自身は、動きと変化のつけやすいロングヘアが好きです。スポーツ用、終日そのままで過ごせるスタイル、ねじってパーティ用、結う位置が高いか低いかでも違う雰囲気になります。髪型を変えましょうといっても、毎週別のヘアドレッサーのところに駆け込んで、いつもいつも新しい髪型にチャレンジして、奇跡的に素晴らしいヘアスタイルを探し続けようということではありません。自分の年齢や顔のつくり、髪の色から逃げようとするのは、神経症的で子供っぽい行為だと思います。

長い髪であれば、トレンドに合わせるのも楽なんです。前髪を作ればショート風に見せることもできます。後ろにきちんと結わえて、ぴっちりと小さめにしたスタイル。上のほうにお団子にしたり、首のほうにしたり、スポーツ時はポニーテールにしたり。女性は新しいドレス、新しいトレンドに出会うたびに、それに合った髪型にしたいので、わたしのこの「長い髪がベター」論でも、美容師さんに利益はあるはずです。パーマをかけても、別のパーマをかけるまでのパーマネント（永遠）でしかないわけですから、パーマなんて忘れましょう。自分の髪の自然にまかせ、髪を理解して上手に扱い、あなただけの素晴らしい美しさを謳歌すべきです。

見事な富士額でなくても、なだらかな生え際のラインでいいですし、生まれもった美しさを野暮ったくしてしまう機械的に作ったウェーブなどよりはるかに素敵です。

手元も人目につきます。どんなマニキュアの色を選ぶか。赤いスーツには赤いマニキュア……ファッション的には色は合わせなくてもいいのです。大事なのは、爪の形と爪の健康状態。仕事場ではその場に適したマナーも考えましょう。剝がれが目立つ色ではなくナチュラルカラーを選ぶのも一手。もちろんすべての爪が完璧なネイルカラーの美しさを保てる時間と忍耐を持っていれば最高ですが、皿を洗ったり、さまざまな家事をしたり、一日中タイピング仕事をしたりするのであれば、まず無理です。ペディキュアはあなた次第。そしてたぶん旦那さん次第ですね。わたしの友人に、旦那さんがペディキュアは好きだけどマニキュアは大嫌いという人がいます。

歯も大切です。歯をきれいにすることは大事ですが、それ以上に歯自体を保つことが大事です。半年に一度は腕のいい歯医者さんにチェックしてもらいましょう。自分の歯の状態を知ることが大事です。歯が欠けてから、なんとかしようというのでは遅いですよ。

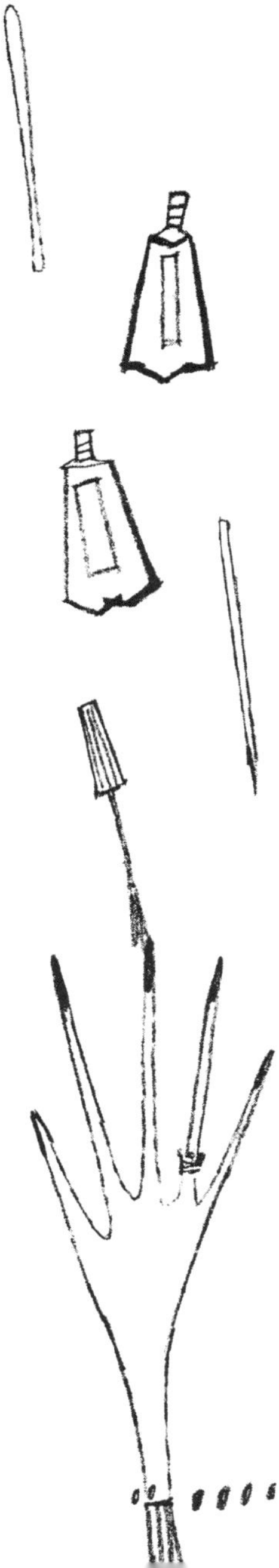

きちんとコントロールされている体は、ガードルなどで整えている体よりはるかに美しいものです。柔和で自然な体のラインを無理に変形させるのは、わたしは感心しません。きつく体を締め付けることよりも、ダイエットと運動を。それなりに痩せていれば何も言いませんが、アメリカ女性はお気楽で、だらっとした姿勢の人がかなり多いのです。ガードルで固められた人は決してリラックスして見えないし、ハッピーにも素敵にも見えません。胸を持ち上げるブラジャーの大量生産によって、アメリカ女性の体は変えられてしまいました。それ自体が憂うべきことですが、バストという体の一箇所だけを強調する時代になっています。一九二〇年代のトレンドだった脚出しルックをいまやったらおかしいように、二〇年後には笑われる姿になるのではないでしょうか。二〇年代のチャールストンを踊るような格好をしたらおかしく見えますが、いまの五〇年代のやたら尖った胸を強調したスタイルもいずれそうなるはずです。ヴィーナスはそんなものは一枚も着ていません。

この章を誤解して、自分の体に対してなにもしなくていいと思ってしまう人もいるでしょう。でも、再読してもらえればわかるはずです。ファッションに関する原則をビューティにも当て

はめているのです。やりすぎもやらなすぎも禁止、過剰反応もまるで気にしないのもだめ。まず自分に問いかけてみてください。「極端なダイエットとエクササイズなしで、自分の体型を保つためにベストを尽くしているか？　体重に気をつけているか？　歩いているか？」。全部やっているのに、それでも体型に大きな問題があるときは、硬い下着のサポートも必要です。しかし、いじめのような硬くて無慈悲な下着をつけろという意味ではありません。

　体重に問題があるなら、あなた自身とあなたの食生活をきちんと理解してくれるお医者さんに相談すべきでしょう。いきなりジムに契約金を払って、オリンピックチャンピオンでも疲れるようなワークアウトを始めたりしないように。それよりも有名なビューティサロンに行って、痩せたい部分のための簡単なエクササイズを教わってきましょう。それから、ひっきりなしに自分のダイエット話をして、ご主人や友達をうんざりさせないように。

　健康は、どんな美容番組でも重要テーマとして取り上げられます。輝きのない髪や、ボロボロの爪や肌でいる必要はありません。汗取りパッドが必要なときは、服に縫い付けずにゴムと

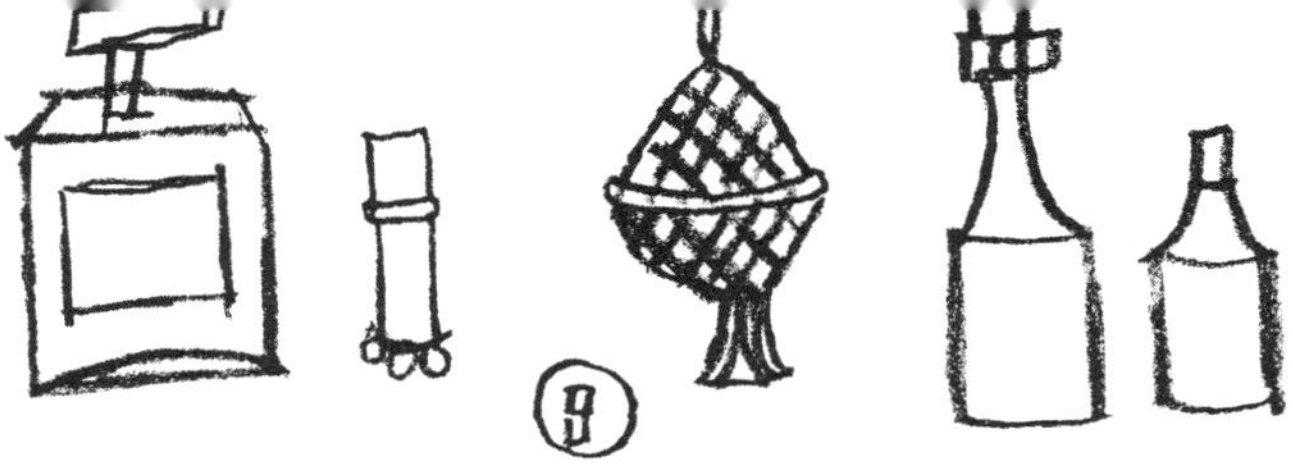

パッドで脇に付けるタイプのものが、どんなアームホールにも使えておすすめです。
ビューティもファッションの考え方と同じです。サッシュベルトで色を足すように、リップで色を足す。形なら、眉毛や髪のラインを考え、帽子の形や全体のシルエットと合うようにする。美しいつま先は、オープントゥの靴を引き立ててくれます。
そして、それらのすべてを楽しみましょう。ボトルや箱がかわいい化粧品を集めて、いつも整理整頓しながら、素敵な化粧台を作り上げていってください。
化粧もファッション同様に、ときには理由もなく、変わったものも登場します。二〇歳の女の子がわざとグレーのメッシュを一筋、髪に入れるのも、腕のある美容師さんにしてもらって、最高にファッショナブルで素敵だと彼女が思っているのなら、それはそれでいいのです。つけまつげも、嘘のまつげとしての楽しみを十分承知していれば、いいのです。ヴィクトリア朝の女性たちの間で、奇妙なつけぼくろがやたら流行したこともあります。ビューティとファッションは共生するもの。すべての女性にとって、どちらも常に必要なものなのです。

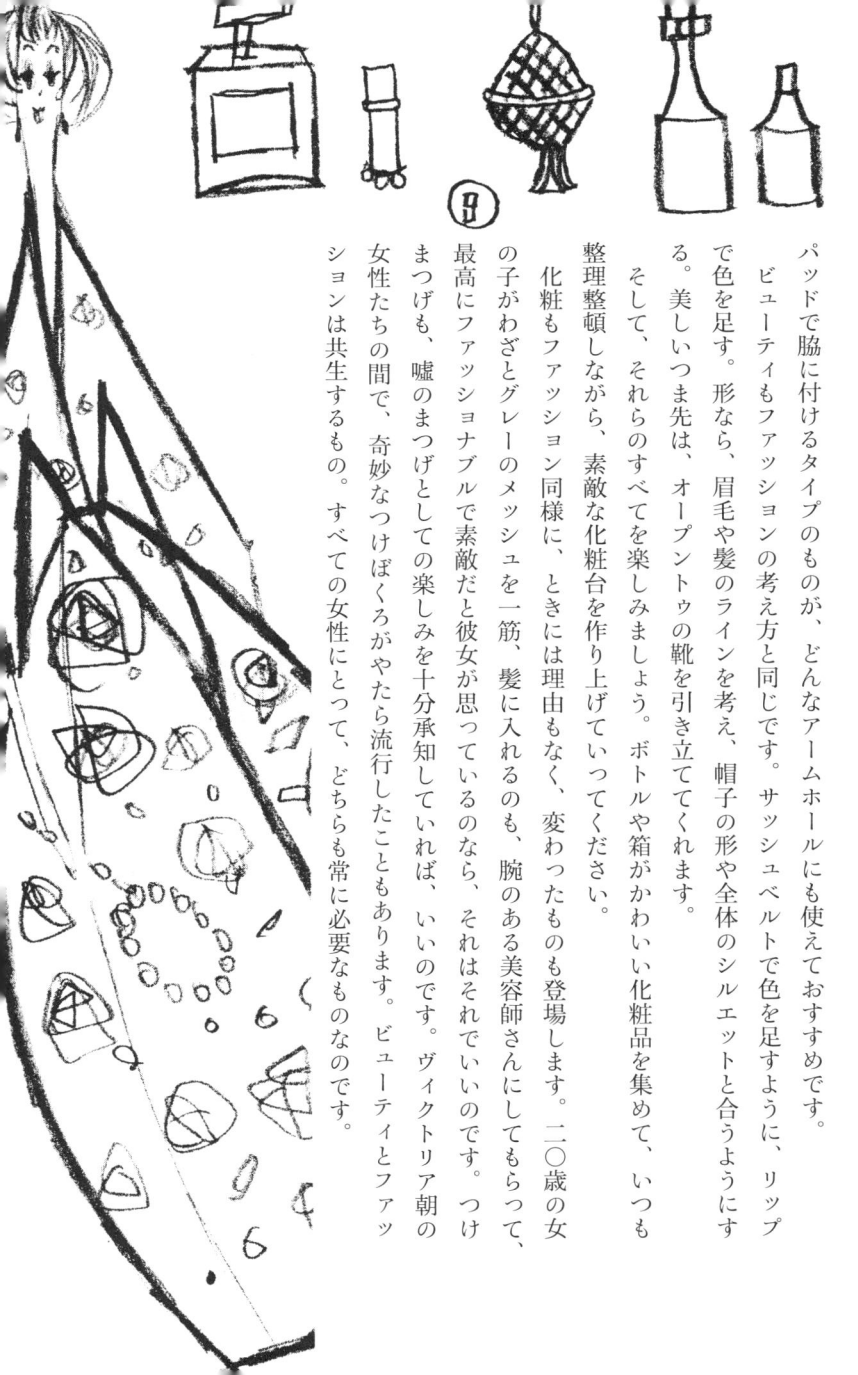

第14章

「マッカーデルさんへ。娘がこんな服を着るといって聞かないのですが……」

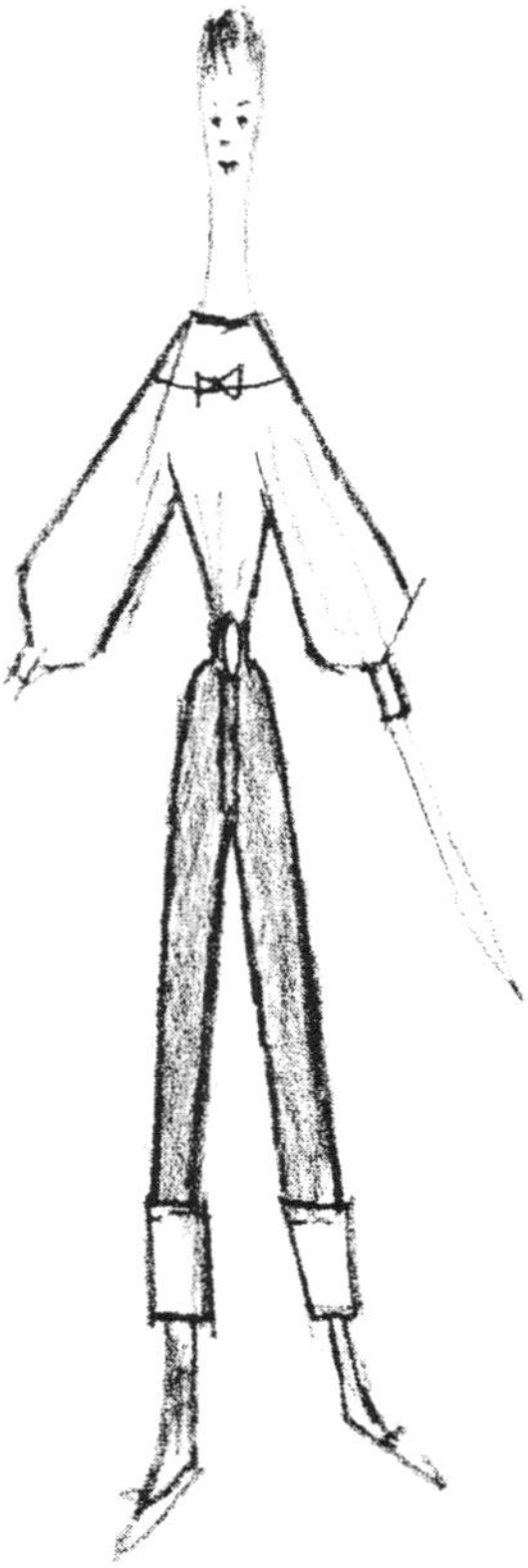

家族の服を揃える仕事、これには確かなセンスと想像力、ある種の二枚舌（あなたが服選びをしていると思われてはいけません）、そして家族それぞれの趣味とニーズに合ったアイテムを理解する知識が必要です。

この章は、ブルージーンズと透け透けのナイロンブラウスを着ようとする、いまどきの「お行儀の悪い」一〇代の娘さんを持つ母親の困惑した言葉から始まります。「娘がどうしたら、ひどい若者ファッションを着ながらも、慎みのある女の子でいられるか」という悩みです。彼女のわたしへのお願いはシンプルで、透けた服の下に着る、見えても素敵な下着をどうかデザインしてください、というものでした。

そのナイロンブラウスはやめましょうと言いたいところですが、お母さんとしては娘が言うことを聞かないのを知っています。これは緊急事態です。わたしも、特にティーンには、反対するより、ともかくやらせてから対処するほうがうまくいくことを知っています。親は一刻も早くこの流行が終わってくれるのを願うばかりです。ブルージーンズに合う本当にトレンディなものを考え出すことで、事態の収束を早めることができるかもしれませんが、それは娘さんがトレンドセッター的なセンスを持っている場合だけ。大抵はそうではありません。

もしわたし自身が母親の立場だったら、両方試します。娘が透けたナイロンブラウスに夢中な期間をしっかり把握し、そして昔ながらのカットワークレースの硬いコットン製キャミソールを渡すでしょう。同時にブルージーンズに合う、透けたナイロンブラウスよりも素敵で、しかもティーンの心を奪うようなトップはないか、真剣に考えます。古典的なベストアイテムは、ピンクのメンズカットのシャツ。襟元を開けて、袖をロールアップして着ればとてもフェミニンで素敵です。このスタイルはまずファッション誌で紹介され、さらに全国的な写真雑誌に

よって広がり、ティーンから三〇代まで多くの人に愛されています。

ここで言っておきたいのは、ティーンのファッション熱は、服に対するセンスの芽生えではないということです。今年のトレンドに踊らされているだけ。でも落胆しないでください。センスが芽生える「そのとき」はいつやってくるかわかりません。一〇歳の女の子が、急にデイヴィー・クロケットシャツ（胸まで開いた部分を紐で留める形の男の子っぽいシャツ）が嫌になってベストをほしがったり、前ボタンがずらりと並んでいないドレスがほしいと言い出すのが「そのとき」です。一〇歳の女の子が、それ以外のドレスがあることに気づいたという素晴らしい瞬間の到来です。

なんの前触れもなく突然に、小さな娘さんは女性として着飾る権利に気がついたのです。五歳、または四歳という若さかもしれません。でも彼女は二〇歳の女性が着るような服に心を奪われたり、とにかく新しいスタイルを求め、そして自分自身で服を選びたくなる。彼女は幸運なことに、まだ値札の意味をわかっていないので、値段で服を選びません。賢明な母親であれば、彼女をショッピングに連れ出し、なかなか決まらない買い物に何時間も付き合ってあげ、

必要なときに手助けすればいいのです。これこそが、本当のファッションセンスの誕生の瞬間です。

初めて実際にお店に服を買いに出かける、これは記念すべき瞬間です。いらいらして「そんなのは変」とか「それはあなたにはまだだめよ、大きくなってから」という言葉で台無しにしないでください。もちろん助言はしてあげましょう。アンゴラのセーターは、初めての学校のダンスパーティで着ると、相手のネイビーのスーツに毛羽がついてしまうからやめたほうがいいかもね、とか。わたしのセーターがまさにそれで、一生忘れることのできない出来事です。ともかく、あまりにひどい趣味のものを選ばない限り、その子の好きにさせてあげてください。年齢にそぐわなくても、もし彼女の気持ちがその服にあるなら、それを選ばせましょう。「薄いブラジャーが必要だと思うの」と言われたら、七五セントのを買ってあげればいいのです。彼女は引き出しに仕舞い、ひっぱり出しては眺めるわけです。そして、彼女に絶対的なおしゃれアイデアを教えるようにしましょう。たとえば、ココアブラウンやベージュでのモノトーンの着こなし。特別な服に触れさせる経済的な余裕があれば、「メイド・イン・フランス」

「マッカーデルさんへ。娘がこんな服を着るといって聞かないのですが……」

とラベルに入ったセーターを一枚買ってあげて、その意味を話しましょう。また、パールのような色合いの、質のいい小さなボタンがついている服を探すように教えます。また成長しても着られるよう、ヘム部分の生地の余裕があるものを探すことも。

息子さんは、あなたのショッピングに付き合うということはないでしょうが、驚かされることがあるはずです。彼はあるとき急に、学校のダンスパーティに、普通のダンス服ではないスタイルを選ぼうとします。まだタキシード問題ではなく、ダークスーツ問題ですが、合うタイと新品の黒い靴を履かなくてはなりません。できるだけカジュアルな感じに、でもきちんとした格好をすることが自信につながるということを教えましょう。黒い靴なんて大げさに感じて「ビルはきっとこんな靴持ってないはずだ」と言う息子さんを諭し、茶色い靴しか用意できなかった子に対して嫌味にならずに、けれども「その場所、その時に合った靴」で自信にあふれ、おしゃれを楽しむ余裕を持つ喜びを教えてあげるのがあなたの役目です。

謙虚な態度で助言をしたり、導いてあげることで、きちんとした身なりのための伝統とルールを家族が身に付けられます。これからデビューしようという愛娘が、やりすぎのドレスを着るのは親として避けたいものです。彼女が一生懸命選んだドレスに「だめ！」と言うのではなく、日頃からスタイリッシュな女性の姿を、ニュースや雑誌で見せてあげるようにしましょう。

年配の方々も、あなたの助けを必要としています。あなたのお母さんは六〇歳を超えたら黒か紺、たまにグレーしか着てはいけないと決めている。彼女にラベンダーと淡いブルーとベージュの混ざった色合いの、柔らかい素材で楽な仕立てのツイードスーツを見つけてあげてください。きっとお気に入りの一着になるはずです。夏と冬のリゾートウェアには、白が美しいということも教えてあげましょう。

わたしはちょうどこの間、初めてのベビーコレクションをデザインし終わったところです。どの赤ちゃんも、オムツと寝巻きと、昔ながらのキモノ・ウェアを着ているという現状を確認することから始めました。若いお母さんたちを責める気はありません。売られているベビー服を見れば、誰も責められません。ぷくぷくした腕を通すにはきつすぎる袖、首が締まりそうな襟元、多すぎるボタン（しかも誤飲の危険もある）であふれています。わたしのデザイン原則である、着やすく過ごしやすく形を保ちやすい服作りを、ここにも当てはめました。体にフィットするように紐で結べる。楽に腕を通せるよう肩の部分は一枚布で、アイロンがかけやすいように開ける形。スモッキングやバラの蕾と同じぐらい素敵な水玉やストライプ模様を多用し、男の赤ちゃんには大人顔負けのタブカラー（襟先の裏側についた小さなつまみ紐をスナップ

などで留める形の襟）も使って、元気な「ベビー・マッカーデル」ラインが誕生したのです。わたしにとって本当に楽しい仕事でした。小さな小さなサドルシューズやワンストラップシューズ、定番のピーターパンカラーではなくVネックを使ったり、なによりも赤ちゃんとお母さんが楽であることを考えました。そして出回っている服を受け入れているだけのわたしたちの怠惰さを憂慮せずにはいられませんでした。わたしだけでなく、お母さんたちも自分の子供のために、なにか新しい服を作ることはできるのです。もちろん、裁縫ができなくてはいけませんが。

女性なら誰でもボタンぐらいは縫えるはず、そうでなければ女性とは言い難い。さらにいろいろなものを繕います。旦那さんのソックス、シャツのボタン、子供の学校やキャンプのために名札テープを縫い付け、自分の下着のストラップも縫います。そんなにすごいことではないとはいえ、これらも裁縫です。裁縫としてはあまり面白くない部類かもしれませんが。

買ってきた服を自分だけのものにする手法はいろいろあります。娘さんの市販のドレスも、ひと手間加えれば彼女だけの一枚になるのです。たとえばカシミアセーター。高いのに、ボタンはその辺の安いセーターと同じ感じ。それを、自分で小さなチャームのようなボタンに替えたら、世界中のどんな飾りのついたセーターよりも楽しいものになります。一枚のセーターに二種類のボタンを付けてみれば、それこそ自分だけのセーターになります。持っているジュエリーやスポーツウエアにもうまく馴染むボタンを選びましょう。

もし裁縫ができるなら（プロの腕は求めていません）、自分の古い服を今風に変えることができます。いまから自分に慣らさなくてはいけない新品の服を買うよりも、古いドレスを直したほうが素敵なことも多いのです。もちろん、これはなかなかの挑戦です。お直しなんて難しそうですが、たいていの場合は意外に簡単なのです。ヘムライン、ネックライン、ショルダーラインを変える。袖を短くするか、取ってしまう。少し裁縫を知っていれば、こういった服の基本部分を変えることができるのです。自分が好きな服はつぎを当ててでも長く持ちたいものです。

まったく裁縫ができないという女性には、将来の旦那さんも大きな疑問を抱くと思います。誰も完璧ではありません。生まれつきすべてのスキルを持っている人はいません。人間は学ぶことができるのです。裁縫でも、お料理でも、子供に次はなにをすべきかを伝えることも、どのようなことでも新しいスキルを身に付けることができるのです。ファッションは柔軟な対応を求めます。子供を育てることで自分も成長するように、ファッションとともに成長しなければ

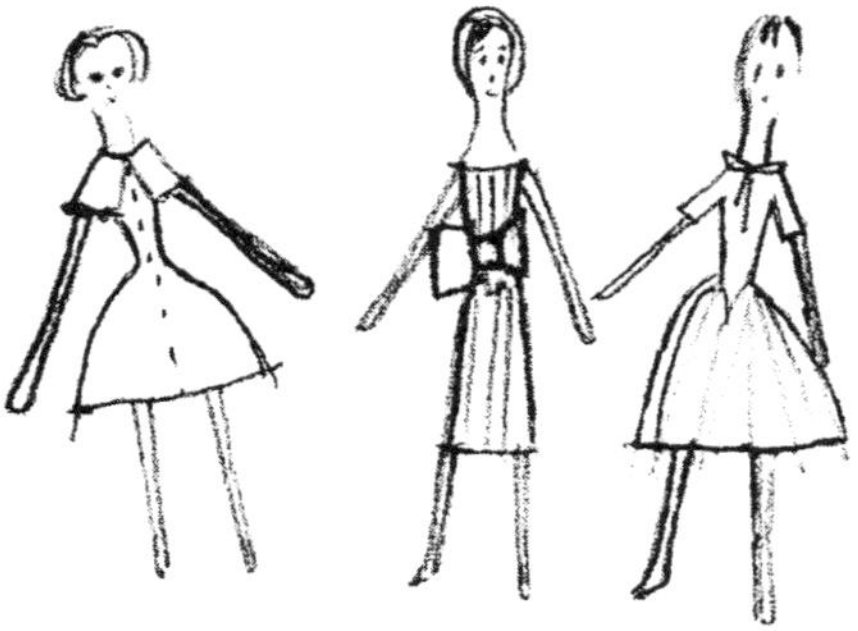

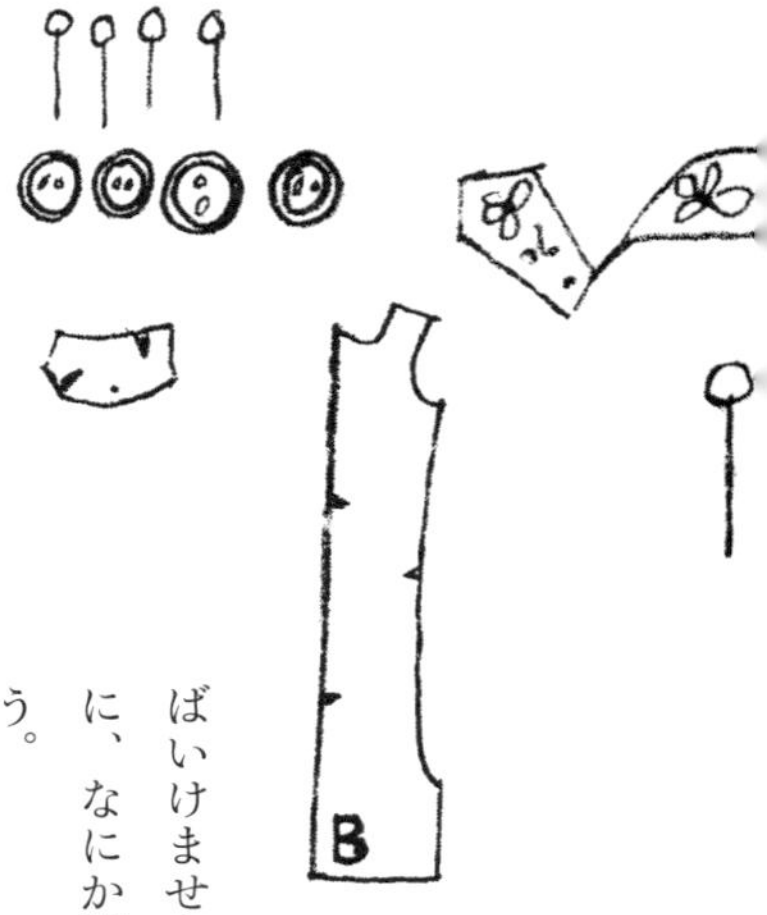

ばいけません。さもないと、大学時代の友達に道でばったり会ったときに、なにか間違った時代に生きている自分を自覚するはめになるでしょう。

自分の服や子供の服を自分でリモデルすることができる、それがファッションと共生する最適の方法のひとつでしょう。一から服を作るのではなく、ある服をリモデルすることから入れば、ドレスメーキングの道もなだらかです。自分の手でほんの少し見た目を変えられただけでも、もの作りのときめきをあなたは感じるはずです。

もちろん、ソーイングの基本技術を知らないならば、学ばなくてはできません。裁縫の学校に入ることをおすすめします。裁縫技術の本はいろいろありますが、実際やっているのを目でみることが一番です。自力でパターンを解読したり、図面を見ながら新しいステッチをやってみて、時間の無駄遣いをするのもいいですが、誰かがやるのを見たほうが絶対

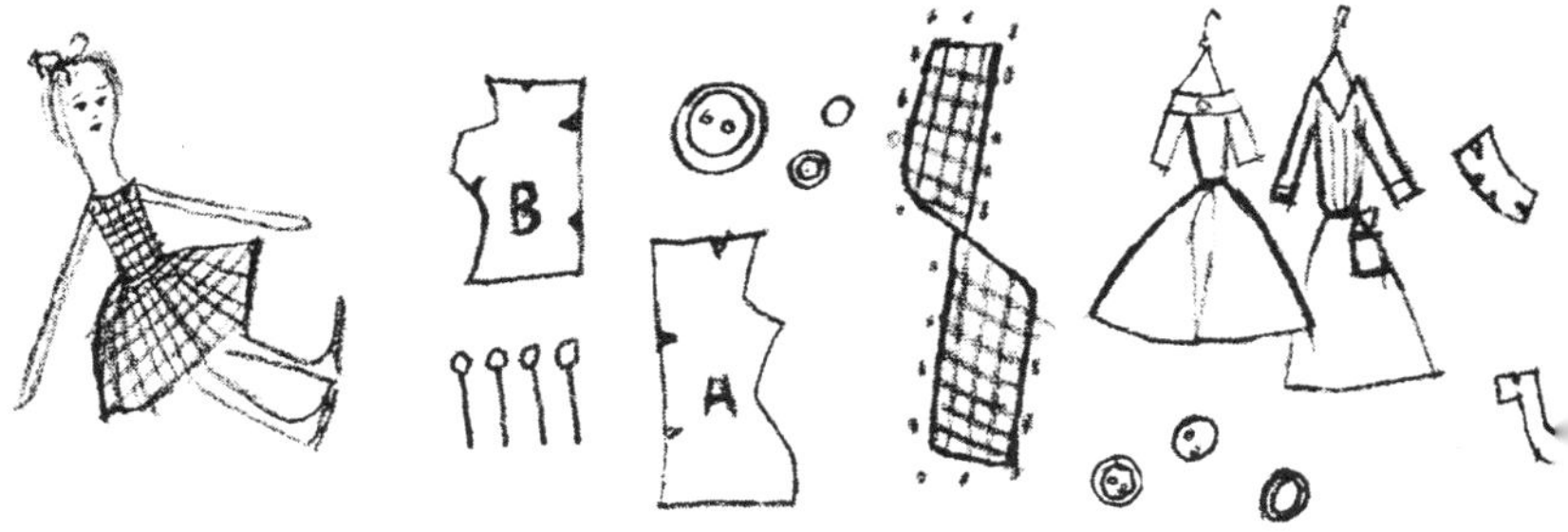

に覚えが早いです。わたしもミス・アニーからミシンの使い方を習いました。彼女の横に同方向に向いて座り、指の動きをきちんと見ながら習いました。軍隊の訓練と同じで、先生は前に立っているのではなく、生徒のすぐ後ろから手を伸ばし、生徒の手の位置をマンツーマンで教えます。

わたし自身は、裁縫をしっかり習ったわけではありませんが、感覚的に理解しました。わたしの場合、いつも自分の新しいデザインをいち早く試してみたいので、まずは細かいところは気にせずに作ってしまいます。たいてい、コート、スーツ、帽子、よそ行きのドレスでも、試着しながら作り直します。わたしはニューヨークのパーソンズ・スクール・オブ・デザインで勉強していた頃に住んでいたスリーアートクラブというところで、初めて本物のパリの服というものを見ました。そこの役員会の女性たちは、いらなくなったドレスを五ドルで分けてくれたので、わたしは買えるだけ買って、サイズを直したり、どういうふうに作られているかを見て、パリの服作りの技術の高さの虜になったのです。

パーソンズのパリ分校に転校してすぐに、オートクチュールのメゾンはコレクションが終わると、サンプル服を安い値段で放出することを発見しました。わたしは足繁く通い、着てみて、買っては直して、そのたびに大切なことを学んだのです。服がどう成り立っているのか、どう感じるか、なにをどこでどう留めるのかなどを。

自分のクローゼットにある服で、服の職人的な技術を学んでください。定価では買えそうもない服がセールになっていたら、多少サイズが大きくても買ってしまいましょう。そして、それを自分で直すと決意するのです。うまくいかなかったら、そのときはプロに頼めばいいのです。ほしい服のサイズが小さかったら、ちょっとしたチェックをしてから買いましょう。服を裏返して、きつい部分の縫い代に余裕があるかどうかを見ます。大きくするのに一センチを超えることはないので、その一センチの余裕が必要な部分にあるかどうかを確認してください。そして再度縫うときには、少なくとも三、四ミリの縫い代を取らなくては縫い目が落ちてしまうので、その分も考慮に入れましょう。

直しを自分の手でしてみると、服に対する情熱が一層湧いてきます。すると突然、素敵な布を見たらドレスにしたいと思うまでになるのです。そうしていつか自分サイズのドレスを作るまでに成長するかもしれません。

とはいえ、初めからシャツカットとパターンなどをやったら、難しすぎて、疲れて嫌になってしまうはずです。作るのも着るのも簡単なオールインワン型の袖からスタートしましょう。難しい袖付けや、こまごまと断片に分かれているものをつないで作るようなドレスなどは、ソーイングの楽しみを奪います。人形のドレスを作って勉強してください。裁縫の基本は、小さなドレスでも同じことです。きちんとミニチュアモデルを作ってから、自分サイズに取りかかれば、確実に満足のいく仕上がりになるはずです。

第15章　ファッションに最終章はありません

ファッションは脈々と続いてきた、そしていまも続く終わることのない物語です。誕生と再生。ネガティブよりもポジティブで、決して独断的ではありません。この本に書いたルールのすべてはすでに破られているか、いずれ新たなファッションの誕生とともに破られるのです。これぞファッションの醍醐味。挑戦であり、楽しみです。ファッションは移り気で、止まることを知らないということを覚えておきましょう。その柔軟性を利用して、新たなルールを作ればいいのです。「Why not?（やってみればいいじゃない?）」という最高のフレーズをいつも口にしながら。

服をデザインしている女性と、服をわかっている女性は共感できるものがたくさんあります。

たいていは同じ言葉を使い、考えることも一緒です。デザイナーになるために学ばなくてはならないことは何ですか？と学生によく聞かれるのですが、左記のリストを見てください。その多くが、良質なファッションを理解するためのルールと同じです。デザイナーの卵たちへ贈るわたしのスピーチは以下の通りです。

〈11か条の原則〉

1　見ることを学ぶ
2　縫うことを学ぶ
3　ドレープを学ぶ
4　色を学ぶ
5　人体を学ぶ
6　TPOをわきまえた、きちんとした身なりを学ぶ
7　いい趣味、悪い趣味の違いを学ぶ
8　売れるもの、売れないものの違いを学ぶ
9　ファッションの歴史、流行とそのサイクルを学ぶ
10　変化がやってくる前に、変化を感じ取ることを学ぶ

11　流行が終わったことを理解することを学ぶ

これらの原則を実際に使ってみることです。学ぶべき人体というのは、もちろんあなた自身の体を指しています。体重計やメジャーテープは確かに有効なチェック手段ですが、それよりもきちんと判断できる自分の目のほうが大切です。「見る」ことを覚えてください。あなたの首が短いとして、どんなにダイエットしてもエクササイズしても、その首は伸びません。でも細い黒のネックバンドをしたら、また襟のないトップスを着たら、どれだけ首を長く見せてくれるかを知って驚くはずです。襟のない服で長く見える寂しい首元は、揺れるチャームの付いたビーズネックレスなどで補強します。

裁縫を学ぶとは、いいボタンに付け替えられる程度の技術を指すこともあります。しかしドレープを学ぶということは、自分の体のどこにドレープを作れるかを知るということです。フィッシュテールの後ろ姿は、上に張り出してしまう部分がなにもなければ最高です。サープリスは大きすぎるバストを隠すのに格好の一枚です。

色に関しては、合う合わないと同時に気分にもよります。控えめでいたいのか、目立ちたいのかで決めるのです。学校で習う「この色にはあの色が合う」という慣例的なルールは、ファッション界ではたいていい通じません。緑と赤、青と黄色という補色を学校では選んだでしょうが、ファッションでは、むしろ赤と黄色、青と緑を好みます。

きちんとした着こなしとセンスのよさは、どう服を着るか、なにをどこで着るか、この二点にかかっています。なにが売れてなにが売れていないかというのは、デザインビジネスに携わっている人が気にすればいいことです。ですが、みなさんも知っていて損はありません。高いお金を払って、誰も着ない服を買う間違いは犯したくないですから。買うべきでないものの理由は、「うちの夫はわたしがピンクを着ると嫌がる」とか、「着ていく場所がない」とか、たいていとても個人的なものです。

ファッションの歴史はあなたのことは気にしませんが、流行とそのサイクルは気にしてくれます。流行など「別世界のこと」だから、という言い訳はできません。ファッション雑誌が競って出すトレンドレポート、まずそこで終わりを告げた流行は見て取れます。特に敏感でなくても、次になにが来るかはなんとなく感じられるはずです。これが、わたしが原則にあげた最後の二つです。本当にファッション好きに見えたかったら、ファッションはやる気を出させてくれたり、キャリアアップを助けてくれる、または単に自分を満足させてくれると思って、と

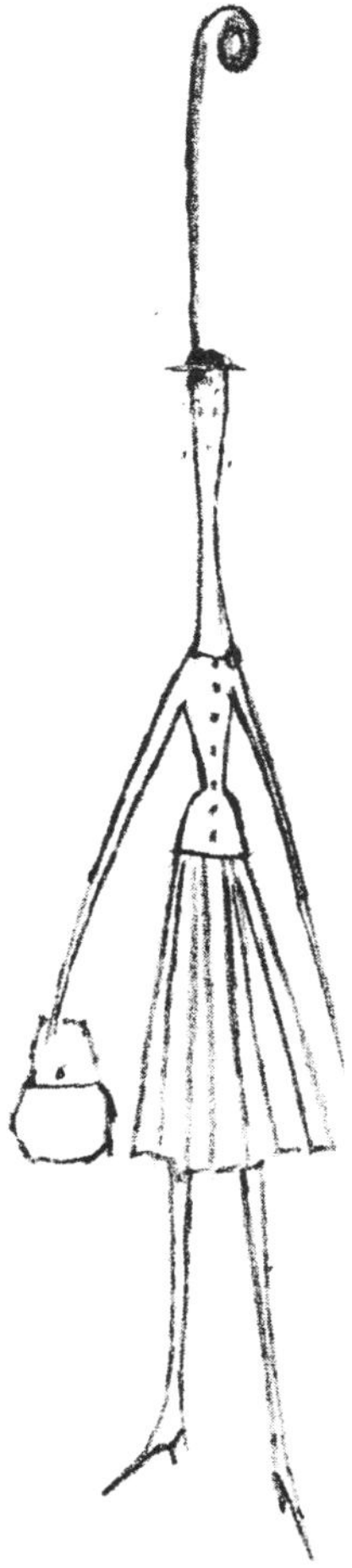

にかく新しいものを取り入れ、古いものは却下するようにしましょう。

自分の着たい服に近いものを作るデザイナーを知っていることは大切だと思います。高価なデザイナー服に限りません。同じ二九・九五ドルの二枚のドレスでも、メーカーが異なればまったく違うからです。高級なデザイナー服でも同様です。ハイファッションのデザイナーは、高い技術、良質の素材、高い値札だけでなく、明確なライフスタイル、そして多くの場合、明確な年齢層を常にきちんと打ち出しています。

マンボシェ（一八九〇―一九七六。アメリカのクチュリエ）は、女子大生に自分の服を買ってもらおうとは思っていません。だからといって、彼がクリエーターとして劣っているというわけではないのです。多くのデザイナーがそうするように、意図的に自分のデザインを制限しているのです。わたしたちデザイナーは、自分が一番好きで、一番得意で、一番自分を感動させるものを作ることに専念しています。わたしの場合は「アメリカン」。アメリカらしく見え、アメリカらしく感じられるものです。自由と民主主義を表し、カジュアルで健康であること。服を通して、そのすべてを表現できるのです。

多くのデザイナーがするように、わたしも年二回、パリコレクションを見るためにヨーロッパへ飛んでいました。彼らから学び、インスピレーションをもらい、そして必然的な結果として影響を受けるために。でも、わたしは、なんとなく自分が作りたいタイプの服とは違う、と

も思っていました。そこで、ファッションビジネスでは当たり前のあちこちからコピーして作るデザインではなく、基本的な流行は追いつつ、あとはすべて自分のデザインを打ち出すという実験を始めました。わたしのアイデアをアメリカの生地に落とし込み、パリで見たものより心地よくてカジュアルな、そして自己表現を控えめにした、よりアメリカンな服を作りました。「アメリカンルック」という言葉は、ファッション業界用語では「スポーツウェア」を意味していますが、これはまったく嘘だと思います。この本でも書きましたが、スポーツウェア用の生地とされているジャージーやツイード地でも、ベス叔母さんのお茶会に参加可能なのです。スポーツウエアとは、パリから影響を受けていない服、着る人たち自身から影響を受けて生まれた服だとわたしは考えたいのです。ウールジャージーでも美しいイブニングドレスが可能なことは、誰もがすでに体験済みなわけですから。

アメリカの女性は世界で一番美しく、スタイルがいいのです。足も脚もいい形をしており、健康的な肌、そして輝く髪を持っています。だから彼女たちをおしゃれに見せるのは難しくありません。けれども、アメリカ女性はぴしっと直立姿勢をとったり、女王さま気取りをしませ

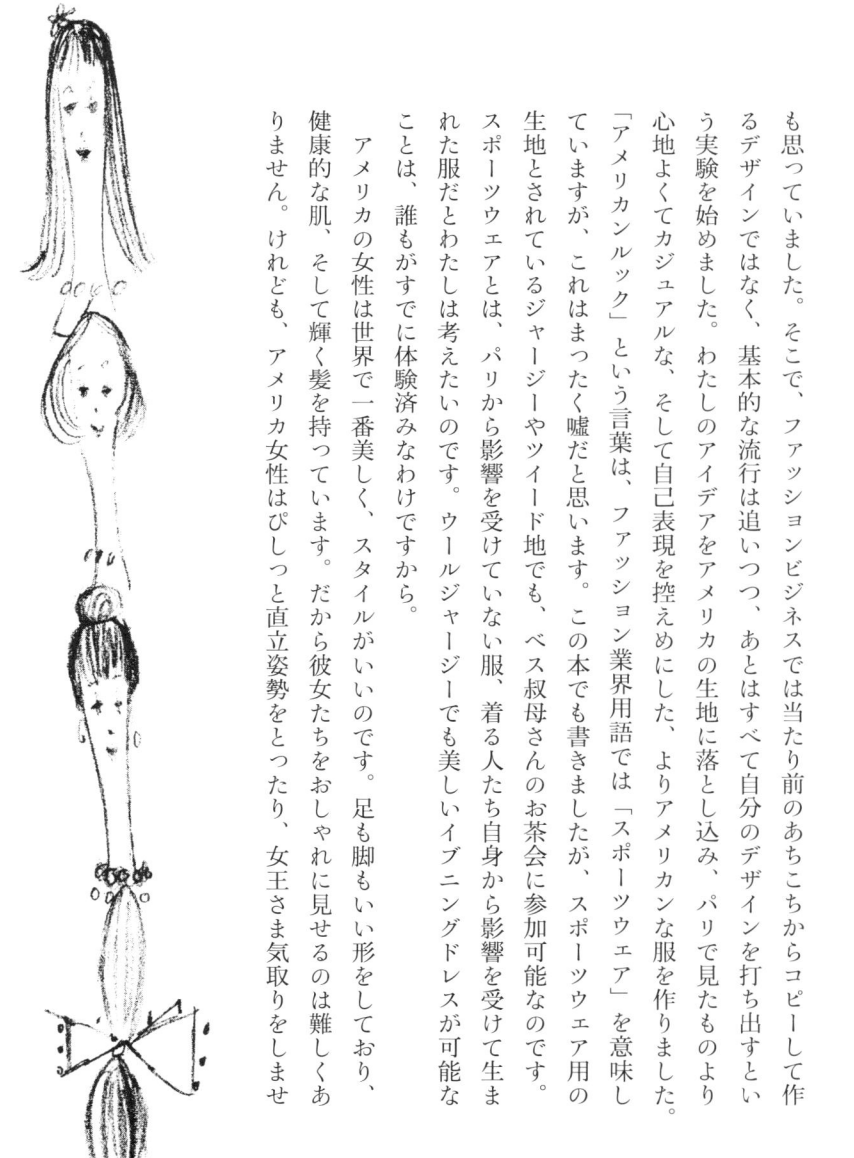

ん。自分たちが楽でカジュアルな姿勢と動き方をします。歩き方は、気取った小股歩きではなく、スイングするようで、仕事でもゴルフ場でもスーパーでもクラブでも、どこに行くにもその場に合った歩き方をします。

わたしはこういったアメリカ女性らしさを自分の服で表現することに務めてきました。そしていまや、ファッション界の指導者たちも、ファッションはアメリカの女性に個性を与えたと考えるようになったのです。

いまでも、そしてこれからもパリには行きます。刺激的な空気を吸い込みに、素晴らしい生地を見たり買ったりするために。そして美と形を作り出す天才的な手仕事を堪能しに。けれど、わたしは自分が、誰でも素敵なファッションを手にする権利があり、それが可能だという、大量生産社会の国の一員であることを決して忘れません。

もう一度言います。どうか自分で自分に、あなたのためだけにこしらえてもらった何かをプレゼントしてください。一生に一度で構いません。あなたのためだけのドレス、靴、帽子を持ったときの喜びは、なによりも大きいことを感じてほしいのです。パリで作ったら、それはもう絶大な喜びを約束します。この大量生産の現代においても、自分のサイズで、色や素材も自分好みに作られた服を着ることは一生ものの喜びですし、たぶんその服は一生ものになります。ずっと仕舞われたままで黄ばんでいくお祖母さんのウェディングドレスとは違うはずです。

ヘムラインを上げたり下げたり、ウエストの位置もその年のトレンドに合わせて変える。デザインチェンジをしたあとでも、常に自分だけのものとして存在し続け、常にファッショナブルであるのです。

この最終章では、デザインをするため、また、よい服とはなにかを理解するための原則に戻ってみたいと思います。デザイン学校を卒業する若い方々に心からわたしが語るのと同じように、率直に書きますね。デザイナーとして、または「おしゃれな人」と呼ばれる女性として、服を知るためには、とにもかくにも服が好きで、いいものは記憶し悪いものは却下するという目と心を養うやる気があることが大事です。これは、象牙の塔の中でサテンとシルクの服をとっかえひっかえしているというのではなく、地に足をつけてしっかりと見定め、学ぶ姿勢が大事だということです。ジャージー素材では膨らみは出せないし、タフタは肌にぴたりと沿うことはまずない、そういった基本的な生地の特性をまず頭に入れること。エレガントな装いの色合い、またおしゃれに見える色合いも覚えてください。

買うにはお金、センスには知識。センス、これが大事です。一人のデザイナーのセンスの間

違いは、雇い主にうん千ドルもの損害を与えます。同じように、あなたの五〇ドルか一〇〇ドルの間違いも甚大な被害をもたらすのです。旦那さんは笑って許してくれたとしても自己嫌悪に陥るでしょうし、自分のワードローブは欠如したままという深刻な痛手を負います。まあ誰かにあげて、自分の一〇〇ドルの失敗を後悔し続けることからは免れたとしても、本当に必要なものを買うための一〇〇ドルはもうありません。せっかくのお誘いを、着るべき服がないのでしかたなくキャンセルという事態も招きかねません（たとえばロングドレスが必要なお誘いなのに買い損ねていたとき）。

もちろん誰でも間違いは起こします。わたしも先日やったばかり。なにを考えたか、ゴムベルトをコットンジャケットに付けてみたのです。うまく収縮せず、ジャケットは丸まって使いものにならなくなってしまいました。とはいえ、失敗から学ぶのです。新しい試みをやめはしません。わたしの経験からいって、ずっとこうしながら学び続けるのです。

デザイナーの卵たちには、エネルギーを満たしていなさいとも言っています。ファッションのエキスパートになろうという方々にも。オフィスにおしゃれで颯爽と現れるためには、アラームが鳴り続けたあとにあたふたと服を着ているようではだめなのです。

もうひとつ金言を。「決断力をつけること。そして決断を曲げないこと」。わたしは自分のブランドに合う服のデザインを決めなければいけません。みなさんも、自身の体型、生活、気質に合う服はなにかをはっきりさせておきましょう。そして最後に一番大事なこと、それは、「まあ通用する」レベルなんかに甘んじないこと。デザイナーはそれで稼いでいるわけですし、おしゃれな人も、いい服というのはosmosis＝自然発生するものではないと知っています。osmosisという言葉はよくクロスワードパズルに出てきますが、辞書でさえ曖昧な意味に書かれています。なにかの途中で起きた偶然の産物という定義です。

「幸運」は役に立ちますが、いつもやってくるわけではありません。自分の気質や、立場や役割をすべて見事に調和したスタイルの持ち主は、自分のスタイルをきちんとプランニングした上で、そうなっているのです。彼女の選ぶ黒もベージュも、絶対に気まぐれではないのです。それが洗練されたエレガンスだと知っているから選んだのです。彼女がストレートなラインを好きなことは、今年のトレンドニュースを聞いたところで揺るぎません。彼女に似合うストレートなラインのシースドレスは、今年も、そしていつの時代でもおしゃれの枠内にあることを彼女は知っています。体型によっては、ストレートラインではなくまた別のシルエットを選ぶ人もいるでしょう。彼女のキッドの手袋の代用品になれるクリスマスプレゼントなどひとつもありません。その手袋は、彼女のワードローブリストにしっかりと入っているのです。無駄な買い物には一銭も費やさないように見える彼女、どこかで倹約したとしても（もちろんしているはずですが）、それは一切、他人の目にはわかりません。ニューヨークで混雑時のタクシーに八ブロック乗る料金は、ストッキングか口紅の値段と同じ。いつもいい服で素敵にしている彼女が、どれだけ歩いているか知ったら驚きますよ。節約だけでなく、体を引き締めるためにも彼女はそうしているのです。

唯一の、本当に大事なファッションテクニックは、「前もって」ということ。事前プランニングは、買い物以前の問題なのです。スマートな女性は誰も、ファッションは楽しいものと知っています。でも、何が起こるかわからなければ、楽しめないはずです。ですから、真剣に「前もって」考えましょう。「わたしはファッションに何を求めているのか」「そのアイテムは、わたしの求めている答えをくれるのか」を「前もって」計画し、考え、問いかける。この「前もって」は、ファッション業界では当たり前なのです。染料は必ず「前もって」生地を染める前にテストします。生地は市場に出る前に太陽光や洗濯への耐久度を試されます。服を作ることは、一から十のすべての段階を考え抜いた後の作業です。デザイン画を描いても、パタンナーが「これはうまくいかない」と言えば、それ以上は進めません。パターンができても、サンプルを作る段階で「これでは脇の下が裂けてしまう」と言われればそれまで。さらにはジャーナリストたちが、あなたが計画するずっと前から経験を積んだ目でだいたい選んでくれます。雑誌や新聞に掲載された服の数をバイヤーたちがメモするほど、彼らの判断は影響力を持っています。

こうやってファッション業界全体が、「前もって」やってくれるのですから、みなさんはラッキーなのです。あなたのファッションプランに合う一枚に出会ったら、それはすでにふるいに掛けられた後のものだということ（ふるいに掛けるって、まさにわたしの感覚を表してくれています。ファッションデザインは料理に似て、量や時間を計り、段階を追う作業。途中の味見が欠かせないのも似ています）。どんなふるいに掛けられたとしても、最後の最後に大事なのは「あなた自身」。それも料理に似て、どのレシピをどんな献立で？ それを選ぶのは「あなた自身」。「あなた自身」がなにを着るか、なのです。

マッカーデリズム

ファッションを語る上で必要な用語を解説します。
一般的な辞書にはないマッカーデル版用語集です。

〔ナイトガウンシルエット〕
着心地がよく、楽でかわいらしい、高めのウエストラインの服。上半身を短くするので、誰の足も長く見せてくれる。コルセットなしのこのスタイルは、息をするのも難しいほどにきつく締め付けた着用困難な服からの解放を求めた革命的なものとして知られている。またヒップの形の悪さをカバーしてくれる。

〔キッチンディナードレス〕
もてなし役とコック役、両方を担う人のためのドレス。彼女はお料理をして、あなたはそこで食べる。これほどの料理は食べたこともなければ、たぶんこれほどおしゃれなコックも見たことがない。

〔パンツ〕
短いの、長いの、タイトなもの、ゆったりしたもの、

ショーツ、スキーパンツ、ライディングパンツ、ジョッパーズ、ブルージーンズ。

〔Tスクエア〕

T型定規のような袖のカットで、おもにビーチでの上着として使われる。

〔洗いざらし〕

アイロンをかけず、皺がついたままで乾燥させたコットンの布。

〔鍵ホックとアイレット〕

ベルト、またはドレスのフロント部分を留める。

〔スナップパーズ〕

スナップで開け閉めするジャケット、ブラウス、パンツ。

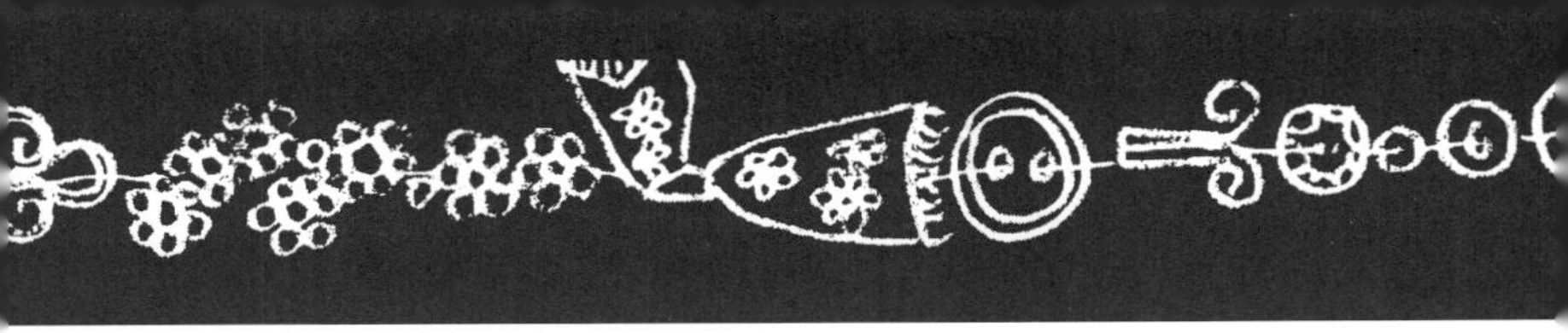

〔ポケット〕

すべてのドレスに必要。機能性という目的だけでなく、腰骨の位置のアクセントにもなる。手を入れるためにも。

〔ストームコート〕

雨、雪、みぞれ――内側は暖かく、外側は防水。きちんと閉まり、街ではスーツを、冬にはスキーウェアをと、どんな服でも覆ってくれる。

〔スワッチ〕

みなさんに新しいドレスを作るためのインスピレーション源として、わたしが持ち歩いている小さな生地見本帳。

〔コート〕

どんな服でも覆う。どんな形でもよい。ストールもコート的に使える。

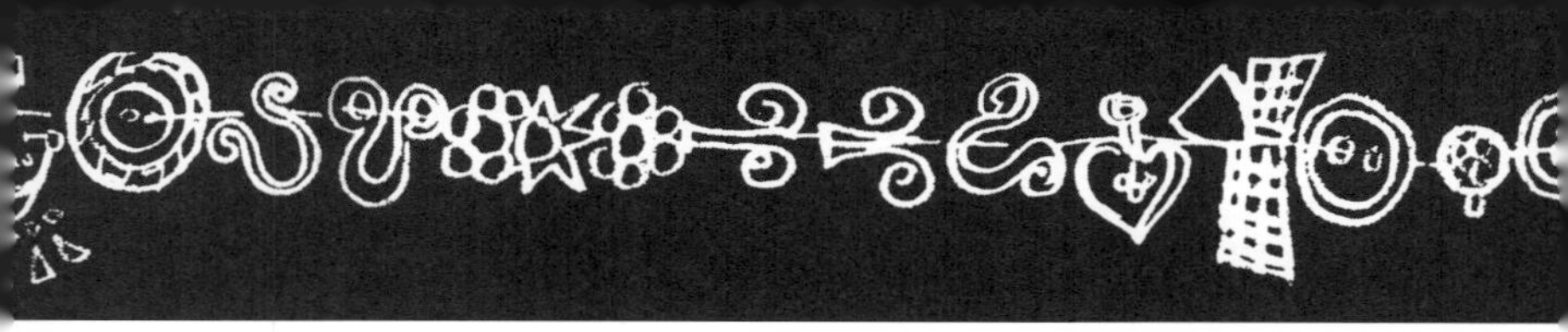

〔ポップオーバー〕
どんな服の上にも着られる上着。ある日はエプロンとして、翌日はバスローブとして、そしてディナードレスにもなる。必要ならビーズをたくさん付けても。

〔モナスティック〕
穀物用の麻袋やサヤインゲンのような、ウエストラインのないまっすぐなドレスのこと。ベルトやサッシュをお好みで。

〔ドレスシャツ〕
ディナー用にも使えるシャツ型のドレス。動きやすく床に座っても大丈夫という一枚。しっかりした布地で。

〔ストリップ、または揃いで〕
揃いになった服。全部でも、二、三点だけでも着ること

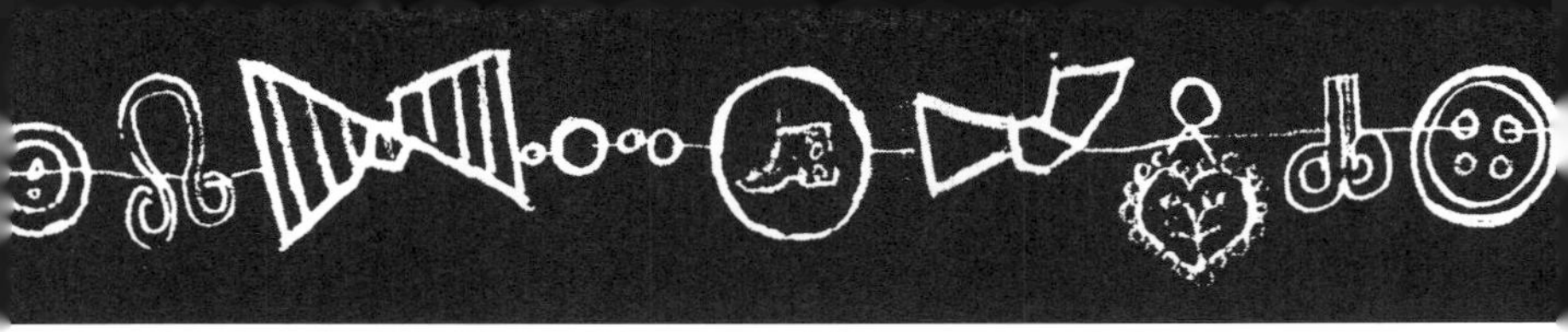

ができる。同じ生地や関連する生地で作られたもの。

〔体型〕

もちろん、あなたのサイズのこと。誰も太り過ぎの人はいないとされているし、誰一人としてパーフェクトな体型を持っている人はいない。しかし、すべての欠点を持っている人というのもいない。超人的に足が長く、ウエストはとても細く、どこも過不足がないという理想的な体型は、ファッション画以外ではあまり見受けられないもの。でも理想から学ぶことは可能。自分のいい部分を強調すれば大丈夫。たとえば、細いウエスト。逆に、形が悪い部分は目立たないようにする。たとえば、大きなお尻はぴたぴたでないストレートのスカートで目立たなくできる。わたしの中でスモールサイズというのは一五〇センチ、ミディアムサイズは一六〇—一六七センチ、トールサイズはモデルサイズで一六七センチ以上。

細いウエストとは、バストとヒップの大きさから少なくとも三〇センチ小さいもの。

〔モデル〕

モデルを始められるほどの体を神様が与えてくれない限りはなれない。そしてお腹が減ったり、運動したり、早く就寝し、特別な歩き方を学ぶ意欲も必要。わたしたちは彼女たちを見習って、自己訓練を学ぶことができる。

〔ヘムラインとウエストライン〕

この二つで時代を特定できる。

〔グリッター〕

基本的に避けるのが賢明。光輝くために足すのはやめるべき。

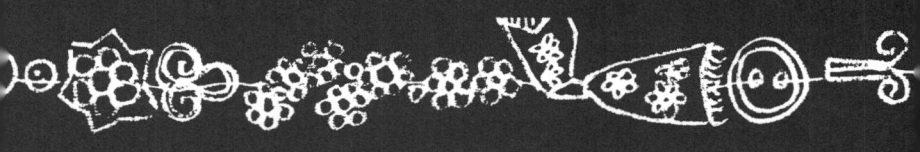

〔タイプ〕

あなたは〇〇タイプですね、と人に言われるのは、いつもいい意味だとは限らない。

〔帽子〕

頭の上にあるどんなものでも。髪を束ねたお団子に引っ掛けた麦わら素材のブレスレットでも。

〔マッカーデルヒール〕

魔法――エレガント。

現実――低いヒールなので快適。

〔サッシュ〕

ベルトと違って閉じる部品がついていない、ウエスト周りに結べるもの。

〔ファッション〕
定義不可能な、女性なら誰でも知りたいこと。

〔カラー〕
素材が違えば色も変わる。ときに危険なほどに。

〔トレンド〕
からかわれそうなら、自分自身で新しいトレンドは始めないほうがよい。

〔みすぼらしい、虫食いの（毛皮に関して使われる）〕
言葉通りではなく、印象として。光のない。もぐらのような。

〔オールドゴールド〕
少し汚れた感じの金色。真鍮にも14金にも適している。

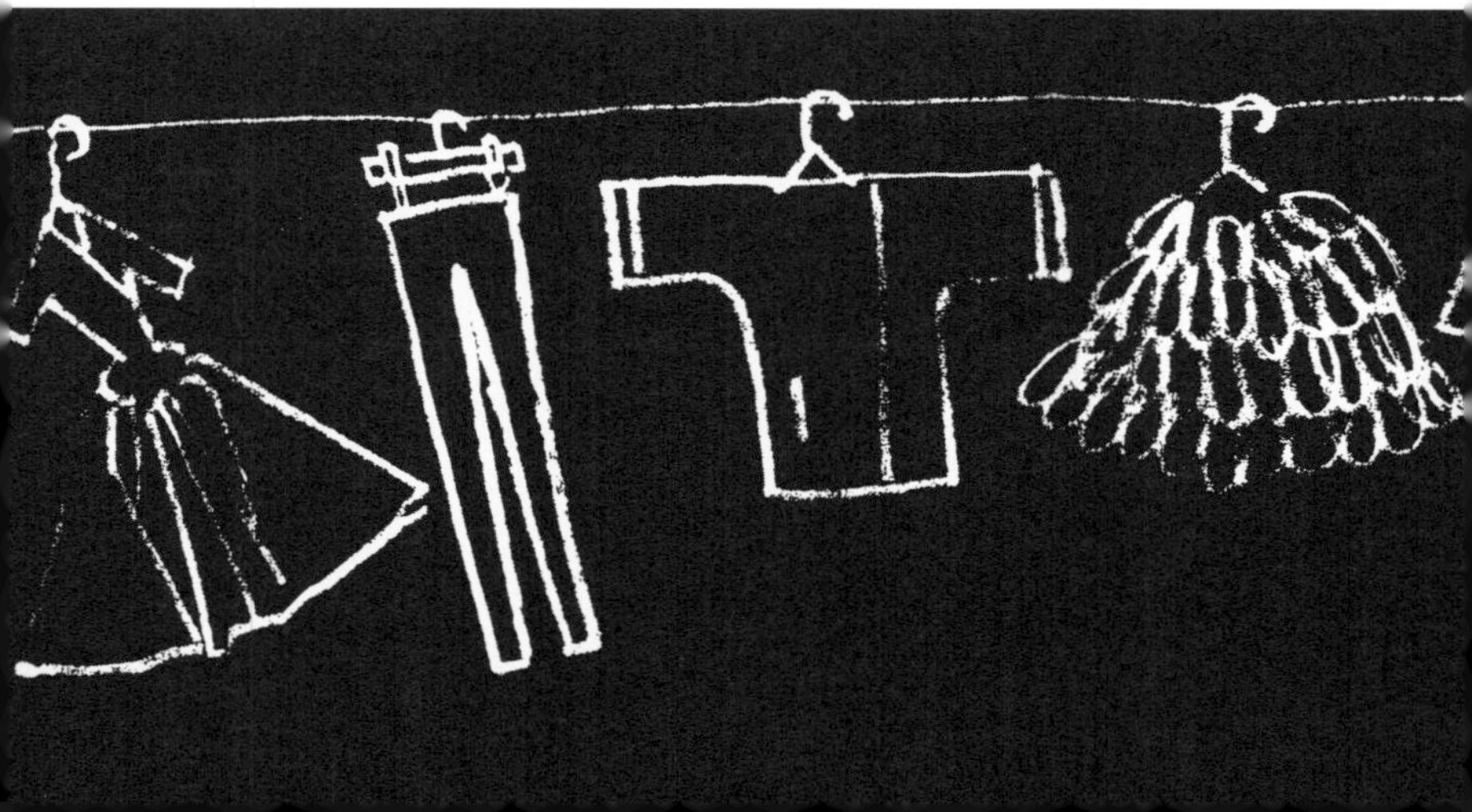

クレア・マッカーデル（Claire McCardell）年譜

一九〇五　五月二四日、アメリカ合衆国メリーランド州フレデリックに生まれる。父エイドリアン・ルロイ・マッカーデルは同州の上院議員も務めた銀行家、母エレノアは南北戦争の南部軍人の娘。三人の弟とともに裕福な家庭に育つ。

一九二三　地元のフッド・カレッジに入学し、家政学を学ぶ。

一九二六　ニューヨーク芸術工芸学校（現パーソンズ・スクール・オブ・デザイン）に入学。同年から二七年にかけて同校のパリ分校に留学。オートクチュールの実物に触れ、とりわけマドレーヌ・ヴィオネに影響を受ける。

一九二八　同校を卒業。ニューヨークでファッション関係の職をいくつか経験。

一九二九　ファッションデザイナー、ロバート・タークのアシスタントとなる。

一九三一　タークのタウンリー・フロックス社移籍にともない、同社に入社。

一九三二　タークが事故により急死し、秋のコレクションを担当。成果が認められチーフデザイナーとなる。

一九三四　五つ揃いの服「セパレーツ」を発表（「ピースワードローブ」のはじまり）。

一九三六　スパゲッティストリングスをドレスに使いはじめる。

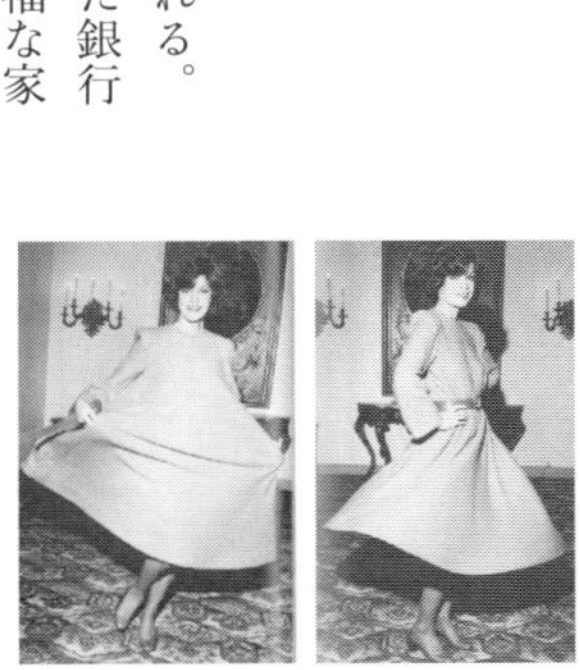

［図1］一九七四年開催のマッカーデルを回顧するファッションショーで、最初のモナスティックドレス（一九三八）を着たモデル（写真＝ビル・カニンガム）。ベルトによってボリュームを変化させることができる。*American Fashion: The Life and Lines of Adrian, Mainbocher, McCardell, Norell, Trigère* (Sarah Tomerlin Lee [ed.], Fashion Institute of Technology, Quadrangle / New York Times Book Co., 1975) より

一九三七　タウンリー・フロックス社より初の水着を発表。この頃より真鍮のかぎホックを多用する。男性用のグレーのフランネル地、男性ズボン用のポケットとプリーツ使いを女性服に適用しはじめる。

一九三八　フロアレングスのツイード地のイブニングコート、ハーレムパンツ、エクササイズスーツ、ダーンドルスカートを発表。茶色のウール地による最初の「モナスティックドレス」［図1］を発表し、百貨店ベスト＆Co.が独占販売。ヒット商品になる一方、コピーがあふれる。そのあおりを受け、タウンリー・フロックス社は閉鎖。高級服を製造するハティ・カーネギー社に移籍し、「ワークショップ・オリジナルズ」というラインを立ち上げる。帽子デザインも担当。

一九三九　ニューヨーク万国博覧会にてコスチュームデザイン賞を受賞。

一九四〇　ウィン・サム社に数ヶ月勤務ののち、再建されたタウンリー・フロックス社に戻り、自身の名を冠したブランド「クレア・マッカーデル・クローズ・バイ・タウンリー」を設立。

一九四一　エプロン付きの「キッチンディナードレス」、ウールジャージー素材のウエディングドレスを発表。アメリカが第二次世界大戦参戦。

一九四二　『ハーパーズ・バザー』誌の依頼により、ミトン付きデニム地のドレス「ポップオーバー」を発表し、六・九五ドルで販売［図2］。以降一六年にわたって、さまざまな素材で作られた。

一九四三　ジーンズ用のデニムステッチを女性服に使用。ダイアパー（おむつ型）水

［図2］ポップオーバーのデザイン画（一九四二）。*Claire McCardell: Redefining Modernism* (Kohle Yohannan and Nancy Nolf, Harry N. Abrams, 1998) より

［図3］『ライフ』一九四三年九月一三日号の表紙。ジャージーニットのオールインワンとレオタードの組み合わせ。前掲 *Claire McCardell: Redefining Modernism* より

着、リヴェット使いの服を発表。『ライフ』誌の表紙に自身の服が掲載される［図3］。テキサス出身の建築家アーヴィング・ドロート・ハリスと結婚し、ハリスの前妻との子、二人の母となる。マドモワゼル・メリット賞受賞。

一九四四　フード付きのサイクリング用アンサンブルを発表［図4］。第二次世界大戦中の革不足に対応し、バレエシューズ・ブランド、カペジオ社に依頼して布のバレエシューズをファッションショーに使いはじめる。バーナード・ルドフスキーのキュレーションによる展覧会"Are Clothes Modern?"（ニューヨーク近代美術館）に出品。コティ賞受賞［図5］。

一九四五　グレーのウールジャージー素材のバックレスホルター型水着を発表。

一九四六　ファッション小売業者が選ぶアメリカのデザイナー・トップ10に与えられるゴールデン・シンブル（金の指ぬき）賞を受賞。

一九四七　フルサークルスカートを発表。クリスチャン・ディオールが「ニュールック」を発表。

一九四八　ニーマン・マーカス賞受賞。全体にプリーツが入ったドレスを発表。

一九四九　『ライフ』誌によるアメリカの一〇人のデザイナーに選出される。

一九五〇　ウィメンズ・ナショナル・プレス・クラブのウーマン・オブ・ザ・イヤーを受賞し、トルーマン大統領から授与される。

一九五二　タウンリー・フロックス社の共同経営者となる。ストリングビーンドレスを発表［図6］。

［図4］フード付きのサイクリング用アンサンブル（写真＝ケイ・ベル、一九四四）。マッカーデルはフードを多用した。
前掲 *American Fashion* より

［図5］一九四四年、コティ賞を受賞した際のマッカーデル（写真＝ルイーズ・ダール＝ウォルフ）。
前掲 *American Fashion* より

一九五三　ロサンゼルスのフランク・パールズ・ギャラリーで回顧展開催。
一九五四　タイム社のアドバイザーとして『スポーツ・イラストレイテッド』誌の創刊に携わる。
一九五五　『タイム』誌五月二日号の表紙を飾り、カバーストーリーが掲載される［図7］。
一九五六　子供服ライン「ベビー・マッカーデルズ」を開始。自著 *What Shall I Wear?: The What, Where, When and How Much of Fashion* をサイモン&シュスターより出版（本書オリジナル版。［図8］）。
一九五七　パーソンズ時代からの友人ミルドレッド・オリックの助力を得て、病床で最後のコレクションを完成。
一九五八　三月二二日、大腸癌により五二歳で死去。故郷フレデリックの墓地に埋葬される。死去にともないマッカーデルのブランドは閉鎖された。
一九八一　百貨店ロード&テイラーがポップオーバーとモナスティックドレスを復刻。
一九八七　ニューヨークのファッション工科大学（FIT）美術館にて展覧会 "Three Women: Madeleine Vionnet, Claire McCardell, and Rei Kawakubo" 開催。
一九九〇　『ライフ』誌による二〇世紀の重要なアメリカの一〇〇人に選出される。
一九九四　母校のパーソンズ・スクール・オブ・デザインにて回顧展 "Claire McCardell: Redefining Modernism" 開催。

［図6］ストリングビーンドレス（写真=ルイーズ・ダール=ウォルフ、一九五三）。前掲 *Claire McCardell: Redefining Modernism* より

［図7］"The American Look" と題したカバーストーリーが掲載された『タイム』一九五五年五月二日号。

一九九八　ＦＩＴ美術館にて回顧展"Claire McCardell and the American Look"開催。評伝 *Claire McCardell: Redefining Modernism* (Kohle Yohannan and Nancy Nolf, Harry N. Abrams)出版［図9］。

二〇一二　*What Shall I Wear?* 復刊（The Rookery Press / The Overlook Press）。

主要参考文献

Kohle Yohannan and Nancy Nolf, *Claire McCardell: Redefining Modernism*, Harry N. Abrams, 1998.
Sarah Tomerlin Lee (ed.), *American Fashion: The Life and Lines of Adrian, Mainbocher, McCardell, Norell, Trigère*, Fashion Institute of Technology, Quadrangle / New York Times Book Co., 1975.

［図8］*What Shall I Wear?: The What, Where, When and How Much of Fashion*（Simon & Schuster, 1956）

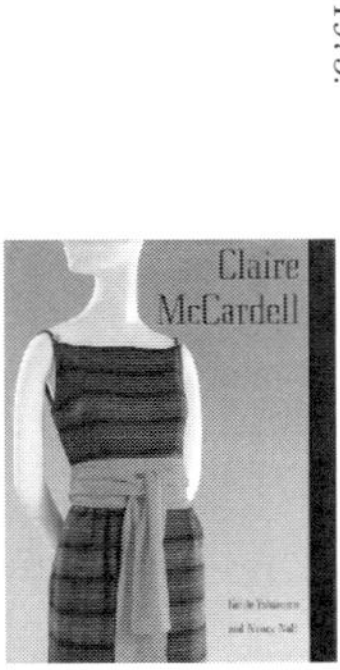

［図9］*Claire McCardell: Redefining Modernism*

解説　蘆田裕史

　クレア・マッカーデル――ファッション好きを公言する人でも、この名前を知っている人はあまり多くはないにちがいない。それどころか、ファッションデザインを専門的に学んだ人ですら知らないかもしれない。というのも、専門学校や大学のファッションデザイン科でほとんどの場合に必修である服飾史において、彼女は必ず登場するデザイナーというわけではないからだ。マッカーデルの略歴は本書の「訳者あとがき」で紹介されているのでここでは割愛するが、服飾史のなかでわかりやすい同時代人を例に出せばクリスチャン・ディオールとなるだろうか。二人はともに一九〇五年生まれであり、没年もほぼ同じである（マッカーデルは一九五八年、ディオールは一九五七年没）。だが、両者の服飾史上の扱いはあまりに異なる。

　マッカーデルが服飾史にあまり登場しないのは、彼女が周縁的な存在であることが一因だろう。つまり、ファッションの中心であるフランスではなくアメリカで活動していたデザイナーであること、そして既製服の――しかも大衆向けの――デザイナーであったことである。近代以降の服飾史は、実のところファッションデザイナーの歴史として語られることが多い。オートクチュールの祖と呼ばれるチャールズ・フレデリック・ワースに始まり、コルセットから女性の身体を解放したと言われるポール・ポワレ（本当はそんなに単純な話ではないのだが）、バイアスカットを発明したマドレーヌ・ヴィオネ、女性が活動しやすい服を作ってその社会進出を後押ししたガブリエル・シャネル、戦後にニュールックと呼ばれるふたたびウエストを絞ったシルエットを流行させたクリスチャン・ディオールと、歴史がデザイナーの交替劇として語られることがほとんどである。さらに言えば、いま名前を挙げたデザイナーたちは皆、オートクチュールのデザイナーである。そして第二次世界大戦が終わり、一九六〇年代から七〇年代にかけてオートクチュールがプレタポルテ（高級既製服）に取って代わられるという筋書きが語られる。つまり、一九四〇年代から五〇年代にアメリカで、なおかつ既製服の領域で活躍していたマッカーデルは服飾史の通説のなかでは位置づけにくい存在になってしまっているのだ。これはもちろんマッカーデルのせいではなく、既存の服飾史があまりに一面的であるからなのだが、このことについてはひとまず置いておこう。

日本ではその存在がなおざりにされているマッカーデルだが、[*1] 私はしばしばファッションデザイン専攻の学生に対して、歴史上でいちばん参照すべきデザイナーはマッカーデルだと伝えている。たしかにマッカーデルの服は一見何の変哲もないものに見えるかもしれない。本書の訳者である矢田氏も、アメリカ留学中にマッカーデルの服を見たときの第一印象を「しょぼい」と語っている（「訳者あとがき」参照）。おそらく、本書に掲載されている図版を見た読者のなかにも、似たような印象を抱く人が少なからずいるにちがいない。では、なぜマッカーデルが優れたファッションデザイナーだと言えるのか、以下で少し説明していきたい。そうすることで、マッカーデルの歴史上の位置づけを改めて認識することにもつながるはずである。

問題解決としてのデザイン

本書の原タイトルには"The What, Where, When and How Much of Fashion"というサブタイトルが添えられている。日本語に訳すとすれば「ファッションの５Ｗ１Ｈ」といったところだろう。マッカーデルは私たちが服を選ぶ上で、いわゆるＴＰＯを意識することが大事だと述べる。実のところ、これは作り手であるデザイナーにとっても同様である。なぜなら、デザインとはユーザーがそれをどのような目的で使うかが最初に想定されるべきであるからだ。服をデザインする上で、それをいつ、どこで、誰が、何のために着るのかを考えなければ、適切な素材、フォルム、構造などを選択することはできない。パーティで着る服と、海に遊びに行くときの服が違うというのは、着用者にとっての問題でもあるが、同時に作り手にとっての問題でもある。現在の日本のファッションデザイン教育においては、このデザインの基本が抜け落ちており、あたかもデザイナーの自己表現のように教えられているふしがある。服は着る人にとっては自己表現だが、デザイナーにとっては決して自己表現ではないのだ。

では、デザインの本質とはいったい何なのか。それは「問題解決」だと言えよう。近年流行しているコミュニティデザインやソーシャルデザインの文脈でしばしばこのような定義を目にするが、これは何もいまにはじまったことではない。デザイン史を振り返ってみても、二〇世紀イタリアを代表するデザイナーのブルーノ・ムナーリや、デザイナーにしてデザイン理論家のヴィクター・パパネックなど、デザインを問題解決だと捉える人は少なくない。そして、ファッションデザイナーにしては珍しく、マッカーデルは同様にデザインを問題解決だと捉えていたのである。彼女は本書でこう述べている。

わたしのデザインアイデアは、ほとんど自分自身の問題解決のために浮かんできたものです。わたしの問題は、あなたの問題と同じ。わたしは自分でジッパーを上げ下げしたいし、自分でフックも留めたい。[*2]

マッカーデルは服作りにおいて、問題点を発見して解決策を考えるという、まさにデザインのプロセスを体現している。ここでマッカーデルが言っている、「自分でジッパーを上げ下げしたいし、自分でフックも留めたい」というのは、まさにマッカーデルのターゲット層のことが意識されている。つねに身の回りに女中や侍女のような人がいて、着替えを手伝ってくれるような身分の人であれば、背中にファスナーがあっても問題ないが、マッカーデルの時代に彼女の服を着ていた女性は、自分で服を着ることが前提となっていたはずだ。それゆえ、一人で容易に着ることのできないバックファスナーのような構造をマッカーデルは忌避した。身体にフィットした服を作ろうと思うと、ニットのように伸縮性のある素材を使ったものでない限り、どこかに開きが必要となる。シャツのようにボタンで前を開けるもの、肩に沿ってファスナーがあるもの、あるいは背中をファスナーで開けるもの——つまりはバックファスナー——などのように。ワンピースのドレスの場合、視覚的に邪魔にならないために、つまり前からの見栄えをよくするために、背中にファスナーをつけることがしばしばある。だが、それでは着脱の容易さが犠牲となり、自立した中流のアメリカ人女性にはふさわしくない構造になってしまう。かといって、ワンピースのドレスの前にファスナーをつけてしまうと、視覚的に邪魔になる。つまり前からの見栄えが悪くなってしまう。その問題の解決策がラップドレスなのである。ラップドレスであれば、ファスナーやボタンを使わずに（あるいは見える位置に配置せずに）服を身体にフィットさせることができる。こうしてドレスの構造的でもあり、視覚的でもある問題を解決したと言えるのだ。

既製服というシステムへの挑戦

実のところ、マッカーデルのラップドレスの優れた点はそれだけではない。もうひとつの優れた点は、マッカーデルが作っていたものが既製服であることに起因する。既製服は複数のサイズがあるにせよ、不特定多数の身体にあうものでなければならない。オートクチュールあるいは仕立服であれば、その人の固有の身体のサイズにあわせた服を作ることができるが、既製服はそういうわけにはいかない。たとえばMサイズという唯一の身体があるわけではなく、ひとつのサイズのなかにもさまざまな身体が存在するからだ。できるだけ多くの身体にあわせるいちばんシンプルな方法は、ゆったりしたサイズ感の服を作ることである。とはいえ、そうしたシルエットを当時のアメリカ人女性は求めていなかった。そこでマッカーデルが取った方法が、ベルトでウエストをマークするというものである（これはラップドレス以外にも頻繁に用いられた方法である）。それによって、不特定多数の人が着ることのできる、身体にフィットしたドレスを作ることが可能となる。こうしてマッカーデルは衣服それ自体の構造のみならず、既製服というシステムの問題をも解決する。彼女がラップドレス――アメリカではダイアン・フォン・ファーステンバーグのヒット商品とされているが、むしろマッカーデルに帰されるべきである――を数多く制作した理由もここにある。自立した女性が一人で簡単に、時間をかけずに着ることのできる服、彼女の時代の大量生産の既製服に求められていた要素のひとつがこれなのだ。

マッカーデルの優れた「デザイン」はもちろん、これだけにとどまらない。第二次世界大戦の影響で各家庭から家政婦がいなくなり、自ら家事をこなし、客をもてなすこともしなければならなくなった主婦たちが、家事にも応接にも使えるような服として提案されたポップオーバー。当時の女性の生活において必要不可欠だと彼女が考えたポケットの多用。着脱が容易なダイアパー（おむつ型）水着。これらはすべてマッカーデルが当時の時代背景や女性のライフスタイルから見出した問題を解決するためのものであった。

アメリカンルック

マッカーデルはまた、アメリカンルックの創始者と言われる。日本では西洋由来のものをすべて「洋服」と呼ぶため、アメリカンルックと言われてもあまりピンとこないかもしれない。そこで少し日本の状況に目をやってみよう。

日本では明治時代以降、洋装化が進み、現代ではおそらく九九％以上の人が洋服を着て日常生活を送っている。たしかに洋服は和服に比べて着脱が容易であるし、動きやすい。だが、そうかといって洋服がすべてにおいて和服にまさるメリットを有しているというわけでもない。たとえば、男性用のスーツのことを考えてみよう。日本には、真夏であってもスーツの着用を余儀なくされている人たちがいる。だが、ビジネスシーンにおいてはスーツを着用するべきという西洋のコードは、果たして日本――とりわけその気候――に適したものであろうか。たしかに西洋の夏も暑い。とはいえ、湿度が低いためか、日陰や建物に入るなどして直射日光を浴びなければそこまで暑さを感じない場合も多い。だが、日本のような高温多湿の国では、日陰に入ろうが建物に入ろうが、暑さから逃れることができない。そんな気候の国においてスーツを着ることは本当に適切な行為なのだろうか。改めて考えれば誰もがおかしいと思うはずだが、こうした状況に対してファッションデザイナーから提案が行われることはあまりない。

マッカーデルはあるときこう語った。「ニューヨークの素敵な女性が〔パリの〕シャンゼリゼ通りのための装いで五番街を歩くなんて理解できない」[*3]と。パリとニューヨーク、もっと言えばフランスとアメリカは文化も、気候も、ライフスタイルも異なる。それゆえ、この二つの場所で着られる服が同じはずがない。アメリカンルックというのは、ことさらアメリカらしさを称揚するのでもなければ、ナショナリズム的な振る舞いでもない。場所が違えば服も違うはずというシンプルな提案なのである。だが、いまの日本では――ひょっとしたら他の国でも――、そんなシンプルな思考すらなされない。あるいはそのような思考がなされたとしても、実践に向けての努力がなされない。ファッションデザインを「デザイン」と捉える人がほとんどおらず、問題を解決しようと、いや問題を見出そうとすらしないからであろう。これはデザイナーの側だけの責任ではない。どんなに優れたデザインがなされたとしても、それを受容する人がいなければ社会は動かないからだ。

マッカーデルがこの世を去ってから半世紀以上も経つ現在、ファッション、あるいはファッションデザインを取り巻く状況は彼女よりも先に進んでいるのだろうか。決してそうは思えない。現在のファッション業界は、ファストファッションにまつわる低賃金労働や環境への負荷、児童労働だけでなく、大量生産・大量消費によって廃棄される膨大な量の服、あるいは時代遅れのファッションデザイン教育など、さまざまな問題を抱えている。私たちはそれを解決するために、服を着る側としても、作る側としても、マッカーデルから多くのことを学ぶ必要があるだろう。

＊1　例外的なものとして、成実弘至『20世紀ファッションの文化史――時代をつくった10人』（河出書房新社、二〇〇七年）が挙げられる。この本ではマッカーデルに一章が割かれている。
＊2　本書二三頁。
＊3　Kohle Yohannan and Nancy Nolf, *Claire McCardell: Redefining Modernism*, Harry N. Abrams, 1998.

訳者あとがき

「ほらほら、服はちゃんとしなさいよ」と、マッカーデルさんはわたしに言う。この本を訳しながら、わたしはマッカーデルさんとともに長い時間を過ごしてきた。「靴を見れば人がわかる」とか、「人は第一印象で判断される」とか、「そんなの知ってますって」というようなことを彼女はこと細かに説明していて、少々うるさくも思っていた。

けれど、パーティに着る予定だったドレスのボタンが取れていて、急遽プラン大幅変更を余儀なくされ遅刻しそうになったとき、子供から「ママ、みんなの服はアイロンがきちんとかかってるんだけど……」と恨めし気に言われたとき、安いサンダル（一応かわいい）で出かけたら右足の靴底が丸ごと取れて、脚を引きずりながらランチに行ったとき……マッカーデルさんが背後からわたしに言うようになった。「わたしの本に書いてあったでしょう？　やっぱり、ちゃんとしなきゃね」

訳し終えたいま、深く納得している――マッカーデルさんの言うことは聞いたほうがいい。

わたしがクレア・マッカーデルというファッションデザイナーの存在を知ったのは、ニューヨークのファッション工科大学（ＦＩＴ）の大学院に通っていたときだった。マッカーデルを生み出した街ニューヨークの、ファッションを扱うキュレーターやコンサベーター（保存・修復の専門家）になるための大学院で、付属の美術館に多くのマッカーデル作品を収蔵していることを誇るこの学校のこと、授業では彼女の偉大さが繰り返し語られた。

収蔵品から一点選んでコンディションレポート（作品の状態調査報告）を書く授業で、現代ファッションを専門にしようと思っていたわたしは、張り切ってマッカーデルのトップスを選んだ。で、失敗したな……と思った。クラスメートたちが選んだ、一九世紀の袖が大きく膨らんだドレスやパリのクチュールデザイナーのビーズと刺繍たっぷりの服などと比べてしまうと、失礼な言いかたかもしれないが「しょぼい」の一言だったから。レポートもあっさり書けてしまうものだった。これではいい点が取れない。

でも、いまになれば、あの経験は貴重なものだったと思う。マッカーデルの服のコレクションで有名なのは、ＦＩＴ美術館とメトロポリタン美術館であるが、残念ながら常設展示になっているものはない。国内では京都服飾文化研究財団が数点を所蔵しているものの、こちらも同様。つまりマッカーデルの服を見られる場所も機会も非常に少なく、実際に手にとって検証することはほぼ不可能である。

そして「しょぼい」という印象も、ある意味大事だった。マッカーデルの服は、それ自体は大げさな光を発しない。実際に着ている人が光るための服なのだ。レポートが簡単に書けたというのも、複雑で繊細すぎる部分がなく、扱いが楽で長期保管も難しくなく、補修の必要性も少ないということを意味している。この本の翻訳を進めるなかで、あのとき手に取った服とその服の意味が、やっと繋がったような気がしている。

アメリカでファッション史を学んでいた学生にとって、そして教授陣にとっても、マッカーデルの存在は「誇り」であったと思う。ファッションは、どうしたってヨーロッパ、近現代になるとパリの話が中心になる。ニューヨークまでわざわざ勉強しにきて、ずっとパリの話を聞かされている私は、一九四〇年代以降のアメリカンファッションの台頭に授業がたどりついたとき、「待ってました！」とばかりに喜んだ。「シャンゼリゼで着るために作られた服をアメリカ人がアメリカで着てもねえ」と、マッカーデルは一九四〇年にハティ・カーネギーのデザイナーとしてパリ・コレクションを見に行ったのを最後に、パリコレを無視するようになった。「パリコレを見てしまったら、自分が影響を受けてしまう。その影響はアメリカ女性にとって必要なものかどうか疑問だから、見ないほうがいい」、「いまだにアメリカの服メーカーが大金をはたいてデザイナーをパリまで旅行させるのは理解できない」という彼女の、まっすぐにアメリカ人に向けたデザイン精神は、パリ偏重志向が苦手なわたしからすると「あっぱれ！」とほめ称えたいものだ。


クレア・マッカーデルとは、一体どういう人だったのか？　マッカーデルに関してもっともくわしい書籍 *Claire McCardell: Redefining Modernism* (Kohle Yohannan and Nancy Nolf, Harry N. Abrams, 1998) を頼りに紹介してみよう。

一九〇五年、メリーランド州フレデリック生まれ。父親のエイドリアン・ルロイ・マッカーデルは福音改革派教会の長老格で、日曜学校の校長であり、フリーメイソンの最高位第三三階級を持ち、メリーランド州上院議員、州税委員会メンバーであり、彼の父同様にフレデリック・カントリー・ナショナル銀行の頭取であった。つまりは地元の名士である。その例にもれず保守的で厳格であった父、そして優しい母のもと、三人の弟とともに育ち、スポーツが大好きで「キック」というあだ名があったほど男勝りだった彼女は、成績優秀にはほど遠かったらしい。子供の頃から夢中だった服のことならばと思うも、アメリカを代表するファッション学校であるパーソンズ・スクール・オブ・デザインでも成績はひどく、パリ校留学の際も「パリに行ったら必ず素晴らしい成果をあげてみせる」と言って担当教官を説得しなくてはならなかったし、両親には「絶対に卒業だけはします」と約束する手紙を書かされていたりする。

卒業しても、同級生は有名デザイナーの片腕として雇われているのに、マッカーデルはファッション業界紙『WWD』の求人広告への応募を繰り返す日々。運よく採用されたところで、「まるでデザインをわかっていないし、自分が着たい服だけ作るのはやめてくれ」と怒られて解雇されたりしている。のちに入社したタウンリー・フロックス社で一九三八年にデザインし、大ヒットを飛ばしたモナスティックドレスでさえ、コピー商品が氾濫したため、会社に倒産の危機をもたらした。そして高級服を手がけるハティ・カーネギー社へ移籍するものの、デザインの方向性が合わず、うまくいかない。

わたしに「ちゃんとしなさいよ」と言うマッカーデルさんだが、こうした経歴を見ると、斬新すぎるアイデアにあふれたやんちゃな女子という印象で、アメリカンファッションのパイオニアと崇められる存在になるまでの道筋はなかなか見えてこない。

そんな彼女に成功をもたらしたのは、敏腕プロデューサー、アドルフ・クラインの存在が大きい。マッカーデルは一九四〇年の夏と秋をウィン・サムという会社で働いていた。そこで運命の出会いがやってくる。

ウィン・サムはタウンリーと同じビルの中にあり、タウンリーの元経営者であるヘンリー・ゲイス、生産管理のハリー・フリードマン、そしてタウンリー再建のために新たな経営者となったクラインの三人が乗るエレベーターに、たまたまマッカーデルが乗り合わせたのだ。クラインは早速、マッカーデルにタウンリーのデザイナーに復帰しないかと持ちかけている。マッカーデルを雇って散々な目に遭っているゲイスは、彼女の前職での悪評などをクラインに忠告しているが、それでもクラインはマッカーデルを再起用した。その上、"Claire McCardell Clothes by Townley"とブランド名に自分の名前を入れてほしいというマッカーデルたっての希望も受け入れている。

クラインは「ファッションビジネスには、エキサイティングであるかベーシックであるかが必要なんだ。うちの会社はベーシックであるには小さすぎる。だからエキサイティングを取るしかなかった」[*1]と語っているが、彼の経営者としての手腕には感心させられる。これまで斬新すぎると却下されてきたマッカーデルのデザインも商品化され、それらに客は喜んで飛びついた。コートとドレスだけという商品枠を飛び出し、レインコート、水着、ゴルフスカート、ロングドレスもツイードのスーツも、アメリカ女性が必要としたすべてをタウンリーは売り出した。ひとつのメーカーがこれだけ多岐にわたるアイテムを扱うこと自体が新しく、一ヶ所ですべてがまかなえるのは買う側には好都合。タウンリーの売り上げは、マッカーデルがデザイナーに就任して三年間で三倍に跳ね上がった。

この成功には、ヨーロッパが第二次世界大戦により痛手を負い、復興に手をこまねいている間にアメリカ社会全体が興隆した時代背景がもちろんある。「ジ・アメリカンルック」キャンペーンを大々的に行った大手百貨店ロード&テイラーの初の女性社長ドロシー・シェイバーや、マッカーデルの服を多く掲載した『ハーパーズ・バザー』の編集者ダイアナ・ヴリーランドの貢献も大きい。やがてマッカーデルは、一九五〇年にファッションデザイナーとして初のウィメンズ・ナショナル・プレスクラブのウーマン・オブ・ザ・イヤーを受賞。一九五五年には、女性デザイナーとしては初めて『タイム』の表紙を飾るなど、アメリカを代表するファッションデザイナーとしての地位を確立していった。

そして、一九五六年に大手出版社サイモン&シュスターから刊行されたのが本書である。原題は *What Shall I Wear?: The What, Where, When and How Much of Fashion* といい、マッカーデルが読者に向けて、自身のワードローブを例にファッションの基本をひとつひとつ解説するという内容だ。

翻訳を進めていく上でひとつ気になったのは、これほど成功したキャリア・ウーマンであるマッカーデルが、本のなかでしきりに「夫のため」という「専業主婦目線」で語る点だ。どうにも釈然としないので調べてみると、この本の編集に関わり、ゴーストライターも務めたエディス・ヒールによるものだろうということが判明して、安心した。ファッションライターをしていたヒールは、その名も *The Young Executive's Wife: You and Your Husband's Job* (1958) なる本を執筆しており、ヤングエグゼクティブの妻に向ける想いが、マッカーデルの本にも多分に盛られてしまったようだ。タウンリー社のメインターゲットであるミドルアッパークラスの主婦たちに向けて書くべきだとする会社の思惑もあり、自立した女性のための服作りというマッカーデルの基本精神とどうも嚙み合わない点が見受けられるのも事実。「姉はドレスならいくらでも長くできた。けれど話となると短かった」と弟が語るように、マッカーデルは言葉による表現はさほどうまくなかったようだから、仕方のないことかもしれないが。

とはいえ、マッカーデル自身が書いたとされる次の文章を読めば、彼女が決して飾り物としての女性のために服を作っていたわけではないことは明らかだ。

スポーツクローズのおかげで、女性は自立できたと言ってもいいだろう。繊細な花のような、気絶しそうに腰をきつく締められた、自立していない女性たちは道を一人で渡ることもできなかった。世界の問題処理に当たるのは男性たちだけで、女性たちの人生のミッションは、男性のために美しく魅惑的であることであった。現代の女性たちは、男性たちと問題を共有し、助力することも可能だろう。それは彼女たちが新たに服の自由を見出したからだ。[*2]

本書は、現在イタリアで(ほぼ)専業主婦であるわたしにとっては、もってこいの教科書となっている。いまから六〇年前の本であるが、大雑把に見えて服やマナーにはひどくうるさいオールドファッションなイタリアでは、「まさにその通り!」と思わされることが多いのだ。

マッカーデルは「その場その時に合う服を選ぶ」ことを鉄則としているが、イタリアでは日本の一〇〇倍ぐらい「その場その時」の種類があって、彼女がシチュエーションごとにこと細かく説明するのも、うなずける。たとえば夏の海辺。そこには本当に「青と白」のさわやかな海辺モードが広がる。コスプレかと思うほどだ。ビーチなのか、ボートに乗るのか、友達の別荘のアペリティーボなのか……それぞれのシーンごとに着るべき服があり、ほぼ全員がそのルールに沿った着こなしをする。真っ黒で斬新なデザイナー服なんて着ていたら、自分が本当に恥ずかしい思いをする、または夫に迷惑をかける。まさにこの本に書かれている通りで、驚かされる。

日本ではそれほど多様な場面に対するドレスコードはないし、いまは断捨離とミニマリストの時代、極力少ない持ち物で、なんでもこなせたほうがよいという人も多いと思う。けれど、現代の一般的な生活環境においては、「わたし」の装いは「わたし」が選べる。それがたった一枚の布切れであったとしても、自分のイニシアチブによる創意と工夫で、自分の気持ちのありようや雰囲気、さらには周囲にまで変化をもたらすことができる。「ツグミでいることも孔雀でいることも選べるなら、孔雀になってみようじゃないか」という、マッカーデルが本書を通して語る「装うこと」に対するポジティブな姿勢は、ひいては生きること自体への姿勢につながるものだ。服はどんな環境に置かれても自己を表現し、解放する最強のツールである、そう「ファッションの力」を信じてやまないわたしは、本書に勇気づけられた。

こうもマッカーデルさんと暮らしてみると、やはり一着は彼女の服が欲しい。ネットで探してみたところ、安いものだとなんと二〇〇ドルぐらいからあるが、なかなかこれというものがまだ見つかっていない。メトロポリタン美術館やFIT美術館のデータベースだけでなく、こうしてさまざまなマッカーデルの服をネットで見られるようになったのはファンとしては大変ありがたい。

ここで、ジュリー・エイルバーという素晴らしいマッカーデル愛好家を紹介しておきたい。一九二〇年代から七〇年代の服を自分で縫って再現して着ている彼女のウェブサイト"Jet Set Sewing"に、マッカーデルの服が数多く紹介されている。パターンや作り方が載っているものもあるので、好きなだけマッカーデル服を作ってしまおう。と言いたいところだが、わたしは裁縫があまり得意なほうではない。「わたしの本に書いてあったでしょう？　ちょっとした裁縫ができるって、大事なことなのよ」と、またマッカーデルさんに言われてしまいそうだ。

一九五七年の秋に癌が見つかり、半年にわたる集中的な治療のかいもなく、翌年に五二歳の若さでなくなったマッカーデル。一九五二年に会社の共同経営者の立場を得てからたったの五年、キャリアの絶頂期であった。機能的でシンプルなデザインの彼女の服は、当時から「タイムレス」と賞賛されてきた。わたしが一番驚かされたのは、エナメルレザーのバックルがついた紺色のコート。フィービー・ファイロのセリーヌかと見紛うような品だが、一九四九年頃のデザイン、つまりは約七〇年も前のものである。

このシンプルで機能的で、飽きのこない彼女のデザインはたしかに素晴らしい。けれどわたしにとって、彼女の服を特別にしているのは、見えないなにか、服からにじみ出る「優しさ」と「親近感」なのだと思う。彼女は自分自身と彼女の服を着る女性たちとの間に隔たりを置かなかった。彼女は、服の美しさを見せびらかそうとか、ブランド名を高く売るためとか、女性の社会進出をうたって革命を起こすために服を作っていたわけではない。夫と二人の子供との家庭を持つ妻としての立場を軽視することなく、自分が生きる時と場所、そして自分の役割のなかでやるべきことをやるために便利な服を作ってきた。「いつも自分自身に必要な服をデザインしてきました」、「それが他の人たちにも必要なものだったというだけです」とマッカーデルはあっさり言ってのけているが、郊外に住む専業主婦とニューヨークのキャリアウーマン、そのどちらもが一人の女性であり、それぞれの生活があることを理解し尊重していた点で、彼女は特別なのだと思う。

このあとがきを書きながら、タウンリー・フロックス社があったニューヨークの七番街五五〇番地を調べてみたところ、なんと、そこはわたしが大学院生だった頃にインターンシップで通っていたビルだった。わたしがここローマにいながら、こうしてこの本の翻訳に携われたことはなにかの運命なのかもしれない。「マッカーデルをきちんと伝えたい」とわたしに白羽の矢を立ててくださった蘆田裕史氏、さまざまなサポートを辛抱強く長いこと続けてくださったアダチプレスの足立亨氏には感謝の念に堪えない。

マッカーデルさんとわたしの生活はまだまだ続く。服を愛してやまなかったマッカーデルさんに叱咤激励されながら。

二〇一八年一〇月

矢田明美子

＊1　本書オリジナル版の冒頭に収録されている序文“Claire McCardell and the American Look”より（本訳書には未収録）。『タイム』一九五五年五月二日号のカバーストーリーにもとづくこの序文は、のちに『ニューズウィーク』の編集長として活躍したオズボーン・エリオットが匿名で執筆している。

＊2　『スポーツ・イラストレイテッド』創刊号（一九五四）に“Women Are What They Wear”というタイトルで掲載。Kohle Yohannan and Nancy Nolf, *Claire McCardell: Redefining Modernism*, Harry N. Abrams, 1998, p. 130より。

著者紹介
クレア・マッカーデル（Claire McCardell, 1905–1958）
アメリカのファッションデザイナー。一九四〇年代から五〇年代にかけて活躍。機能性と美しさが両立した既製服を手がけ、「アメリカンルック」の創始者と呼ばれる。展覧会に“Three Women: Madeleine Vionnet, Claire McCardell, and Rei Kawakubo”など、評伝に*Claire McCardell: Redefining Modernism*がある。

訳者紹介
矢田明美子（やた ゆみこ）
ライター、編集者。ニューヨーク州立ファッション工科大学大学院にて服飾博物館学を専攻。メトロポリタン美術館コスチューム・インスティチュートにてインターン、京都服飾文化研究財団、出版社勤務を経て、フリーランス。著書に『リトル・ブラック・ドレス』（二見書房）など。ローマ在住。

解説者紹介
蘆田裕史（あしだ ひろし）
ファッション論、服飾史研究。京都精華大学ポピュラーカルチャー学部専任講師。著書に『ファッションは語りはじめた』（共著、フィルムアート社）など。ファッションの批評誌『vanitas』（アダチプレス）編集委員、本と服の店「コトバトフク」の運営メンバーも務める。

わたしの服の見つけかた
クレア・マッカーデルのファッション哲学

二〇一八年一一月一五日　初版第一刷発行

著者　クレア・マッカーデル
訳者　矢田明美子

発行者　足立亨
発行所　株式会社アダチプレス
〒一五一-〇〇六四　東京都渋谷区上原二-四三-七-一〇二
電話　〇三-六四一六-八九五〇
メール　info@adachipress.jp
URL　http://adachipress.jp

装丁　佐藤温志
校正　株式会社聚珍社
印刷・製本　三永印刷株式会社

NDC分類番号589.2　四六判（188mm×128mm）　総ページ二八八
ISBN: 978-4-908251-09-2　Printed in Japan

What Shall I Wear?: The What, Where, When and How Much of Fashion
by Claire McCardell
Simon & Schuster, 1956